沂蒙革命文物

保护利用实践与研究

张俊龙 著

齐鲁书社
·济南·

图书在版编目（CIP）数据

沂蒙革命文物保护利用实践与研究 / 张俊龙著. -- 济南：齐鲁书社, 2022.12
ISBN 978-7-5333-4634-8

Ⅰ. ①沂… Ⅱ. ①张… Ⅲ. ①革命文物－文物保护－研究－临沂 Ⅳ. ①K871.6

中国版本图书馆CIP数据核字(2022)第220734号

责任编辑：李　珂
责任校对：赵自环　王其宝
装帧设计：亓旭欣

沂蒙革命文物保护利用实践与研究
YIMENG GEMING WENWU BAOHU LIYONG SHIJIAN YU YANJIU
张俊龙　著

主管单位	山东出版传媒股份有限公司
出版发行	齊魯書社
社　　址	济南市市中区舜耕路517号
邮　　编	250003
网　　址	www.qlss.com.cn
电子邮箱	qilupress@126.com
营销中心	（0531）82098521　82098519　82098517
印　　刷	山东临沂新华印刷物流集团有限责任公司
开　　本	880mm × 1230mm　1/32
印　　张	13.5
插　　页	4
字　　数	315千
版　　次	2022年12月第1版
印　　次	2022年12月第1次印刷
标准书号	ISBN 978-7-5333-4634-8
定　　价	59.00元

山东省社会科学规划重大委托项目
“山东文明简史”
（项目编号：22AWTJ08）

临沂市社会科学规划2022年度项目
“基于沂蒙革命文物保护利用‘3+3’创新体系研究”
（立项编号：2022LX252）

目 录

概　述

历史是一面镜子，能够鉴古知今、资政育人。一件件看似普通的革命文物，承载了中国共产党和中国人民英勇奋斗的光荣历史，用最沉静的姿态，讲述着最感人的故事，是后来人最生动的教材。“历史是最好的教科书。对我们共产党人来说，中国革命历史是最好的营养剂。多重温我们党领导人民进行革命的伟大历史，心中就会增加很多正能量。”①

党的十八大以来，临沂作为全国著名革命老区，沂蒙精神主要发源地，在革命文物保护、管理、利用中，坚持（主动）预防性保护和抢救性保护并重，以保护为本，立足保护是为了更好地纪念、更好地教育、更好地传承，让革命故事永昭后世，让红色基因永续传承，让沂蒙精神发扬光大这一理念，做了创新性专业实践与研究工作。

一

《中华人民共和国文物保护法》（2017 年版）（以下简称《文物法》）指出，加强文物保护工作，是为了继承中华民族优秀历

---

① 习近平：《中国革命历史是最好的营养剂》，载于习近平著：《论中国共产党历史》，北京：中央文献出版社，2021 年，第 24 页。

史文化遗产,促进科学研究,进行爱国主义和革命传统教育,是建设社会主义精神文明和物质文明的需要。《文物法》第一章第二条明确规定:在中华人民共和国境内,受国家保护的文物包括“与重大历史事件、革命运动或者著名人物有关的以及具有重要纪念意义、教育意义或者史料价值的近代现代重要史迹、实物、代表性建筑”。革命文物凝结着中国共产党的光荣历史,记载着中国共产党团结带领中国人民,以马克思主义为指导,进行新民主主义革命、社会主义革命和建设、改革开放和社会主义现代化建设,实现中华民族从站起来,到富起来,再到强起来的伟大跨越奋斗历程。革命文物见证了中国共产党百年来筚路蓝缕的艰苦卓绝历程,矢志践行人民至上的初心使命,为实现崇高理想而不懈努力的坚定信念;展示了中国人民在中国共产党的领导下,前赴后继、英勇奋斗的壮丽篇章。

2018 年 7 月 21 日,中共中央办公厅、国务院办公厅印发的《关于实施革命文物保护利用工程(2018—2022 年)的意见》中,明确加强新时代革命文物工作,目的是充分发挥革命文物在开展爱国主义教育、培育社会主义核心价值观、实现中华民族伟大复兴中国梦中的重要作用。新时代革命文物工作的主要任务是夯实革命文物基础工作,加大革命文物保护力度,拓展革命文物利用途径,提升革命文物展示水平,创新革命文物传播方式。这从法律上、政策上明确了革命文物保护利用的目的、意义及主要任务。

2021 年 3 月,习近平总书记对革命文物工作作出重要指示:“革命文物承载党和人民英勇奋斗的光荣历史,记载中国革命的伟大历程和感人事迹,是党和国家的宝贵财富,是弘扬革命传统和革命文化、加强社会主义精神文明建设、激发爱国热情、振奋民族精神的生动教材。加强革命文物保护利用，弘扬革命文化，传承红色基因，是全党全社会的共同责任。各级党委和政府要把革命文物保护利用工作列入重要议事日程，加大工作力度，切实把革命文物保护好、管理好、运用好，发挥好革命文物在党史学习教育、革命传统教育、爱国主义教育等方面的重要作用，激发广大干部群众的精神力量，信心百倍为全面建设社会主义现代化国家、实现中华民族伟大复兴中国梦而奋斗。”[①]总书记的重要指示，深刻阐明了革命文物工作的重大意义、重要目标和基本要求，是做好新时代革命文物工作的根本遵循。

二

巍巍蒙山高，悠悠沂水长。八百里沂蒙钟灵毓秀，境内沂山、蒙山、尼山三条主要山脉呈西北—东南向延伸，以沂河、沭河为中心，西、北、东三面群山环抱，山峦起伏，7000 余座山头群峰竞秀。沂河、沭河纵贯南北，400 多条河流蜿蜒曲折，奔流不息。地处沂蒙山区的临沂，历史悠久、文化灿烂，这里是中华文明的重要发祥地之一。商周时期，这里是东夷文化和华夏文化的交汇融合点；春秋战国时期，沂蒙地区西部与鲁国、北部与齐国、南部与楚国毗邻，受鲁文化敦厚重礼、齐文化开放包容、楚文化豪放典丽的共同影响，同时兼收兵家文化的雄武果敢。

独特的自然地理环境，多元的优秀传统文化浸润，形成了颇具地方特色的沂蒙文化，孕育了沂蒙人民待亲以孝、待人以义、处世以仁、对国以忠的文化品格，形成了沂蒙人民尽忠尽孝、爱

---

① 文献来源：新华网(http://www.xinhuanet.com/politics/2021-03/30/c_1127272899.htm)。

国尚德、舍生取义、甘于奉献的价值取向,造就了沂蒙人民敦厚纯良、有恩必报、重情重义、刚强勇毅的内在禀性。

沂蒙人民不仅以特有的忠厚捍卫主流正统的价值观念,也用豁达的胸襟包容接纳先进思想和理念。近代以来,中国陷入了半殖民地半封建的苦难境地,军阀混战,外寇入侵,民不聊生,沂蒙地区还遭受着匪患横行、自然灾害频发,尤其灾难深重。1937 年 7 月,抗日战争全面爆发,10 月,日军大举进攻山东。1938 年初,日军的铁蹄踏进了沂蒙山,实行惨无人道的“三光”政策,制造了震惊全国的“临沂惨案”,人民群众痛深水火,生计日蹙。在黑暗与苦难的岁月中,沂蒙人民深切盼望社会变革,盼望翻身解放过上幸福生活。

三

沂蒙地区是中国共产党建立党组织较早的地区,1919 年“五四运动”爆发后,临沂地区一批先进知识分子和有志青年,在走出大山到外地求学、务工中,了解并接受了马克思主义,先后加入了中国共产党。其中,中共一大代表王尽美是最早的一位。之后,在沂蒙山区较早接受和传播马克思主义的,还有沂水县下胡同峪村李清漪、李清潍兄弟,蒙阴县垛庄镇刘晓浦、刘一梦叔侄,日照县丁君羊、安哲、郑天九、陈雷,郯城县马头镇刘之言以及临沂县孙振国等。他们利用各种途径,在沂蒙地区传播马克思主义,宣传革命真理,播撒革命火种,成为沂蒙革命斗争的开拓者。

1927 年 4 月,临沂第一个党组织——中共沂水支部建立。在先进理论思想的引领下,沂蒙人民的朴素情感得到不断升华,义无反顾地投身于波澜壮阔的革命斗争中,八百里沂蒙星火燎原。这期间，在临沂先后建立起中共日照、沂水、临郯、新蒙、费县临时县委，领导了著名的日照、沂水、苍山、龙须崮暴动。1936年6月，中共苏鲁豫皖边区临时特委进驻沂水县高桥镇；9月，中共临沂中心县委成立，在鲁南地区发动群众开展革命斗争。1938年3月，山东省委书记黎玉率山东省委、山东人民抗日游击队第四支队一部，进入今临沂市平邑县蒙山前的万寿宫、柘沟村一带。抗战全面爆发后，根据党中央、毛泽东主席的指示，中共山东省委在沂蒙山区领导创建沂蒙抗日根据地，中共中央山东分局、八路军山东纵队先后成立。1939年5月，八路军第一一五师挺进沂蒙山，创建了以沂蒙山区为中心的山东抗日根据地，广泛发动群众，依靠群众，在这里创建了鲁南、鲁中、滨海三大抗日根据地。沂蒙山区成为山东抗日战争的政治、军事指挥中心，成为全国抗日战争的重要战略基地。

日寇大举入侵山东后，在国民党军队溃退、日军立足未稳之际，沂蒙党组织相继组织和发动爱国民众成立多支游击队伍，在沂水、莒县、临沂、沛县、峄县等地相继举行抗日武装起义，并组成八路军山东抗日游击第四支队第六大队、第十二中队以及苏鲁人民抗日义勇队第一、二总队等抗日队伍。一时间，抗日烽火遍及沂蒙大地。沂蒙山区各级党组织加强对各种抗日团体的领导，组织带领广大军民与日本侵略者展开了艰苦卓绝的斗争。敌后游击战的不断发展严重打击了日本侵略军，迫使日军在侵占武汉、广州后，将其主力回师华北。日军回师山东后，对以沂蒙山区为核心的山东根据地进行“铁壁合围”和疯狂“扫荡”，沂蒙根据地进入最艰难的岁月。1941年以后，日寇把60%以上的侵华兵力用来进攻共产党领导的抗日军民和抗日根据地。

有资料统计，1939年夏到1943年底，日军在沂蒙地区进行千人以上规模的“扫荡”140余次，其中万人以上规模共有29次，千人以下规模的“扫荡”和出扰，则每日皆有。[①] 从1943年起，沂蒙根据地军民运用罗荣桓创造的“翻边战术”，机动灵活打击敌人，促使山东抗日根据地成为中国共产党领导下唯一一个以省为建制的完整的敌后抗日根据地。从1944年起，山东八路军连续发动春季、夏季、秋季、冬季攻势作战，成功收复了大片国土。在抗战最艰难的日子里，沂蒙根据地军民同仇敌忾、浴血奋战，与日本侵略者进行了反“扫荡”、反“蚕食”的空前残酷斗争。渊子崖村自卫战、东流村自卫战、朱村战斗、孙祖战斗、白彦争夺战、解放蒙阴城战斗、柱子山大捷、南北岱崮保卫战、郯城大捷、大青山突围战等战斗，谱写了一曲曲悲壮的抗战凯歌。

富有革命精神的沂蒙人民的无私支援，成为党领导的抗日战争的坚强靠山。为壮大抗日武装力量，“母亲叫儿打东洋，妻子送郎上战场”“宁为抗日阵亡将士的遗妇，不做逃避参军懦夫的娇妻”“谁第一个参军，俺就嫁给谁”“最后一尺布做军装，最后一粒米做军粮，最后一个儿子送战场”等，无一不是沂蒙根据地女性拥军支前的真实写照，展现了沂蒙妇女内心的坚定抗日信念与忘我牺牲。战争没有让沂蒙山的女人走开，沂蒙女性以博大的胸襟，用柔弱的肩膀，扛起了超越时空的“大爱”。为了支持抗日战争，沂蒙人民毁家纾难、勠力支前；为掩护抢救伤员，沂蒙人民舍生忘死、乳汁相哺。数不清的爱军如亲人般的“沂蒙红嫂”，数不清的为抗战献出生命的“沂蒙儿郎”，数不清的村民集体抵御外侮的“抗日模范村”，沂蒙人民用鲜血和生命支撑到战争胜利。在抗日战争最艰苦的岁月，沂蒙人民始

---

① 文献来源：沂蒙精神教育培训中心（http://www.ym71.com/plus/view.php? aid=1926）。

终坚定跟党走，始终与人民子弟兵水乳交融、生死与共，共同筑起了抵御外侵的铁壁铜墙。八年全面抗战，沂蒙军民同日、伪军作战4万余次，毙伤俘敌军25万余人，缴获大量军用物资。沂蒙军民在抗战中做出了重大牺牲，伤亡11万余人。

在对敌斗争中，人民军队不断发展壮大，到1945年8月，包括沂蒙在内的山东八路军主力部队已发展到约27.3万人，占当时我们党领导军队总数的22%，党领导的地方武装50余万人，民兵150余万人。在八年的全面抗战中，山东军民共对日作战7.8万余次，毙伤俘日伪军53万余人，占党领导下武装歼敌的近1/3、占全国歼敌的近1/6。山东抗日根据地被党中央和毛泽东主席誉为中国革命“最完整、最重要的战略基地”①。在民族危难之际，沂蒙人民在党的领导下，铁骨铮铮，参军参战，拥军支前，生死与共，打出了中国人民的凛凛正气、赫赫威风，展示了威武不屈、生死不惧的民族气节和英雄气概，是战争史上的空前奇观，彪炳史册。

四

在抗日战争与解放战争时期，沂蒙革命根据地始终是我们党和军队的重要根据地之一。八路军山东纵队、第一一五师司令部、新四军军部、华东野战军总部、山东省党政机关等重要机构，都曾长期驻扎在这里。从1938年到1949年，在长达12年的革命斗争岁月里，沂蒙革命根据地的共产党、八路军植根于人民群众之中，党群同心，军民情深，坚决将革命进行到底；沂蒙人民始终坚定地听党话、跟党走，敢于斗争，无私奉献，为革命做出

① 中共山东省委党史研究室编，常连霆主编：《中共山东专题史稿（第三辑）》，济南：山东人民出版社，2015年，第279页。

了巨大牺牲,无数可歌可泣的英雄事迹永载史册。

当时沂蒙根据地有420万人口,其中120万人参加拥军支前,21万人参军参战,10万革命先烈牺牲在这块土地上。[①]在硝烟弥漫的蒙山沂水,党和人民军队为了人民的利益浴血奋战、不怕牺牲,沂蒙人民在党的领导下舍小家为大家、勇毅支前,共同锻造了"党群同心、军民情深、水乳交融、生死与共"的伟大沂蒙精神。从沂蒙抗日根据地党、政、军组织机构的历史沿革,可以看出沂蒙革命根据地的重要作用。

(一)山东省委组织机构

1. 中共山东省委

中共山东省委在大革命失败后成立较早,1927年6月,中共中央常委决定建立中共山东省委,吴芳任书记,彼时全省党员近1500名。1933年2月,因叛徒出卖,省委被破坏后与中央失去联系,各地方党组织也失去了山东地区的统一领导机关。[②]1936年5月,山东省委在济南重建,黎玉任书记。1938年3月初,黎玉率山东省委及山东人民抗日游击队第四支队一部进入今平邑县蒙山前一带。3月底,黎玉到延安向党中央汇报山东工作,林浩主持省委工作。5月,中央派陕甘宁边区党委书记郭洪涛率50余名干部到山东,郭洪涛任山东省委书记。5月末,按照中共中央决定,山东省委改为中共苏鲁豫皖边区省委[③],郭洪

---

① 韩延明:《摭论沂蒙精神的本源、本质、本色与本分——学习领悟习近平总书记关于沂蒙精神的重要论述》,《理论学刊》,2019年第1期,第51页。

② 翁有为:《中共白区山东省委组织运作研究》,《民国档案》,2022年第2期,第59页。

③ 山东省地方史志编纂委员会编:《山东省志·共产党志(1921—2005)》,济南:山东人民出版社,2011年,第763页。

涛任书记,12 月,改为中共山东分局。1954 年 8 月,中共山东分局改为中共山东省委。

2. 中共苏鲁豫皖边区省委

1938 年 5 月下旬,中共中央根据徐州失守后八路军准备向苏鲁豫皖四省挺进的战略部署,决定将山东省委扩大为苏鲁豫皖边区省委,简称“边区省委”。6 月,在新泰南鲍庄创办山东抗日军政干部学校,省委宣传部长孙陶林兼校长,8 月迁至今沂南县岸堤镇,故又称“岸堤干校”。11 月,在岸堤创办边区省委党校(开始叫党训班)①,郭洪涛兼校长,对外称“岸堤干校分校”。12 月,中共苏鲁豫皖边区省委改为中共中央山东分局,并进驻沂水县王庄,省委党校亦改为山东分局党校。②

3. 中共山东分局

1938 年 12 月,根据中共中央决定,苏鲁豫皖边区省委改为中共山东分局,仍驻扎在王庄,归中共中央北方局领导,郭洪涛(至 1939. 10)、朱瑞(1939. 10—1943. 9)、罗荣桓(1943. 9—1945. 10)先后任山东分局书记,黎玉任副书记(1943. 9—1945. 10)。1943 年 3 月,中央决定山东抗日根据地实行党的一元化领导,山东分局是最高领导机关,朱瑞任书记,9 月,罗荣桓接任书记,实现了真正的一元化领导。1945 年 10 月 25 日,山东分局与中共中央华中局合并,在临沂城成立了中共华东中央局(简称“华东局”),统一领导华中和山东

---

① 中共临沂地委党史资料征集委员会编:《中共沂蒙党史大事记(1923—1949. 9)》,济南:山东人民出版社,1992 年,第 98 页。

② 中共山东省委党史研究室编著,常连霆主编:《中共山东编年史(第三卷)》,济南:山东人民出版社,2015 年,第 11 页。

的全盘工作。自此,临沂一度成为华东战略区的政治、军事中心。①1949 年 3 月,中央批准重新组建山东分局,傅秋涛任第一副书记、代理书记(1949. 12—1950. 8),向明任第二副书记②。1954 年 8 月,中共山东省第一次党员代表会议在济南召开。根据中央指示,会议把中共中央山东分局改为中共山东省委。③

从 1938 年 11 月组建到 1949 年 4 月,山东分局一直驻扎在沂蒙地区,主要在今沂水、费县、莒南、临沭、临沂(主城五区)等地活动,在加强沂蒙根据地党、政、军、群建设等方面发挥了十分重要的作用,是整个沂蒙根据地的坚强领导核心。

4. 中共华东中央局

抗战胜利后,中共中央根据时局的变化,1945 年 10 月 25 日,华东局在临沂成立,饶漱石任书记,陈毅、黎玉任副书记,在山东解放区辖鲁中、鲁南、滨海、胶东、渤海 5 个区党委。1947 年 3 月,国民党对山东解放区实行了重点进攻,华东局等党政军领导机关主动撤出临沂城至沂蒙山区北部,后移驻诸城、渤海、青州、薛城等地。1949 年 3 月下旬,华东局从薛城离开山东南下江苏,后入驻上海,1954 年 4 月撤销,1960 年 11 月复立,1966 年冬停止工作。④

---

① 中共临沂市委党史资料征集研究委员会编:《临沂革命斗争史稿(1919—1949)》,济南:山东人民出版社,1991 年,第 315 页。

② 1952 年 12 月,向明任第二书记,代理书记工作。

③ 山东省档案馆编:《山东省档案馆指南》,北京:方志出版社,2018 年,第 143 页。

④ 张永杰:《中共中央华东局的“姻缘谱系”》,《上海党史与党建》,2016 年第 5 期,第 8-9 页。

（二）民主政权组织机构

1. 山东省临时参议会和山东省战时工作推行委员会

1939 年 6 月，日寇“扫荡”鲁中后，国民党地方政权纷纷垮台，山东分局发出恢复建立民主政权的指示。1940 年上半年，山东抗日根据地已有 79 个县建立起抗日民主政权，约占当时全省 108 个县的 2/3，另外还建立起 10 个专员公署、1 个主任公署。在此基础上，建立全省统一的政权机构的条件基本成熟。1940 年 7 月 26 日，山东省联合大会[①]在今沂南县青驼寺召开，选举产生山东省临时参议会（简称“省临参会”），范明枢任参议会议长，共产党员马保三、进步人士刘民生任副议长，杨希文任秘书长。[②] 会议通过了《山东省战时施政纲领》《山东省临时参议会组织条例》。[③] 1940 年 8 月 29 日，《大众日报》刊发了《联合大会宣言》。

同时，此次会议颁布了《山东省战时工作推行委员会组织大纲》，选举产生全省统一的地方国家行政机关——山东省战时工作推行委员会（简称“省战工会”），黎玉任首席组长，张经武、艾楚南、杨希文、李澄之任副组长。[④] 山东各级民主政权的建立，标志着以沂蒙为中心的山东抗日根据地正式形成。

2. 山东省战时行政委员会

山东抗日根据地是连接华北和华中的枢纽，与晋察冀和太

---

① 联合大会是山东国民代表复选大会、全省总动员委员会、各界救国联合总会成立大会、工农青妇文化各界代表大会的简称。

② 山东省人事局编：《山东人事史志资料（第一辑）》，1985 年，第 1-2 页。

③ 谷安林主编：《中国共产党历史组织机构辞典》，北京：中共党史出版社、党建读物出版社，2019 年，第 213 页。

④ 山东省人事局编：《山东人事史志资料（第一辑）》，1985 年，第 2-3 页。

行根据地成鼎足之势,对坚持敌后抗战具有重要战略意义。在抗战相持阶段,特别是1941年后,山东抗日根据地陷入了极端困难的局面。1942年3月,刘少奇从苏北到达山东分局和一一五师驻地临沭县朱樊村,指导和帮助山东工作。刘少奇到山东抗日根据地后,深入调研,认真听取各方面意见:一方面,对山东抗战几年来的工作做出正面评价,充分肯定所取得的成绩;另一方面,严肃指出山东抗日根据地工作软弱无力的原因,在于对群众工作没有正确认识,群众运动是山东各项工作中最薄弱的一环。在刘少奇的指导帮助下,山东分局确定了放手发动群众,开展减租减息,树立基本群众优势,巩固抗日政权,努力争取党在山东的优势的战略方针。①

随后,沂蒙根据地开展了轰轰烈烈的减租减息群众运动,深入发展抗日根据地民主政治建设各个环节,很快扭转了山东抗战工作的被动局面。1943年8月12日至9月8日,山东省临时参议会一届二次议员大会举行,将"山东省战时工作推行委员会"更名为"山东省战时行政委员会"(简称"省政委会"),黎玉任主任委员,罗荣桓、刘居英等11人为行政委员。省政委会为山东全省行政之统一领导机关,对山东省临时参议会负责。其行使职权到1945年8月山东省政府成立为止。②

3. 山东省政府

1943年,随着世界反法西斯形势的转折,沂蒙根据地党政军空前团结,统一了领导,度过了最困难的时期。1945年8月

① 王海天主编:《中共山东省组织发展史概要》,北京:中共党史出版社,1991年,第14-15页。

② 山东省人事局编:《山东人事史志资料(第三辑)山东省省级国家机关历史沿革(初稿)》,1987年,第13-14页。

12 日，为迎接抗日战争的胜利，接受日寇投降，在莒南县大店镇集合准备参加全国解放区人民代表会议的 38 位山东代表，联名向省临参会和省战工会申请成立山东省政府。经省临参会和省战工会第 20 次联席会议讨论，决定将“省政委会”改为“山东省政府”，黎玉任省政府主席。8 月 13 日，黎玉主席发出布告，昭告全省，山东省政府自即日起行使职权。这标志着中国共产党领导下的第一个省级政权的诞生。9 月，临沂解放后，中共山东分局、山东省政府、山东军区等山东党政军机关从莒南大店移驻临沂。1949 年 3 月，山东省政府更名为山东省人民政府。①

（三）沂蒙根据地的军队

1. 八路军山东纵队

1938 年 6 月中旬以前，山东各地人民抗日武装起义部队番号极不统一，各自建制大小、人数多少以及领导人的称谓也不相同。这都不利于部队的统一指挥。6 月 6 日，毛泽东电示郭洪涛，指示山东各地游击队使用八路军名义。自此，山东各地起义武装拥有了统一的名字——八路军。但这些分散各地的游击队尚处于各自为战状态，无法在战略上形成统一领导和指挥。8 月，党中央陆续抽调张经武等党员干部到山东工作。12 月 27 日，山东分局正式公布成立八路军山东纵队，统一指挥山东各地（不含冀鲁边与鲁西北地区）共产党领导的抗日武装，张经武任指挥，黎玉任政治委员。山东纵队的成立，使分散各地的游击队成为战略上统一指挥的游击兵团，标志着共产党领导的山东武装力量建设进入了新阶段。从 1938 年 12 月成立至 1943 年 3 月，山东纵队共作战 4500

① 赵维东等编著：《山东抗战纪事》，济南：山东人民出版社，2015 年，第 322 页。

余次,歼灭日伪军9万余人,部队从最开始2.45万人发展到6万余人,是山东军民抗日的一支生力军。①

2. 八路军第一纵队

1939年5月,中共中央军委和八路军总部决定,在山东成立八路军第一纵队,统一指挥新黄河以北山东省与江苏省北部地区的八路军各正规部队以及游击部队。8月1日,八路军第一纵队在沂南县孙祖镇正式成立,徐向前任司令员,山东分局书记朱瑞兼任政治委员。8月9日,中共中央北方局复电山东分局批准成立山东军政委员会,朱瑞任书记,该委员会统一领导山东地区的党政军工作。1940年6月,徐向前返回延安参加中共第七次全国代表大会的筹备工作,指挥机关做了新的调整,第一纵队番号沿用至1941年1月撤销。八路军第一纵队虽只有一年多的历史,却对山东纵队的发展壮大、战斗力提升,对发展抗日游击战争,对发展和加强山东抗日民族统一战线,对巩固扩大山东抗日根据地,均有重大贡献。②

3. 八路军第一一五师

1938年9月,八路军第一一五师第三四三旅政治委员萧华率部队到达冀鲁边区。1939年3月,第一一五师师部和第六八六团在陈光、罗荣桓率领下,以东进支队的名义进入山东。在此前后,八路军其他主力部队为发展山东抗日游击战争,也相继到达山东。八路军第一一五师入鲁后,在地方党政军民的配合下,

① 鲁戈编著:《中国抗日战争全景录·山东卷》,济南:山东人民出版社,2015年,第59-63页。

② 中共山东省委党史研究室编著,常连霆主编:《中共山东编年史(第三卷)》,济南:山东人民出版社,2015年,第56-58页。

在冀鲁边、湖西、鲁西、鲁南积极开展游击战争，创建和发展根据地。1940 年 9 月，第一一五师在鲁南天宝山区桃峪召开高级干部会议，罗荣桓总结了入鲁以来对敌对顽斗争的主要经验，提出“插、争、挤、打、统、反”的六字方针。进入 10 月后，日军集中兵力进攻鲁南抗日根据地。为便于统一指挥山东各地军事战争，第一一五师师部于 11 月转至沂蒙山区。八路军第一一五师入鲁，极大增强了山东人民抗日力量，沉重打击了日伪军，在组织发动群众与建设根据地政权方面作出了重要贡献。①

4. 山东军区

1942 年 1 月，中央军委命令山东纵队所属部队，统一改编成地方军，山东纵队改为山东军区。同时，胶东、清河、鲁中、鲁南也成立军区，第一一五师统一指挥山东全省的部队。8 月 1 日，山东纵队正式改为山东军区，辖部队 6 万余人，黎玉任政治委员，王建安任副司令员，江华任政治部主任。至此，山东纵队所属部队实现了主力军地方化的要求，在建制方面与第一一五师互不隶属，但在军事作战上受后者指挥。1943 年 3 月，山东军区召开机关干部大会，进行关于精简机构与统一领导的动员。第一一五师合并，原各旅、支队番号撤销，成立新的山东军区，改编为 13 个独立团。实行一元化领导，罗荣桓任第一一五师政委兼师长，山东军区司令员兼政委，黎玉任副政委，陈士榘任参谋长，萧华任政治部主任，对外保留第一一五师、山东纵队的番号。②届时，山东军区统辖鲁南、鲁中、胶东、清河、冀鲁边、滨海 6 个军

---

① 中共山东省委党史研究室：《中共山东地方史（第一卷）》，济南：山东人民出版社，1998 年，第 273-287 页。

② 中共山东省委党史研究室编著，常连霆主编：《中共山东编年史（第四卷）》，济南：山东人民出版社，2015 年，第 402-403 页。

区，所属部队统一整编为13个主力团，全区部队共计10万余人。

1945年8月，山东军区机关改为山东解放军总部，统辖5个二级军区机关不变，将各二级军区主力同基干部队组编为山东解放军野战兵团，包含8个师、12个警备旅、1个海军支队。[①] 到1945年，山东地区正规部队发展到27万人，约占当时党领导军队总数的22%，地方武装亦发展到50万人，群众多达2700万。[②] 1955年5月，山东军区由华东军区划出，改编为济南军区，直属中央军委领导。[③]

5. 新四军兼山东军区

1945年8月抗战胜利后，中共中央决定：八路军山东军区主力大部和新四军第三师全部开赴东北；新四军军部北移山东，并与山东军区机关组合成新四军兼山东军区领导机关；新四军主力一部调赴山东，阻击国民党军沿津浦路北犯。[④] 1946年1月，新四军军部与山东军区正式合并，成立新四军兼山东军区和山东野战军，陈毅任新四军军长、山东军区兼山东野战军司令员，

---

① 中共山东省委党史研究室编著，常连霆主编：《中共山东编年史（第五卷）》，济南：山东人民出版社，2015年，第315页；车吉心等主编：《齐鲁文化大辞典》，济南：山东教育出版社，1989年，第469页。

② 海南省文化交流促进会编著：《红色记忆·44——骁勇善战八路军》，海口：南海出版公司，2015年，第28页。

③ 中共中央组织部、中共中央党史研究室、中央档案馆：《中国共产党组织史资料（附卷二）中国人民解放军组织（1949.10—1997.9）》，北京：中共党史出版社，2000年，第57页。

④ 中国人民解放军《中国人民解放军高级将领传》编审委员会、中国中共党史人物研究会《中国人民解放军高级将领传》编撰委员会编：《中国人民解放军高级将领传》第3卷，北京：解放军出版社，2007年，第71页。

饶漱石任政治委员，张云逸、罗炳辉任副军长兼副司令员，黎玉任副政治委员兼山东野战军政治委员。新四军兼山东军区共辖胶东、鲁中、鲁南、滨海、渤海 5 个二级军区，山东野战军辖第一、二纵队，第七、八师，兵力约 27 万人。①

6. 华东军区和华东野战军

山东是全国解放战争的主战场之一，也是中国人民解放军华东军区、华东野战军的诞生地、主要作战地和后方。1946 年 9 月，华中野战军和山东野战军两个指挥部合并成为华东野战军指挥部。1947 年 1 月，华东军区、华东野战军在今河东区前河湾村成立。1 月 23 日，中共华中分局并入华东局；新四军军部兼山东军区与华中军区合并，组成华东军区，华中野战军和山东野战军合并，组建华东野战军，建立中共华东野战军前线委员会。华东局、华东军区和华东野战军总部机关均驻扎在临沂。华东野战军下辖 11 个步兵纵队、1 个特种兵纵队，共计 35 万余人。陈毅任司令员兼政治委员以及前委书记，粟裕任副司令员，谭震林任副政治委员。② 1949 年初，华东野战军改称中国人民解放军第三野战军，陈毅任司令员兼政治委员，共辖 15 个军、1 个特种兵纵队，共计 58 万余人。6 月，第三野战军和华东军区领导机构合并为华中军区暨第三野战军（保留各自番号）。1955 年 4 月，华东军区改为南京军区，所属的山东军区改编为济南军区，第三野战军番号撤销。③

---

① 姚金果主编：《第一批国家级抗战纪念设施和遗址通览》，北京：中共党史出版社，2014 年，第 163 页。

② 朱铭、王宗廉主编，臧济红卷主编：《山东重要历史事件（解放战争时期）》，济南：山东人民出版社，2004 年，第 156、159 页。

③ 夏征农、陈至立主编，郑申侠等编著：《大辞海 · 军事卷》，上海：上海辞书出版社，2015 年，第 539 页。

五

解放战争时期，华东局、新四军兼山东军区、华东军区、山东野战军、华东野战军均在临沂组建，沂蒙解放区是全国的主战场之一，一度成为华东解放区的首府。在毛泽东军事思想指导下，在陈毅、粟裕的指挥下，华东军民在沂蒙山区发起了著名的鲁南战役、莱芜战役、孟良崮战役、南麻战役、费城战役等，一举粉碎了国民党军对山东解放区的全面进攻和重点进攻，揭开了人民解放军战略反攻的序幕。

抗战一结束，以沂蒙山为核心的山东解放区，坚决贯彻中共中央"向北发展、向南防御"的战略部署，派出10万人的部队和地方干部挺进东北，其中半数以上来自沂蒙。[①] 饱受战争之痛的沂蒙山区人民在党的领导下，踊跃参军参战，全力支援前线，31000多沂蒙儿女献出宝贵的生命。其间，涌现出"火线桥""陈毅担架队"等数不清的拥军支前先进个人和集体。在战略反攻阶段，沂蒙人民又将自己十多万子弟送上战场，数十万民工随军南下，陈毅元帅曾深情地回忆这片故土："我就是躺在棺材里也忘不了沂蒙山人。他们用小米供养了革命，用小车把革命推过了长江。"[②] 解放战争后期，1万多名沂蒙地方干部分三批南下中原、江浙和大西南等地，支援巩固新生的革命政权建设。沂蒙革命老区作为华东战场最重要的人力、物力、兵源基地，有力地支援了全国的解放战场，为中国人民的解放事业作出了巨大贡献。

---

① 徐东升、孙海英主编：《沂蒙精神大学生读本》，济南：山东人民出版社，2016年，第58页。

② 张乐天主编：《知史爱党》，济南：山东人民出版社，2016年，第86页。

在血与火的解放战争中，党和军队与沂蒙人民心心相印、以心换心、以命换命，进一步铸造和淬炼了伟大的沂蒙精神。党全心全意为人民谋利益、谋解放，实行减租减息、增加工资，进行土地改革、分田分地，解决了千百年来农民对土地的渴望，拯救民众于水深火热之中。沂蒙人民坚定不移听党话、跟党走，舍生忘死、前赴后继支援革命战争，十万儿女埋下忠骨，百万民众支援前线，展现出“要人有人，要钱有钱，要粮有粮”的高风亮节，构筑起“大军连营七百里，村村灯火到天明”的火热支前场景，汇成了掀天揭地改变历史的力量，推动历史的车轮滚滚向前，势不可挡。在这片血染的土地上，在长期战争的洗礼中，沂蒙人民与党政军共同谱写了感天地、泣鬼神的沂蒙红色革命文化，缔造了伟大的沂蒙精神。

六

新中国成立后，沂蒙革命老区由于长期战争的破坏，加之自然灾害频发，社会主义建设面临严重困难局面。具有光荣传统的沂蒙人民积极响应党和国家的号召，继承和发扬战争年代的那股革命热情和拼命精神，面对一穷二白的社会现实，面对十年九旱的恶劣自然条件和生存环境，向自然宣战、向困难宣战，自力更生，艰苦奋斗，坚定不移跟党走社会主义道路，战天斗地，改造自然，创造自己的美好家园。

在社会主义建设中，沂蒙人民率先组织起来，走上互助合作化道路，掀起建设农村社会主义新高潮。1951 年，沂水地委在莒县试办了山东省第一个初级农业合作社——吕鸿宾农业合作社。临沂地区各级党委政府，积极引导个体农民组织起来，抽调千余名干部深入农村，加强对农村合作社发展的指导和领导。

1953年6月,毛泽东主席提出“党在过渡时期的总路线和总任务”,即“一化三改造”,具体到农村经济建设而言,就是农业的社会主义改造,而且居于“三大改造”的首位。截止到7月,临沂地区共有初级互助组一万四千零六十八个,常年互助组五千四百七十一个,农业生产合作社五个,组织起来的农户占全县总农户的74%。①

在实行农业合作化的过程中,沂蒙人民立足实际,敢于探索,苦干实干,积极创新,整山治水,改造自然,先后完成导沭整沂、南茶北移、实行“稻改”、建设千库万塘等诸多敢为人先的开拓性试验,探索出许多新经验。其中,就涌现出得到毛泽东主席批示的莒南王家坊前、高家柳沟等社会主义建设典型。在推进农业合作化时期,资金、人才、知识、技术等制约农业发展的重要因素,是当时各级领导和基层干部群众急需解决的难题。王家坊前采取入社人员自愿的方式投资入股,依靠合作的方式发展农业生产,这一经验解决了资金的困难,在当时的农村是一种创举。高家柳沟的经验则是解决了当时农村发展合作社连个记工员都找不到的知识、人才的问题,找到了解决农村扫盲工作的办法。联合国教科文组织多次派人来中国考察,称赞中国新一代农民找到了摆脱贫困的“金钥匙”,并向世界推广我国扫除文盲进行国民教育的做法。

党的十一届三中全会之后,伴随着改革开放的步伐,临沂人民继续发扬沂蒙精神,在党的富民政策指引下,破除陈规,创新思维,大胆探索,以开拓奋进、敢为人先的精神面貌,锐意改革,

---

① 中共临沂市委党史资料征集委员会:《中共临沂党史大事记(1949.10—1985.12)》,1986年,第18页。

扩大开放，开拓出农业农村竞相发展、工业经济活力迸发、商贸物流遍布全国、城镇建设日新月异的崭新局面。例如，以路、电、水为重点的村村通工程基础设施建设，沂蒙人民凭着不服输的韧劲，战严寒、斗酷暑，劈山填壑、遇水架桥，建成纵横交错的交通、电力、通讯、水利网，改变了"四塞之崮，舟车不通"的历史，解决了偏远农村吃水难、用电难的问题。

20 世纪 80 年代中期，全国开展有计划、有组织、大规模的扶贫开发工作，沂蒙山区是中央确定的全国扶贫开发的主要地区之一。[①] 十一届三中全会以来，沂蒙人民以解放思想、更新观念为先导，以市场经济为导向，以改善生产生活条件为基础，以开发山区优势资源为重点，以加强农村基层组织建设为保障，以解决农民温饱问题为目标，在全国范围内率先打响了扶贫开发攻坚战。[②] 借助国家扶持政策，临沂政府不等不靠，自立自强，促进地方和农民投资投劳。到 1995 年底，临沂市在全国 18 个连片扶贫地区中率先实现了整体脱贫，203 万贫困群众逐步摆脱了贫困。1996 年 3 月 23 日，《人民日报》头版头条发表文章，"山顶松柏戴帽，山坡果树缠腰，山脚粮菜丰茂"，对临沂地区的扶贫工作给予高度评价，写道"造血工程结出硕果，沂蒙山区整体脱贫"。

1995 年，站在沂蒙人民整体脱贫的第一年、临沂撤地设市的第一年这两个新起点上，临沂市委、市政府制定了"农业稳市、工业富市、商贸活市"的发展战略，涌现了一批敢闯敢干的知名

---

① 《改革开放实录》编写组编写：《改革开放实录》第三辑，北京：中共党史出版社，2018 年，第 1052 页。

② 中共山东省委宣传部编：《新时代改革开放再出发（下册）》，济南：山东人民出版社，2019 年，第 465 页。

企业家、先模人物。像创造全国闻名的“九间棚精神”的村党支部书记、全国人大代表刘嘉坤，把自己的企业无偿捐献给村集体带领村民致富的王廷江，金锣集团的创始人周连奎，等等，他们建工厂、闯市场、搞运输、上物流，尽情展示着沂蒙人民的智慧和无限创造力。1987 年，临沂工业总产值首次超过第一产业，1997 年，第三产业比重首次超过第一产业，2015 年，第三产业比重首次超过第二产业，沂蒙革命老区在经济领域实现了革命性变革。

党的十八大以来，临沂人民以坚定的政治立场，以吃苦耐劳、自强不息、永不服输的奋斗精神，牢记习近平总书记视察山东临沂时的重要讲话精神，开启全面建成小康社会的新时代。2021 年 2 月，临沂人民全面打赢了脱贫攻坚这一新时期的“孟良崮战役”，在全国脱贫攻坚总结表彰大会上，临沂市两个集体荣获“全国脱贫攻坚先进集体”称号。2021 年，临沂地区生产总值首次突破 5000 亿元大关，达到 5465.5 亿元，经济社会发展跨入全省第一方阵，进入高质量发展新阶段。乡村振兴齐鲁样板沂蒙高地的目标正在实现，全面建设社会主义现代化的蓝图正在沂蒙人民的不懈奋斗中变成现实。

七

习近平总书记强调，革命老区是党和人民军队的根。生活一天比一天好，但我们不能忘记历史，不能忘记那些为新中国诞生而浴血奋战的烈士英雄，不能忘记为革命作出重大贡献的老区人民。① 党的十八大以来，总书记走遍了

① 习近平：《论中国共产党历史》，北京：中央文献出版社，2021 年，第 43 页。

全国的革命老区,要求把革命老区建设得更好,让老区人民过上更好生活,并多次就加强革命文物保护利用工作做出重要指示批示。

2013 年 11 月,习近平总书记在视察临沂时指出:“我一来到这里就想起了革命战争年代可歌可泣的峥嵘岁月。在沂蒙这片红色土地上,诞生了无数可歌可泣的英雄儿女,沂蒙六姐妹、沂蒙母亲、沂蒙红嫂的事迹十分感人。沂蒙精神与延安精神、井冈山精神、西柏坡精神一样,是党和国家的宝贵精神财富,要不断结合新的时代条件发扬光大。”[①]他强调,“军民水乳交融、生死与共铸就的沂蒙精神,对我们今天抓党的建设仍然具有十分重要的启示作用”[②]。2018 年 3 月,总书记在参加全国人大山东代表团审议时,指出“红色基因就是要传承”[③]。2018 年 12 月,总书记在《大众日报》创刊 80 周年的指示中,要求“弘扬沂蒙精神”[④]。2021 年 2 月,国务院颁布的《国务院关于新时代支持革命老区振兴发展的意见》中特别指出,陕甘宁、太行、沂蒙等革命老区重点对接黄河流域生态保护和高质量发展。2021 年 9 月,在中国共产党成立 100 周年之际,党中央批准了中央宣传部梳理的第一批纳入中国共产党人精神谱系的伟大精神,沂蒙精神

---

① 习近平:《论中国共产党历史》,北京:中央文献出版社,2021 年,第 35 页。

② 中共山东省委宣传部编:《新时代改革开放再出发(下册)》,济南:山东人民出版社,2019 年,第 420 页。

③ 《刘家义:坚定文化自信 传承红色基因》,载于本书编写组编:《奋进追梦——来自两会的声音》,北京:中国言实出版社,2019 年,第 86 页。

④ 《中国新闻年鉴》编辑部编:《中国新闻年鉴(2019)》,北京:中国新闻年鉴社,2019 年,第 6 页。

位列其中。习近平总书记指出：江山就是人民、人民就是江山。[①] 沂蒙精神是人民精神，沂蒙山是一座由人民精神铸就的“山”。

革命文物作为保护、继承、弘扬革命文化的主要媒介和渠道，是中国共产党人“不忘初心，牢记使命”的力量源泉，承载着催人奋进的光荣革命传统和鲜明红色基因。革命文物蕴含的厚重红色文化和伟大革命精神，是激励全国人民奋发图强的营养剂、正能量。革命文物不只是凝固历史的静态物件，更是裨益当代的勃勃生机，点亮未来的信仰灯塔。

临沂各级党委、政府高度重视革命文物的保护利用工作，对革命文物心存敬畏。首先，加强顶层设计，破除体制障碍。于2020年7月，成立了由市委副书记牵头的市红色文旅发展办公室，协调解决革命文物保护利用重大问题，统筹推进红色文旅事业发展。其次，抓住时代契机，主动创新实践。在文化部和国家旅游局合并以及文化和旅游融合发展的大趋势下，2019年，临沂市文化和旅游局专门设置了红色文化旅游发展科，这在全省各市局内部科室设置中也是唯一一个。再次，实施专项规划，发挥部门合力。2017年，市委市政府出台了《关于加快红色旅游发展的意见》；2018年，市政府下发了《关于进一步加强文物安全工作的通知》；2019年，市委印发了《关于沂蒙精神发扬光大工作方案》《关于推进红色文旅发展的实施方案（2019—2021年）》《临沂市推进红色文化研学旅行工作实施方案》，编制了《沂蒙老区红色精品线路建设规划》；2020年，市委印发了《“弘扬沂蒙精神·传承红

---

① 人民日报社编：《江山就是人民　人民就是江山——习近平总书记系列重要论述综述（2020—2021）》，北京：人民日报出版社，2022年。

色基因”十大行动实施方案》，市委宣传部、市文旅局等16部门联合印发了《临沂市革命文物保护利用工程实施方案》。最后，积累有效经验，筑起法治保障。临沂市革命文物保护利用工作，总体而言，起步早、投入大、工作力度大，形成了各级党委政府、企事业单位、社会力量和个人共同参与的保护机制。制定出台的《临沂市红色文化保护与传承条例》是全国首部以红色文化保护与传承为主题的地方性法规，全国人大常委会副委员长艾力更·依明巴海做出批示，对此给予高度评价。

革命文物是不可再生、不可替代的宝贵财富，是让领导干部和人民群众深刻领悟中国共产党为什么能、马克思主义为什么行、中国特色社会主义为什么好等道理的红色资源。加强革命文物保护，是用好红色资源、赓续红色血脉的首要任务。沂蒙山区是全国著名的红色革命老区，是中国共产党建立党组织较早的地区之一，是一片具有光荣革命传统的热土，拥有丰富的革命文物与红色文化遗产。临沂各级党委政府及广大人民群众，像爱护眼睛一样爱护革命文物，为让革命文物史料成为党史“教材”，让革命旧址遗迹成为党史“教室”，让英烈模范成为党史“教师”，把散落的革命文物保护好、挖掘好、运用好，坚持“规划引领，共同参与，保护为先，有效利用”的理念，创新性实施了“党委政府主导+社会力量参与+民间收藏为补充+地方立法”的全方位、多主体的革命文物保护模式。这实现了全面保护与整体保护并重、抢救性与预防性保护协同、文物本体与周边环境保护统筹的保护目标，确保了革命文物的历史真实性、风貌完整性和文化延续性，形成了革命文物保护是为了更好地发挥革命文物作用、利用革命文物是为了更好保护的良性循环。临沂革命文物保护利用工作走在了全国的前面。

第一章

规划引领　夯实革命文物保护利用基础

规划具有系统前瞻性、组织综合性、实施强制性等特点，需要大量准确而实际的资料、数据以及运用科学的方法，进行从宏观整体到具体细节的设计布局。为增强沂蒙革命文物保护利用工作的问题针对性和成果有效性，充分考虑地方经济社会发展的实际需要，以实现地方革命文物保护利用的可持续发展愿景，临沂地区各级党委政府紧跟党和国家围绕革命文物保护利用所颁布的指导性战略规划、通知文件，全面思考沂蒙革命文物保护利用事业未来发展的基础性、长期性、整体性任务目标，依据国内文物与博物馆行业相关技术规范及标准，主动制定有目的、有意义、有价值的地方性革命文物保护行动方案。

第一节　实施沂蒙革命文物保护利用“三个三”模式

一、国家关于革命文物保护利用的指导性文件

为推进全国革命文物事业更好融入国家文化建设发展的战略

格局，推动新时代革命文物工作高质量发展，在“十三五”“十四五”文物保护利用规划中，国家文物局陆续印发重要指导文件。

1.《国家文物事业发展“十三五”规划》

身处国家文物事业发展的关键时期，为紧紧把握文物工作所面临的前所未有的发展机遇，国家文物局组织各方力量，精心编制了《国家文物事业发展“十三五”规划》①，并于2017年2月正式发布实施。

规划第二部分“切实加大文物保护力度”提出：坚持分类指导，突出重点，加强基础，实现由注重抢救性保护向抢救性与预防性保护并重转变，由注重文物本体保护向文物本体与周边环境、文化生态的整体保护转变，确保文物安全。

其中，第一小部分“加强不可移动文物保护”指出：加强革命文物保护。实施革命文物保护利用工程，全面提升革命文物保护展示水平。编制革命文物保护利用规划，加强革命文物和革命文献史料的调查、征集、研究工作，做好馆藏革命文物的清理、定级、建账和建档工作。加强革命文物的安全防范设施建设，完善馆藏革命文物监测调控设施，改善革命文物的藏品保管和陈列展览条件。

第二小部分“加强可移动文物保护”提出：实施馆藏革命文物预防性保护工程，改善馆藏革命文物保存环境。

第三小部分“加强文物安全”的专栏“文物保护工程”第二条“革命文物保护利用工程”提出：建立革命文物资源目录和大数据库，推进革命旧址保护修缮三年行动计划和馆藏革命文物修复计划，实施一批具有重大影响和示范意义的革命旧址保护展示项目，

---

①　中华人民共和国文化部政策法规司编：《“十三五”文化发展改革规划汇编》，北京：知识产权出版社，2018年，第50-60页。

抢救修复濒危、易损馆藏革命文物；加强对革命文物的研究阐释，改进提升革命文物陈列展示水平，推出一批弘扬革命精神、彰显社会主义核心价值观的革命文物专题展览，做到见人、见物、见精神。

规划第三部分“全面提升博物馆发展质量”第一小部分“优化博物馆建设布局”指出：加强市县博物馆建设，支持革命老区、民族地区、边疆地区、贫困地区博物馆建设，实施边疆地区博物馆建设工程。第四小部分“加强博物馆藏品管理”指出：加强近现代文物征集，注重民俗文物、民族文物和非物质文化遗产征集，实施经济社会发展变迁物证征藏工程。

2.《关于实施革命文物保护利用工程（2018—2022 年）的意见》

2018 年 7 月，中共中央办公厅、国务院办公厅联合印发了《关于实施革命文物保护利用工程（2018—2022 年）的意见》①，提出了加强革命文物保护的重要意义、指导思想、基本原则、发展目标，明确了夯实革命文物基础工作、加大革命文物保护力度、拓展革命文物利用途径、提升革命文物展示水平、创新革命文物传播方式等五大主要任务，实施百年党史文物保护展示工程、革命文物集中连片保护利用工程、长征文化线路整体保护工程、革命文物主题保护展示工程、革命文物陈列展览精品工程、革命文物宣传传播工程，制定了加强组织领导、加大财政投入、完善法规政策、加强督促检查四项保障措施。

3.《“十四五”文物保护和科技创新规划》

2021 年 10 月，国务院办公厅印发《“十四五”文物保护和科

---

① 文献来源：中华人民共和国中央人民政府（http://www.gov.cn/zhengce/2018-07/29/content_5310268.htm）。

技创新规划》。[①] 基于“十三五”时期全国革命文物保护利用全面加强的发展环境,该文件提出,到 2025 年,要实现革命文物保护管理运用体系基本健全,重要作用得到更好发挥的主要目标。

规划第七部分“加强革命文物保护管理运用”提出:坚持保护第一,充分发挥革命文物在党史学习教育、革命传统教育、爱国主义教育等方面的重要作用,用好红色资源、赓续红色血脉、弘扬革命文化、汲取奋进力量。

第一,加大革命文物保护力度。系统开展革命文物和相关史料调查征集。加强科学保护、系统保护,进一步完善革命文物定期排查、日常养护管理和安全防范制度,实施一批革命旧址维修保护项目、馆藏革命文物保护修复项目和革命文物研究性保护项目。加强整体保护,推进革命文物保护利用片区整体规划、连片保护、统筹展示,发挥示范引领作用。持续改善各级各类不可移动革命文物保存状况。

第二,提升革命文物展示水平。优化革命博物馆、纪念馆区域布局,指导支持一批革命博物馆、纪念馆展陈提升项目,加强中国共产党历史文物保护展示。认真总结庆祝中国共产党成立 100 周年革命文物陈列展览成功经验,结合纪念辛亥革命 110 周年、红军长征胜利 85 周年、中华人民共和国成立 70 周年、中国人民抗日战争暨世界反法西斯战争胜利 75 周年、中国人民志愿军抗美援朝出国作战 70 周年等重要时间节点,坚持政治性、思想性、艺术性相统一,策划推出革命文物陈列展览精品。合理运用现代科技手段,增强革命文物陈列展览表现力、传播力、影响力。推进革命文物联展巡展。

---

① 文献来源:中华人民共和国中央人民政府(http://www.gov.cn/zhengce/content/2021-11/08/content_5649764.htm)。

第三,强化革命文物研究阐释。整合文物、党史、军史、档案、地方志等方面研究力量,加强革命文物保护利用研究,开展实物、文献、档案、史料和口述史征集,挖掘革命文物深刻内涵,推出重要研究成果,旗帜鲜明反对和抵制历史虚无主义,继续发扬伟大建党精神,传承弘扬井冈山精神、长征精神、遵义会议精神、延安精神、西柏坡精神、红岩精神、抗美援朝精神、“两弹一星”精神、特区精神、抗洪精神、抗震救灾精神、抗疫精神、脱贫攻坚精神等伟大精神。

第四,拓展革命文物运用方式。提升革命旧址开放水平,完善重要革命纪念地设施。用好革命文物资源,举办国家和群众性纪念活动,积极开展青少年教育活动。创新革命文物宣传传播方式,加强革命文物资源网络空间建设。依托革命文物资源开辟公共文化空间,发展红色旅游及红色研学旅行,打造红色经典景区和精品线路,助力乡村振兴和革命老区振兴发展。

第五,深化革命文物工作内容。服务好“四史”学习教育,特别是围绕中国共产党各个历史时期的重大事件、重要节点,研究确定一批重要标识地,推动有条件的重要建设工程、科学工程、国防工程面向公众开放,生动展示革命文物蕴含的强大精神力量。

规划将革命文物保护利用工程具体分述如下:

第一,革命文物保护利用片区建设。即以原中央苏区等37个片区为重点,实施一批革命文物连片保护和整体展示项目,鼓励地方创新实践。

第二,革命文物主题保护展示。以实现中华民族伟大复兴中国梦的奋斗历程为主线,聚焦近代以来中国人民争取民族独立和人民解放的伟大斗争、中国共产党领导中国人民救国兴国强国的伟大贡献,着力提升重大事件、重要会议、重要机构、重要人物遗址遗迹以及著名英烈纪念设施保护展示水平。

第三,革命文物展览精品工程。每年推介一批主题鲜明、内涵丰富、形式新颖、线上线下融合的革命文物展览精品。指导支持50家基本陈列超过5年的革命博物馆、纪念馆和革命旧址局部改陈布展试点;指导支持50家基本陈列超过10年的革命博物馆、纪念馆和革命旧址全面改陈布展试点。强化英烈纪念设施展览展示功能。

第四,红色基因传播传承工程。持续推进革命文物数字化展示传播,建设革命纪念馆红色基因传承云平台,推出革命文物"云展览""云直播",制播革命文物相关纪录片、微视频。开展"党的故事我来讲——争做红领巾讲解员""纪念馆里的思政课"等系列主题活动,讲好党的故事、革命故事、英雄故事。

二、山东省关于革命文物保护利用的指导性文件

为加强革命文物价值研究阐释和传播利用,让革命文物与红色文化遗产"活"起来,山东省将革命文物保护利用纳入省政府制定的五年规划,制定革命文物保护工程实施意见,颁布红色文化(包括革命文物)保护传承条例,全力做好全省革命文物资源家底摸清统计工作。

1. 规划指导文件

《山东省文物博物馆事业"十二五"发展规划》(2012年)围绕文化遗产保护片区规划建设的"七区两带"①,即包括沂蒙片区。《山东省文物事业"十三五"发展规划纲要》(2016年)进一

① 曲阜、淄潍、泰山、黄河三角洲、半岛、沂蒙、鲁西等片区和大运河、齐长城两条文化带。

步提出“七区三带”①山东文化遗产保护空间格局，实现文化遗产保护与经济社会发展区域战略的融合统一，其中将沂蒙片区定义为“以山东古国文化、红色革命文化遗产的保护展示为主导”。

2019 年 12 月，山东省委宣传部等 13 部门联合出台了《山东省革命文物保护利用工程实施意见》。该文件提出，为统筹推进革命文物保护利用传承，山东未来 3 年内将实施 7 项革命文物保护工程。②

第一，百年山东党史文物保护展示工程。以中国共产党成立 100 周年为时间节点，系统开展百年党史文物、文献、档案、史料调查征集，全面提升反映山东百年党史的重大事件遗迹、重要会议遗址、重要机构旧址、重要人物旧居保护展示水平。第二，革命文物集中连片保护利用工程。推进革命文物的整体规划、连片保护、统筹展示，重点建设沂蒙、胶东、渤海、鲁西 4 个革命文物保护利用片区。第三，革命旧址保护展示示范工程。实施党的早期革命旧址保护提升项目，实施抗战和解放战争重点文物保护示范项目，实施社会主义革命文物保护试点项目。第四，民族民主革命主题文物保护展示工程。对见证山东人民百年来历次抵御外来侵略、维护国家主权、捍卫民族独立的旧址遗迹排查梳理，加强保护利用，发挥教育作用。第五，革命文物主题展览精品工程。围绕重要时间节点、重大历史事件和传统节庆，推

---

① 曲阜、临淄、省会、半岛、黄河三角洲、沂蒙、鲁西七大文化遗产保护片区和山东海疆历史文化廊道、齐长城人文自然风景带、大运河历史文化长廊三条文化带。

② 文献来源：中华人民共和国文化和旅游部（https://www.mct.gov.cn/whzx/qgwhxxlb/sd/201912/t20191218_849657.htm）。

出系列主题精品展览。第六,革命文物宣传传播工程。建立革命旧址、革命博物馆纪念馆与党政机关、企事业单位、驻地部队、城乡社区的共建共享机制。第七,红色旅游品牌打造工程。挖掘整合全省红色旅游文化资源,建设一批重点红色旅游经典景区,推出一批研学旅行和体验旅游精品线路。

该《实施意见》提出,到 2022 年,山东省革命文物保护利用状况显著改善,革命文物保护利用传承体系基本健全。各级革命文物保护单位"四有"工作落实率 100%,重大文物险情排除率 100%,可移动革命文物建档完成率 100%,各类革命博物馆纪念馆免费开放率 100%。改造升级 100 个革命主题陈列展览,建设提升 100 家革命主题博物馆纪念馆,保护提升 100 处爱国主义教育基地、青少年教育基地,打造提升 100 个红色旅游景点景区。

2020 年 11 月,山东省第十三届人民代表大会常务委员会第二十四次会议通过《山东省红色文化保护传承条例》①,明确规定红色文化是指五四运动以来,中国共产党把马克思主义基本原理同中国具体实际相结合,领导团结中国各族人民在革命、建设、改革过程中形成的具有历史价值、教育意义、纪念意义的物质财富和精神财富的总和。根据党和国家对革命文物概念的认定,以"红色文化遗存"的表述扩大、丰富了山东地区的革命文物资源禀赋特点。这主要包括:(一)重要机构、重要会议、重要事件、重大战役、重要战斗的遗址、遗迹、旧址和代表性实物;(二)已故重要人物的故居、旧居、活动地、墓地、殉难地和遗物;(三)烈士陵园、纪念堂馆、纪念碑亭、纪念塔祠、纪念塑像、烈士

① 《山东省红色文化保护传承条例》,《山东省人民代表大会常务委员会公报》,2020 年第 6 号。

骨灰堂、烈士墓等纪念设施;(四)重要的著作、手稿、文电、报刊、影像等文献资料;(五)其他重要的史迹、实物和纪念设施。这是全国第一部全面规范红色文化遗存和革命精神的省级地方性法规。

《山东省文物事业发展"十四五"规划》(2021年)①提出,实施沂蒙(鲁中、滨海、鲁南)、胶东、渤海、鲁西(冀鲁豫边区)四个革命文物集中连片保护利用工程;沂蒙片区以红色文化、龙山文化城址群、莒郯文化为主题;确定发展目标——革命文物保护利用工作走在全国前列。

2022年5月,山东省文化和旅游厅、中共山东省委宣传部联合印发了《文物保护利用"十大工程"实施方案》②。其中,第六部分"革命文物保护利用工程"规定该工程重点项目及任务如下。

第一,革命文物保护行动。开展革命文物资源调查和馆藏革命文物评估定级,公布第二批革命文物名录。开展革命口述史和革命文物抢救整理。实施大青山突围战遗址、徂徕山抗日武装起义旧址、陆房战斗遗址、刘公岛甲午战争纪念地、潍县西方侨民集中营旧址等保护修缮项目。

第二,革命文物展示利用项目。以八路军进山东、抗战交通补给线等革命文化线路保护展示为重点,推进沂蒙(鲁中、滨海、鲁南)、胶东、渤海、鲁西(冀鲁豫边区)等革命文物片区建设。推进革命博物馆、纪念馆改陈提升,围绕"迎接二十大、见证新时

---

① 文献来源:山东省文化和旅游厅(http://whhly.shandong.gov.cn/art/2021/11/30/art_100551_10297130.html)。

② 文献来源:山东省文化和旅游厅(http://whhly.shandong.gov.cn/art/2022/5/10/art_102779_10301997.html)。

代”和重要时间节点,策划推介主题鲜明、线上线下融合的展览。

第三,革命文物教育传承计划。每年举办“红色文化主题月”活动,开展红色文化宣传教育。组织革命博物馆、纪念馆与高校、中小学建立合作平台,推动革命文物走进学校思政课。2022 年 6 月 30 日,山东省“红色文化主题月”活动启动仪式在临沂市博物馆举行,现场公布了第二批山东省红色文化特色村培育创建名单和山东省革命文化主题线路。

第四,革命文物融合发展项目。开展山东省红色文化特色村培育创建。依托革命旧址、博物馆和纪念馆,打造具有山东特色的红色旅游精品线路和经典景区。基于乡村对于革命文物保护利用的显著成效,以及以革命文物为主的红色文化资源助推新时代乡村振兴重要作用,这部分工作首先要强化科学保护。尽快将一般不可移动文物公布为文物保护单位,对保存状况不佳的革命旧址,按照文物保护要求抓紧开展保护修缮工作,妥善处理好文物保护、展示利用与新农村建设之间的关系。其次,要强化教育功能。深入开展革命文物征集和研究工作,挖掘革命文物背后的故事。广泛组织当地机关、学校、部队等单位开展党史学习教育和研学活动,建设富有特色的革命传统教育、爱国主义教育、青少年思想道德教育基地。最后,要强化引领作用。探索创新红色资源融合发展模式,依托红色文化遗存赋能经济社会高质量发展。将红色资源与当地特色产业、传统村落、自然风光等特色资源结合,纳入红色旅游线路,开展乡村红色旅游活动。广泛开展宣传推介,提高村庄知名度。

2021 年 12 月,山东省文化和旅游厅公布第一批山东省红色文化特色村名单,共计 50 个,其中临沂市有 10 个村入选。2022 年 6 月,山东省文化和旅游厅公布第二批山东省红色文化特色村培育创建名单,共有90个村列入其中,临沂市有15个村入选(表1、表2)。

表1　临沂市红色文化特色村(培育创建)名单

所在县区及数量(个)	第一批山东省红色文化特色村名单	第二批山东省红色文化特色村培育创建名单
沂南县/6	马牧池乡常山庄村	岸堤镇岸堤村、马牧池乡辛庄村、孙祖镇代庄村、孙祖镇东高庄村、依汶镇朱家里庄
临沭县/1	曹庄镇朱村	
费县/2	薛庄镇马头崖村	薛庄镇青山峪
沂水县/6	夏蔚镇王庄村、院东头镇桃棵子村、夏蔚镇云头峪村	院东头镇西墙峪村、院泉庄镇马头崖村、夏蔚镇双山村
蒙阴县/5	野店镇烟庄村、岱崮镇笊篱坪村、垛庄镇东孟良崮村	野店镇棋盘石村、岱崮镇大崮村
莒南县/2	板泉镇渊子崖村	坪上镇大山村
平邑县/1		地方镇九间棚
兰陵县/2		苍山街道大圩子村、兰陵镇沈坊前村

表 2　临沂市红色文化特色村占山东省比重

	第一批山东省红色文化特色村名单	第二批山东省红色文化特色村培育创建名单	总计
山东省	50(个)	90(个)	140(个)
临沂市	10(个)	15(个)	25(个)
所占比重	20%	16.67%	17.86%

2. 家底统计摸清

2019年3月,中宣部、财政部、文化和旅游部、国家文物局确定公布第一批革命文物保护利用片区的分县名单,共计15个片区、645个县。2020年7月,以上四部门确定公布第二批革命文物保护利用片区的分县名单,共计22个片区、988个县。两批共计37个片区、1433个县(为保持片区完整性,两次统计时部分县区重复列入),列入一、二革命文物保护片区的县区(市),占全国县区(市)总数的50.39%。其中,山东省列入全国革命文物保护片区的县区(市)93个,占全省县区(市)总数的68.38%。临沂市列入全国革命文物保护片区的县区(市)9个,占全市县区(市)总数的75%。(表3)

表 3　列入国家革命文物保护片区的县区占比

	全国	山东省	临沂市
县区总数(个)	2844	136	12
入选革命文物保护片区的县区数(个)	1433	93	9
入选县占比	50.39%	68.38%	75%

从图表对比中可以看出,山东省入选革命文物保护片区的

县区比全国平均高约 18 个百分点，临沂市入选革命文物保护片区的县比全省平均高近 7 个百分点，比全国平均高近 25 个百分点。

2020 年 12 月，山东省文化和旅游厅公布第一批山东省革命文物名录，全省共有不可移动革命文物 897 处。其中，全国重点文物保护单位 12 处，省级文物保护单位 179 处，市县级文物保护单位 491 处。省级爱国主义教育基地 156 家，博物馆、纪念馆 52 家。全省 119 家国有文物收藏单位上报可移动革命文物共计 94091 件/套，其中珍贵文物 3233 件/套，包括一级文物 82 件/套、二级文物 21 件/套、三级文物 3130 件/套。

三、临沂市关于革命文物保护利用的指导性文件

为探索实践一条符合临沂地方实际的革命文物保护利用路径，临沂市委市政府过去十年间，连续出台系列规划方案、实施细则。

2013 年 12 月，临沂市政府印发了《临沂市文物保护利用发展规划(2013—2020)》，确定“一红一片一环两带七区”文物保护利用总体规划目标。其中，“一红”是指沂蒙红色文化遗产，是对沂蒙老区革命文化的概括，也是境内众多红色革命遗址遗迹所显现的总体特点。红色文化是临沂的文化特色之一，也是山东省文化遗产片区规划中“沂蒙片区”的重要内涵。在革命战争年代，临沂留下许多革命者足迹、战争遗迹和感人事迹，这些红色文化遗产几乎遍布各县区，成为宝贵的旅游、教育资源和共同的精神财富。莒南大店八路军一一五师司令部旧址、河东区新四军军部旧址暨华东野战军诞生地旧址、大青山战役旧址、费县沂蒙山小调诞生地、华东革命烈士陵园、蒙阴孟良崮战役纪

念馆等已经成为全省甚至全国爱国主义教育、革命传统教育的重要场所。

此规划首次从革命文物保护角度，将“一红”作为重要内容，由市政府印发规划，在全省地市中属于第一家。规划明确加强对沂蒙红色文化资源的挖掘研究，重视红色文化遗产的保护利用，不断丰富、深化“沂蒙精神”内涵，为宣传临沂、促进全市旅游和经济社会发展提供智力和物质支持。

2019 年，临沂市文化和旅游局绘制编印了《临沂市重点文物位置公布图》，与市自然资源规划局、市住房和城乡建设局、市行政审批局联合将临沂市文物保护利用规划纳入临沂市空间发展规划编制，实现了真正意义上的“多规合一”。此举将临沂革命文物保护规划相关要求纳入到地方经济社会发展的“总规”，能够积极盘活红色资源，弘扬沂蒙精神，推进革命文物保护利用、红色文化旅游发展等方面新的发展。

2020 年 7 月 1 日，由临沂市人大常委会表决通过的《临沂市红色文化保护与传承条例》正式实施。该条例作为国内首部以红色精神资源保护与传承为主题的地方性法规，为加强革命文物保护利用提供了法治保障。

2020 年 9 月，临沂市委市政府印发了《临沂市加强文物保护利用改革实施细则》，提出要健全革命文物保护传承体系：(1)贯彻落实《临沂市红色文化保护与传承条例》，加大宣传和执行力度；(2)实施革命文物保护利用工程，打造沂蒙红色文化示范区；(3)加强沂蒙红色文化研究，编辑出版沂蒙红色文化系列丛书；(4)实施革命文物展陈工程，推动市、县、乡、村革命文物展示体系，讲好革命文物背后的故事；(5)依托沂蒙革命文化资源推动革命文物数字展示工程。

2021 年 9 月，临沂市政府印发了《临沂市推进文物保护利用工作若干措施》，提出“全面实施革命文物保护利用工程”。落实《山东省红色文化保护传承条例》，深化《临沂市红色文化保护与传承条例》实施，每年开展“红色文化主题月”活动。建立完善红色文化保护传承协调机制，开展红色文化遗存认定，分级分批公布红色文化遗存保护名录。编制实施《临沂市革命文物保护利用工程三年行动方案（2021—2023）》。组织开展革命文物征集、展陈、宣传、人才培养等专题活动。深化沂蒙精神研究，推出一批研究成果。依托革命文物，创作一批红色文化文艺作品。

2021 年 9 月，山东省“全省革命文物工作会议”在临沂召开。临沂市作为发言代表，基于近十年来临沂市革命文物工作经验，提出具有临沂特色的“三个三”模式：突出“三大引领”、实施“三大工程”、推动“三大融合”。具体内容：第一，突出“三大引领”，增强革命文物保护的自觉性。坚持规划引领，把“保护好、管理好、运用好革命文物”作为一项政治任务，编制了《临沂市红色文化“十四五”规划》，制定出台了《加强文物保护利用改革实施细则》《“弘扬沂蒙精神 · 传承红色基因”十大行动实施方案》等 10 个配套文件，形成了“1+10”规划体系，为新时期革命文物保护利用提供了制度遵循。坚持立法引领，《临沂市红色文化保护与传承条例》的正式颁布实施，以法规制度的形式推动沂蒙革命文物保护利用的发展创新，促进沂蒙精神在新时代的弘扬传承。坚持责任引领，压实县区属地管理责任，实施以村“两委”成员为文物保护员的网格化管理制度，配备村级保护员 2100 余名，覆盖全市 1036 处文物保护单位，打通了革命文物管理保护“最后一公里”。

第二，实施“三大工程”，增强革命文物的安全性。针对革命遗迹遗存易流失的特点，强化工程措施，从“人、迹、址”多角度保护，实施“全域化”普查工程。在全市范围内开展摸底排查，建立革命文物数据库，分级分类纳入保护名录。实施“差异化”修缮工程。对八路军一一五师司令部旧址、王换于故居、华东野战军诞生地等20余处不可移动革命文物本体进行全方位修缮，对201处市级抗战遗址做了保护性修缮，并在85处红色堡垒村(镇)全部设立标志牌。实施“片区化”安防工程。对重点革命文物保护片区，严格红线管控，严禁违规建设，并将市级文物保护单位、保护区一体纳入“雪亮工程”，全天候视频管控。

第三，推动“三大融合”，增强革命资源的时代性。坚持政府主导，用好市场化手段，实施“革命文物+”行动，让革命文物“活”起来，红色旅游“火”起来，带动沂蒙乡亲“富”起来。推出“革命文物+教育”模式。出台红色研学专项奖励政策，编写《沂蒙精神教育读本》。实施“革命文物+旅游”融合发展模式。规范提升A级以上红色景区26家、红色旅游特色村30余个，打造红色精品旅游线路30多条，推出革命场景体验、沉浸式小院演出等红色旅游项目。创新开展“革命文物+文创”等活动。着眼“创意化”“生活化”，举办文化旅游商品创意设计大赛，推进红色文创产品变为文旅商品，增加群众收入，提高群众保护革命文物的积极性。

第二节　实施“革命文物筑基工程”

革命文物不少是在革命年代普通人民日常生活中使用的物品，不像考古历史文物那样可以集中发掘并展示文物本身的材质精美。革命文物多散落民间，如一幅标语，可能就写在农户院子的墙上；一个重大决议，可能就在一所民居中形成。在沂蒙地区村村落落，这类珍贵的物品数量众多，随处可见，多数民众不认为这样的物品是革命文物，对其重视和保护程度有待加强。

为更好推进落实临沂地区革命文物保护利用工作，提高地方民众对于革命文物的重视程度，营造全社会爱护革命文物的良好氛围，在《临沂市文物保护利用发展规划（2013—2020）》发布后，临沂市文化广电新闻出版局①启动沂蒙革命文物筑基“三个一”行动：健全工作机制、开展全域化调研普查、建立革命文物数据库分级分类纳入保护名录。

一、健全工作机制

2013 年，为加强文物保护利用工作，经临沂市编制委员会同意批准成立副县级事业编制的临沂市文物局，经临沂市政府同意调整充实市委宣传部、市财政、发改、科技、文广新、公安、交通、规划、国土等部门组成临沂市文物保护委员会，并建立例会制度，定期研究协调解决文物保护（包括革命文物）工作中的问题。

2013 年，临沂市政府利用第一次全国可移动文物普查的机会，召开临沂市文物工作会议，将革命文物保护利用普查工作纳入其中。会议提出要加强规划，明确目标，形成革命文物工作新体系。切实加强机构和队伍建设，健全革命文物保护网络。要提早谋划，做好第一次可移动文物普查工作，按照上级部署，跟

---

① 2019 年 1 月，临沂市文化广电新闻出版局与临沂市旅游发展委员会合为临沂市文化和旅游局。

上节奏,抓住普查任务推进的时间节点,做好普查人员、场所、经费、器材、档案等各项工作。要进一步加强文博设施建设,优化提升博物馆、纪念馆建设,鼓励行业和民办博物馆发展。

2019 年,临沂市委成立由市委副书记牵头的工作专班,协调解决重大问题。经市编制委员会批准,在临沂市文化和旅游局专门设立“红色文化旅游发展科”,主要职责包括:拟定全市红色文化旅游规划、政策措施并组织实施;统筹协调全市红色文化旅游发展工作;负责全市红色文化旅游资源调查、保护和开发工作;协调解决红色文化旅游工作中的重大问题;承担红色旅游等相关工作;指导推进红色文化研学旅行、红色文化教育培训工作。

同年,经临沂市委市政府同意,充实调整组成临沂市红色文化保护传承工作协调委员会,由市委市政府分管负责同志担任委员会主任,成员单位由组织、宣传、网信、党史史志、文化和旅游(文物)、退役军人等 15 个部门组成。同时,建立联络员联系机制,不定期召开联络员工作会议,重点研究、讨论、部署红色文化保护传承工作任务。建立协调机制,实现了对各县区各部门政策、资金、资源等方面的有效整合,形成推动工作的强大合力。

2020 年,经临沂市编办批准,在市文化和旅游局文化旅游发展促进中心,增设事业编制“革命文物科”。2021 年,市编办研究决定革命文物科增加编制到 20 人。这是目前山东省文化旅游系统唯一一个专门设立的红色文旅管理机构、革命文物保护工作机构。

全市各县区都在文旅系统以增设、加挂牌子等形式,明确了承担革命文物保护职责的机构,并在乡村配备文物保护巡护员等。机构的设置解决了有人管事、有人办事的问题,健全了革命文物的保护体制。同时明确了机构的职责定位:加强红色文化

(包括革命文物遗址遗迹)保护利用,加强文化和旅游融合发展,传承中华优秀传统文化,促进沂蒙文化交流与传播,稳步提升“好客山东·亲情沂蒙”旅游品牌形象和沂蒙文化软实力。

二、开展全域化调研普查

为摸清全市历史文化资源的底子,临沂市文化和旅游局先后于2015年、2017年和2019年,围绕基层历史文化资源状况、文化精准扶贫、文化旅游融合等方面内容,抽调全市精干力量,开展“全域化”调查普查工作。第一,摸清本村历史文化资源。了解历史人物、历史遗存、文化遗迹、古建筑,旺族文化、乡村贤达、成功人士,生态资源禀赋等。第二,摸清贫困村文化设施现状。了解各贫困村综合文化活动室,以及文化小广场建设和利用情况,文化队伍建设发展、群众文化满意度等情况。第三,摸清非物质文化遗产保护情况。了解本村历史传说、姓氏由来,以及非物质文化遗产项目、手工技艺项目等情况。第四,摸清特色文化情况。摸清本村特色文化资源现状,如红色文化、农耕文化、生态文化、民俗文化等。通过收集各方面的意见和建议,进行认真梳理和分析,从个性问题中发掘共性问题,为制定进一步工作措施提供决策依据。

临沂市利用第一次可移动文物普查的机会,加强规划,明确目标,形成文物工作新体系,形成革命文物排查制度。到2020年底,全市革命文物保护单位全部落实了有保护范围、有保护标志、有记录档案、有管理机构的“四有”工作,革命文物保护工作走在了全省的前列。通过全域化普查,整理汇编550多名革命人物事迹,登记不可移动革命文物343处(表4),馆藏革命文物3177件/套。

表 4 临沂各县区不可移动革命文物分布情况(处)

县区	兰山	罗庄	河东	兰陵	郯城	沂水	莒南	费县	平邑	蒙阴	沂南	临沭	合计
数量	9	3	3	105	12	22	51	12	42	24	49	11	343

《中国革命老区》曾公布山东省革命老区具体情况:全省现有135个县(市、区),2370个乡镇,8.9万个行政村。有老区的县(市、区)共辖乡镇2075个,其中老区乡镇为1373个,占总数的65.2%。山东革命老区包括抗日战争时期晋冀鲁豫和山东抗日根据地现属山东行政区划部分。按所辖老区乡镇多少比例分类如下。

一类老区:沂水、临沭、苍山(今兰陵)、莒南4个县。

二类老区:东营市东营区、河口区、垦利、利津、广饶,烟台市福山区、牟平区、龙口市、莱阳市、莱州市、蓬莱市、招远市、海阳市、栖霞市、长岛,潍坊市青州市、寿光市、安丘市、昌邑市、昌乐、临朐,济宁市邹城市、汶上、泗水、微山、鱼台、梁山、金乡,威海市乳山市、荣成市、文登市,日照市东港区、五莲、莒县,临沂市兰山区、罗庄区、河东区、沂南、郯城、费县、平邑、蒙阴,滨州市沾化、邹平、惠民、阳信、无棣,菏泽市鄄城、郓城、巨野、成武、单县、定陶、曹县、东明,聊城市临清市、高唐、茌平、东阿、阳谷、莘县、冠县,济南市莱芜区和钢城区等67个县、市(区)。

三类老区:济南市章丘区、长清、平阴、济阳、商河,青岛市胶州市、即墨市、平度市、胶南市、莱西市,淄博市临淄、淄川、博山区、桓台、高青、沂源,枣庄市台儿庄、峄城、薛城区、滕州市,泰安市泰山区、新泰市、肥城市、宁阳、东平,德州市乐陵市、禹城市、陵县、宁津、庆云、临邑、齐河、夏津、武城35个县、市(区)。①

从以上分类看出,山东省属于一、二、三类革命老区的县区(市)占全省县区(市)总数77.94%,临沂市共有12个县区,全部为一、二类革命老区(表5)。其中,属于一类革命老区的县区(市)全省4个(全部为临沂市),占全省县区(市)总数2.94%,占临沂市县区(市)总数33.33%。属于二类革命老区的县区(市)全省67个(其中临沂市8个),占全省县区(市)总数49.26%,占临沂市县区(市)总数66.67%。属于三类革命老区的县区(市)全省35个,占全省县区(市)总数25.74%。

表5 临沂革命老区县区占山东省革命老区县区(市)数量对比

	革命老区县区占比	革命老区分类			备注
		一类	二类	三类	临沂市县区全部为一、二类
山东省	77.94%	2.94%	49.26%	25.74%	
临沂市	100%	33.33%	66.67%	-	

三、建立临沂市革命文物数据库

1. 摸清临沂市革命文物分布

革命战争年代,沂蒙山区发生大小战斗4000多次,革命遗存较多。临沂市委市政府一直十分注重沂蒙革命文物的抢救性挖掘、预防性保护,实施文物普查工程,建立统一数据库,分级分类纳入革命文物名录,并在调研摸底的基础上,建立临沂市(可移动)革命文物大数据库(表6),分级分类纳入保护名录。分期

① 中国老区建设促进会编:《中国革命老区》,北京:中共党史出版社,1997年,第838页。

做好革命场馆馆藏革命文物的征集、鉴定、定级、入档和建档等收藏管理工作。加强革命文物、革命文献档案史料、英雄烈士事迹史料、革命先辈及其后代等群体的口述资料的调查征集工作，推进革命文物资源信息面向社会开放共享。

在重点革命博物馆、纪念馆，充分利用人机交互、虚拟现实、沉浸式场景等先进技术设备，以及全息立体投影、全景呈现技术、三维环绕等多模态、多媒介技术，“唤醒、还原”革命文物产生的历史情景。借助大数据、物联网、人工智能等发达信息数字科技，建设沂蒙革命纪念馆、山东抗日根据地纪念馆等革命文物数字化管理平台，以及可以让观众自主参与体验的 VR、AR 体验产品，建立沂蒙革命文物的“云端”展示，如线上博物馆、手机博物馆，满足不同对象的多重需求。

表 6　临沂市第一批可移动革命文物名录

序号	收藏单位	名称	级别	实际数量
1	临沂市档案馆	1939 年 1—3 月《大众日报》合订本	未定级	1
2	临沂市档案馆	1945 年政府干部统计表	未定级	1
3	临沂市档案馆	1945 年群众工作干部统计表	未定级	1
4	临沂市档案馆	1945 年党务干部统计表	未定级	1
5	临沂市档案馆	1947 年关于动参支前对敌斗争的总结指示通报	未定级	1
6	临沂市档案馆	1947 年关于组织建设工作的总结报告	未定级	1

（续表）

序号	收藏单位	名称	级别	实际数量
7	临沂市档案馆	1948年关于生产支前兵源对敌斗争的指示总结报告	未定级	1
8	临沂市档案馆	1948—1949年关于生产支前兵源对敌斗争的指示总结报告	未定级	1
9	临沂市档案馆	1949年关于宣传工作的计划通知报告会统计表	未定级	1
10	临沂市档案馆	1949年关于动归参军干部南下反特防匪工作的指示决议报告	未定级	1
11	临沂市档案馆	1949年干部登记表	未定级	1
12	临沂市档案馆	1949年月份综合工作报告	未定级	1
13	临沂市档案馆	各县级工作队一九四九年汇报材料	未定级	1
14	临沂市档案馆	1946年组织状况调查统计表	未定级	1
15	临沂市档案馆	1948年县委会议记录	未定级	1
16	临沂市档案馆	1948年关于生产支前全面工作总结报告计划统计表	未定级	1
17	临沂市档案馆	1949年关于生产救灾地权工作的指示总结报告	未定级	1
18	临沂市档案馆	1949年费县、平邑、苍山县委关于淮海战役评功支前工作的总结报告统计表	未定级	1

（续表）

序号	收藏单位	名称	级别	实际数量
19	临沂市档案馆	1949年中共苍山兰陵赵镈费县蒙山邳县县委组织部一九四九年组织状况统计表	未定级	1
20	临沂市档案馆	1949年关于组织鉴定宣传妇女等工作的决议报告	未定级	1
21	临沂市档案馆	1949年关于支前生产救灾工作记录	未定级	1
22	临沂市档案馆	1949年中共兰陵苍山赵镈费县蒙山邳县县委组织部一九四九年干部登记表	未定级	1
23	临沂市档案馆	1946年组织状况调查统计表	未定级	1
24	临沂市档案馆	1944—1945年地委及各县委关于组织反特锄奸工作的指示意见总结	未定级	1
25	临沂市档案馆	1946—1949年关于组宣生产公安防奸等工作的指示总结	未定级	1
26	临沂市档案馆	地委1944—1946年关于组织查减锄奸反特务等工作的决定指示总结	未定级	1
27	临沂市档案馆	1944年组织工作报告及财委第七次会议决议	未定级	1

（续表）

序号	收藏单位	名称	级别	实际数量
28	临沂市档案馆	各县委关于对敌斗争反特组织工作的总结报告	未定级	1
29	临沂市档案馆	1945 年关于对敌斗争和财政收支工作的决议报告会议记录	未定级	1
30	临沂市档案馆	1948—1949 年各县委生产支前工作的指示意见总结报告	未定级	1
31	临沂市档案馆	1948—1949 年关于参军动归工作的总结报告统计表	未定级	1
32	临沂市档案馆	1948 年各县委关于拥军参军土改民政工作的指示报告通知意见	未定级	1
33	临沂市档案馆	1948 年各县委工作意见总结	未定级	1
34	临沂市档案馆	1948 年各县委生产支前指示意见总结报告通知	未定级	1
35	临沂市档案馆	1945 年中共鲁中三地委关于各项工作的指示	未定级	1
36	临沂市档案馆	1947 年关于政权建设生产及劳模全文的总结指示	未定级	1
37	临沂市档案馆	1946 年地委工作通报发展党员读本	未定级	1
38	临沂市档案馆	1947 年关于支前拥军参军工作及干部权正编表	未定级	1

（续表）

序号	收藏单位	名称	级别	实际数量
39	临沂市档案馆	1949 年专署沂水县关于工作日记记录（五本）	未定级	1
40	临沂市档案馆	1949 年专署沂水县关于政务会议记录（三本）	未定级	1
41	临沂市档案馆	1947 年滨南日照县区会议记录（二）	未定级	1
42	临沂市档案馆	1947 年各县汇报记录（一）	未定级	1
43	临沂市档案馆	1947 年会议记录（一）	未定级	1
44	临沂市档案馆	1947 年会议记录（四）	未定级	1
45	临沂市档案馆	1947 年会议记录（三）	未定级	1
46	临沂市档案馆	1947 年地委负责人来往文件	未定级	1
47	临沂市档案馆	1949 年蒙山蒙阴太宁新太沂南沂源县关于各界代表会生救支前土地	未定级	1
48	临沂市档案馆	1944 年关于日寇特务工作文件	未定级	1
49	临沂市档案馆	1949 年党的组织和干部情况的统计数字	未定级	1
50	临沂市档案馆	1944—1945 年支部通讯	未定级	1
51	临沂市档案馆	1946 年关于各项工作的文件	未定级	1
52	临沂市档案馆	1945 年举办的整风班总结及统计表	未定级	1
53	临沂市档案馆	1946 年各项工作的文件	未定级	1

（续表）

序号	收藏单位	名称	级别	实际数量
54	临沂市档案馆	1946 年工作通讯和参军侦安工作文件	未定级	1
55	临沂市档案馆	1947—1948 年各项工作的文件	未定级	1
56	临沂市档案馆	1948 年鲁中南区党委军区政治部各项工作的文件	未定级	1
57	临沂市档案馆	1947 年各项工作的文件	未定级	1
58	临沂市档案馆	1949 年关于机关学校和文教工作的总结通知	未定级	1
59	临沂市档案馆	1949 年地委宣传部关于宣传工作的意见通报总结	未定级	1
60	临沂市档案馆	1949 年中共滨海地委电话会议记录	未定级	1
61	临沂市档案馆	1949—1950 年鲁中南区党委秘书处工作通讯一至七期	未定级	1
62	临沂市档案馆	1947 年中共郯城临沭县委组织状况调查表	未定级	1
63	临沂市档案馆	1947 年中共竹庭东海邳县县委组织状况调查统计表	未定级	1
64	临沂市档案馆	1947 年中共莒南莒县县委组织状况调查统计表	未定级	1
65	临沂市档案馆	1948 年中共莒南莒县日照县委组织状况调查统计表	未定级	1

（续表）

序号	收藏单位	名称	级别	实际数量
66	临沂市档案馆	1948 年滨海地委组织状况调查统计表	未定级	1
67	临沂市档案馆	1948 年中共竹庭东海邳县县委组织状况调查统计表	未定级	1
68	临沂市档案馆	1941 年鲁中南区党委笔记本	未定级	1
69	临沂市档案馆	1946 年一至三月份组织状况调查统计表	未定级	1
70	临沂市档案馆	1946 年组织状况调查统计表	未定级	1
71	临沂市档案馆	关于敌特土顽分布情况清剿判决的指示通令决定	未定级	1
72	临沂市档案馆	1943—1949 年鲁中南六分区关于精编防奸时事护路任职的通知总结指令	未定级	1
73	临沂市档案馆	1949 年费县兰陵邳县苍山赵镈县府一至六月份工作总结报告	未定级	1
74	临沂市档案馆	关于锄奸工作的计划意见决议和总结	未定级	1
75	临沂市档案馆	1949 年兰陵费县邳县政府一九四九年冬春工作和各材料调查总结报告	未定级	1
76	临沂市档案馆	1949 年太宁县委蒙山县委关于农业土改支前生救等工作的简报报告等	未定级	1

（续表）

序号	收藏单位	名称	级别	实际数量
77	临沂市档案馆	1947年关于支前参军对敌斗争治安保卫等工作的指示报告通知通报	未定级	1
78	临沂市档案馆	1948年各县委关于对敌斗争与救复查工作的报告指示意见	未定级	1
79	临沂市档案馆	1941—1943年中共沂蒙地委组织部关于组织工作总结报告	未定级	1
80	临沂市档案馆	1944—1945年沂东县委关于组织工作的总结报告	未定级	1
81	临沂市档案馆	1945年新地区群众工作会议记录指示	未定级	1
82	临沂市档案馆	1948年莒南的县委等会议记录（二）	未定级	1
83	临沂市档案馆	1946年各县委关于参军反特锄奸工作的指示总结报告通报通知	未定级	1
84	临沂市档案馆	1945—1949年关于组织、宣传、青年、妇女、工会的指示、计划、意见通知、通报	未定级	1
85	临沂市档案馆	1944—1945年沂蒙二地委有关参军、查减工作和组、宣、青、妇、干工作记录	未定级	1

（续表）

序号	收藏单位	名称	级别	实际数量
86	临沂市档案馆	1948年各县委关于整编工作总结报告并地委组织部全区组织状况统计表	未定级	1
87	临沂市档案馆	1944年沂东、沂中、费东、蒙阴及沂水五县委关于各种工作统计	未定级	1
88	临沂市档案馆	1945年工作通讯（一—四期）	未定级	1
89	临沂市档案馆	1945年工作通讯八—九期和增刊一至二期	未定级	1
90	临沂市档案馆	1946年工作通讯	未定级	1
91	临沂市档案馆	1946—1947年工作通讯（一）	未定级	1
92	临沂市档案馆	1946年各项工作的文件	未定级	1
93	临沂市档案馆	1946年工作通讯增刊十八至二十七期	未定级	1
94	临沂市档案馆	1946年工作通讯增刊三—八号（缺五号）	未定级	1
95	临沂市档案馆	1947年各县关于宣传对敌斗争参军工作指示总结报告通告通报	未定级	1
96	临沂市档案馆	1946年中共沂蒙地委关于组织发动群众运动的总结指示规定通知	未定级	1
97	临沂市档案馆	1948年电话记录本	未定级	1

（续表）

序号	收藏单位	名称	级别	实际数量
98	临沂市档案馆	1948 年地委关于组织整编青年妇女工作的通知决定报告	未定级	1
99	临沂市档案馆	1948 年各县委关于组织宣传工作总结报告	未定级	1
100	临沂市档案馆	1946 年中共沂蒙地委关于全面工作总结计划及工作通讯	未定级	1
101	临沂市档案馆	1946 年各县委组织部组织工作总结	未定级	1
102	临沂市档案馆	1947 年中共蒙阴、新太、太宁县委材料汇集	未定级	1
103	临沂市档案馆	1945 年沂蒙二地委会议记录	未定级	1
104	临沂市档案馆	1949 年沂蒙地委关于财经工作的报告通知通报通讯	未定级	1
105	临沂市档案馆	1947 年沂蒙地委会议记录	未定级	1
106	临沂市档案馆	1948—1949 年关于支前兵源调查地武人武工作的指示决定通报通知	未定级	1
107	临沂市档案馆	1945 年关于查减参军、宣传、农业生产、征收等工作的报告、指示、通知统计表	未定级	1
108	临沂市档案馆	1947 年组织宣传及群众工作的通知指示决议	未定级	1

（续表）

序号	收藏单位	名称	级别	实际数量
109	临沂市档案馆	1946 年沂蒙地委会议记录	未定级	1
110	临沂市档案馆	1945 年关于参军建武支前工作的指示总结报告通报通知	未定级	1
111	临沂市档案馆	1948—1949 年莒南县委等会议记录(一)	未定级	1
112	临沂市档案馆	1947—1948 年关于归参代表会议记录总结及发往各县重要信件存根	未定级	1
113	临沂市档案馆	1945 年沂源沂南太宁等县委关于建党宣教生产等工作的通知指示报告	未定级	1
114	临沂市档案馆	1948 年地委郑子久李华林等同志笔记	未定级	1
115	临沂市档案馆	1948 年各县委工作汇报记录	未定级	1
116	临沂市档案馆	1948 年中共蒙山沂东县委组织状况调查统计表	未定级	1
117	临沂市档案馆	1949 年中共蒙山蒙阴沂源县委员会干部登记表	未定级	1
118	临沂市档案馆	1945 年中共莒南县临沭县委关于支部领导反填斗争支部教育等工作调查	未定级	1
119	临沂市档案馆	1946 年关于形势任务对敌斗争反特匪动参民兵工作的指示决定决议总结	未定级	1

（续表）

序号	收藏单位	名称	级别	实际数量
120	临沂市档案馆	1946年东海莒县县委关于支前反奸诉苦及公平团结运动的计划总结会议记录	未定级	1
121	临沂市档案馆	1948年东海莒县等县委关于整编领导作风农村工作的调查报告	未定级	1
122	临沂市档案馆	1948年莒县莒南临沂(新海连)县市委关于生产支前工作总结报告	未定级	1
123	临沂市档案馆	1948年中共滨海地委组织部党的组织和干部情况的统计数字	未定级	1
124	临沂市档案馆	1943年滨海地委组织工作总结	未定级	1
125	临沂市档案馆	1943年材料汇报	未定级	1
126	临沂市档案馆	1944年山东分局关于莒南县拥军参军和查减斗争总结	未定级	1
127	临沂市档案馆	1945年关于目前形势党委参军开展新区工作总结报告	未定级	1
128	临沂市档案馆	1945年区党委扩大会议记录和负责同志的笔记	未定级	1
129	临沂市档案馆	1945年关于机构复动干部任免典型报告通知决议	未定级	1
130	临沂市档案馆	1945年组织工作上会议记录	未定级	1

（续表）

序号	收藏单位	名称	级别	实际数量
131	临沂市档案馆	1948年关于支前民政工作的指示通知通报总结调查统计表	未定级	1
132	临沂市档案馆	1944年地委关于组织状况统计表与分局党校毕业学员反省自传材料	未定级	1
133	临沂市档案馆	1947年干部组织状况调查统计表	未定级	1
134	临沂市档案馆	1946年电报摘要	未定级	1
135	临沂市档案馆	1947年开展国军工作的通告和敌情鲁刊敌情通讯和反特通讯	未定级	1
136	临沂市档案馆	1946年中共莒南莒县竹庭东海县委关于反特复查工作的总结	未定级	1
137	临沂市档案馆	1946年鲁中行政公署工作通讯	未定级	1
138	临沂市档案馆	1947年鲁中行政公署行政通报一二期和通令	未定级	1
139	临沂市档案馆	1947年地委关于土改复查与反特当家公平团结运动的报告	未定级	1
140	临沂市档案馆	1947年地委关于在职干部与党员情况登记表	未定级	1
141	临沂市档案馆	1949年关于机构人事整党和党代会工作的指示意见总结通知	未定级	1

（续表）

序号	收藏单位	名称	级别	实际数量
142	临沂市档案馆	1949年地委关于公安司法支前建军备战工作的指示决议意见通知总结	未定级	1
143	临沂市档案馆	1949年地委宣传部关于支前形势代表会议的宣传要点提纲总结通知	未定级	1
144	临沂市档案馆	1950年关于加强组织纪律干部工作登记和财政工作的决议总结	未定级	1
145	临沂市档案馆	1949年区党委任命干部和全区党的组织概况党员公布情况统计表	未定级	1
146	临沂市档案馆	1949年关于锄奸治安文教卫生工商工作的指示布告总结	未定级	1
147	临沂市档案馆	1946年专署关于全面工作司法土改文教卫生和生产救灾工作的指示通知报告总结	未定级	1
148	临沂市档案馆	1948年中共临沂沂中沂北日照竹庭东海县委员会干部登记表	未定级	1
149	临沂市档案馆	1947年中共郯城临沭莒南莒县竹庭东海县委干部登记表	未定级	1

（续表）

序号	收藏单位	名称	级别	实际数量
150	临沂市档案馆	1948 年中共临沂郯城临沭县委组织状况调查统计表	未定级	1
151	临沂市档案馆	1945 年武装斗争战邮供给标准材料及日照县民政司法工作	未定级	1
152	临沂市档案馆	1942 年 7—9 月《大众日报》合订本	未定级	1
153	临沂市档案馆	1940 年 7—9 月《大众日报》合订本	未定级	1
154	临沂市档案馆	1942 年 1—3 月《大众日报》合订本	未定级	1
155	临沂市档案馆	1949 年 5 月《大众日报》合订本	未定级	1
156	临沂市档案馆	1942 年 4—6 月《大众日报》合订本	未定级	1
157	临沂市档案馆	1949 年 9 月《大众日报》合订本	未定级	1
158	临沂市档案馆	1941 年 4—6 月《大众日报》合订本	未定级	1
159	临沂市档案馆	1941 年 4—6 月《大众日报》合订本	未定级	1
160	临沂市档案馆	1940 年 10—12 月《大众日报》合订本	未定级	1

（续表）

序号	收藏单位	名称	级别	实际数量
161	临沂市档案馆	1941 年 1—3 月《大众日报》合订本	未定级	1
162	临沂市档案馆	1941 年 7—9 月《大众日报》合订本	未定级	1
163	临沂市档案馆	1949 年 10 月《大众日报》合订本	未定级	1
164	临沂市档案馆	1939 年 8—12 月《大众日报》合订本	未定级	1
165	临沂市档案馆	1941 年 10—12 月《大众日报》合订本	未定级	1
166	临沂市档案馆	1940 年 1—3 月《大众日报》合订本	未定级	1
167	临沂市档案馆	1940 年 4—6 月《大众日报》合订本	未定级	1
168	临沂市档案馆	1949 年 4 月《大众日报》合订本	未定级	1
169	临沂市档案馆	1949 年 8 月《大众日报》合订本	未定级	1
170	临沂市档案馆	1949 年 7 月《大众日报》合订本	未定级	1
171	临沂市档案馆	1949 年 6 月《大众日报》合订本	未定级	1
172	临沂市档案馆	1947 年中共莒南莒县委员会干部登记表	未定级	1
173	临沂市档案馆	1949 年临沭日照县委干部登记表	未定级	1

（续表）

序号	收藏单位	名称	级别	实际数量
174	临沂市档案馆	1949 年滨海（六）地委干部登记表	未定级	1
175	临沂市档案馆	1949 年竹庭东海县干部登记表	未定级	1
176	临沂市档案馆	1949 年中共临沂郯城县直机关委员会干部登记表	未定级	1
177	临沂市档案馆	1949 年滨海地委直属机关及各县组织状况统计表	未定级	1
178	临沂市档案馆	1949 年鲁中南区党委给滨海地委的干部介绍信	未定级	1
179	临沂市档案馆	1947—1948 年关于对各项工作的指示命令办法通报报告	未定级	1
180	临沂市档案馆	1948 年费县政府一九四八年各种统计表	未定级	1
181	临沂市档案馆	锄奸工作通报	未定级	1
182	临沂市档案馆	滨海军区六四十三十二十三团独立营及各县大队关于锄奸战亡坦白审查等工作的指示报告	未定级	1
183	临沂市档案馆	1941—1943 年一一五师及教二旅关于锄奸工作的指示报告总结及判决书	未定级	1
184	临沂市档案馆	1943—1949 年关于锄奸敌伪情况调查的总结通报	未定级	1

（续表）

序号	收藏单位	名称	级别	实际数量
185	临沂市档案馆	鲁中南三分区关于支前粮站锄奸保证电话电能的命令决定	未定级	1
186	临沂市档案馆	1940 年野战情报业务实施之参考	未定级	1
187	临沂市档案馆	新四军政治部关于政治工作锄奸工作的文件	未定级	1
188	临沂市档案馆	1944—1947 年华野七纵九师百十一师对敌情的调查通报等	未定级	1
189	临沂市档案馆	1945 年鲁中南人民武装各整军政工作经验介绍	未定级	1
190	临沂市档案馆	1940—1941 年八路军山东纵队关于锄奸工作的文件	未定级	1
191	临沂市档案馆	1948 年滨海专署工商局邮局关于综合工作动归支前民政组织设置任免干部等工作的通知	未定级	1
192	临沂市档案馆	1949 年关于机构调整训练干部人代会议民政优扶公安司法和支前工作的通知通报决议总结	未定级	1
193	临沂市档案馆	1949 年各县委关于克服党内无纪律无政府状态加强纪律性的决议及报告	未定级	1

（续表）

序号	收藏单位	名称	级别	实际数量
194	临沂市档案馆	1949 年各县委关于组织宣传教育建团工会工作的决议指示意见总结报告通报	未定级	1
195	临沂市档案馆	1949 年党的组织和干部情况统计表	未定级	1
196	临沂市档案馆	1949 年各县委关于动参治安反动结束土改的指示决议计划总结通报表报	未定级	1
197	临沂市档案馆	1949 年各县委关于粮食征购禁止贷款拥军优属工作的指示总结报告通知通报	未定级	1
198	临沂市档案馆	1947 年关于目前形势的报告通讯和对敌斗争宣传委员通知口号	未定级	1
199	临沂市档案馆	1948 年各项工作的文件	未定级	1
200	临沂市档案馆	1942 年省战时文教法规政令	未定级	1
201	临沂市档案馆	1943 年专署关于政府工作总结	未定级	1
202	临沂市档案馆	1949 年本科教育统计	未定级	1
203	临沂市档案馆	1947 年地委关于组织宣传农村支部青年团等工作的决定决议章程条例指示通知	未定级	1

（续表）

序号	收藏单位	名称	级别	实际数量
204	临沂市档案馆	1947 年地委关于土改复查指示决定报告	未定级	1
205	临沂市档案馆	1944 年鲁中军区政治部支部生活和召开训练班总结经营练兵工作文件	未定级	1
206	临沂市档案馆	1948 年鲁中区党委生救会关于整编生救工作文件	未定级	1
207	临沂市档案馆	1948 年关于组织群众土改财经生救等工作的规定指示报告通报通知	未定级	1
208	临沂市档案馆	1949 年关于二中全会文件学习和干部支部教育工作的计划总结通报	未定级	1
209	临沂市档案馆	1949 年关于政府公安土改财政粮食等工作的报告简报总结	未定级	1
210	临沂市档案馆	1948—1949 年中共滨海地委关于组织党风党纪农业生救秘书等工作的通报通知	未定级	1
211	临沂市档案馆	1949 年地委宣传部关于反对无组织无纪律无政府状态和财贸工作的决议计划报告提纲	未定级	1

（续表）

序号	收藏单位	名称	级别	实际数量
212	临沂市档案馆	1942 年山东分局分局宣传部关于抗战四年山东党的工作总结任务及九一决定	未定级	1
213	临沂市档案馆	1946 年东海日照竹庭莒南县委关于典型总结调查及会议记要	未定级	1
214	临沂市档案馆	1949 年各县委关于生产救灾工作的指示意见通知通报检讨报告	未定级	1
215	临沂市档案馆	1947—1951 年郑子久同志工作笔记（七本）	未定级	1
216	临沂市档案馆	1944 年杨士法同志工作笔记（三本）	未定级	1
217	临沂市档案馆	李华林同志工作笔记（十本）	未定级	1
218	临沂市档案馆	1947 年郑子久同志工作笔记（六本）	未定级	1
219	临沂市档案馆	李华林同志工作笔记（七本）	未定级	1
220	临沂市档案馆	1945 年干部提拔损失统计表	未定级	1
221	临沂市档案馆	1946 年组织状况调查统计表	未定级	1
222	临沂市档案馆	1946 年滨海三地委及莒南县委一九四六年组织状况调查统计表	未定级	1

（续表）

序号	收藏单位	名称	级别	实际数量
223	临沂市档案馆	1949年专署沂水县一九四九年关于会议记录工作日记(三本)	未定级	1
224	临沂市档案馆	1949年新泰沂源沂南蒙阴关于生产干部工作的总结报告简报	未定级	1
225	临沂市档案馆	1946年滨海二地委及临沂县组织状况调查统计表	未定级	1
226	临沂市档案馆	1945年党组织党员统计表	未定级	1
227	临沂市档案馆	1946年滨海二地委所属竹庭东海新海海洲县市组织状况调查统计表	未定级	1
228	临沂市档案馆	1946年组织状况调查统计表	未定级	1
229	临沂市档案馆	1944年各县委组织工作总结	未定级	1
230	临沂市档案馆	1944年地委关于检查领导民主大会记录(一)	未定级	1
231	临沂市档案馆	1944年地委检查领导民主大会记录(二)	未定级	1
232	临沂市档案馆	1946年关于宣传工作总结意见经验介绍	未定级	1
233	临沂市档案馆	1946年地委扩大会议记录及负责同志联系信件	未定级	1
234	临沂市档案馆	1946年地委会议记录	未定级	1

（续表）

序号	收藏单位	名称	级别	实际数量
235	临沂市档案馆	1946 年关于土改工作调查及会议记录	未定级	1
236	临沂市档案馆	1946 年会议记录	未定级	1
237	临沂市档案馆	1947 年地委关于对敌斗争开展政治攻势与备战参军建立地方式集体工作的决定	未定级	1
238	临沂市档案馆	1947 年地委组织部评功委员会关于组织评功运动的总结通报	未定级	1
239	临沂市档案馆	1947 年地委宣传部关于土改复查拥参军开展恢复区工作的指示意见总结经验介绍	未定级	1
240	临沂市档案馆	1947 年地委宣传部关于时事宣传教育开展立功运动的指示计划通知和破获匪特案件总结	未定级	1
241	临沂市档案馆	1947 年各部委关于民运支前评功建团城市工作及财经工作的指示决定总结通报通知通讯	未定级	1
242	临沂市档案馆	1946—1947 年地委会议记录	未定级	1
243	临沂市档案馆	1946 年民主大会记录	未定级	1
244	临沂市档案馆	1946 年会议与工作记录	未定级	1
245	临沂市档案馆	1948 年民主检查大会记录（之二）	未定级	1

（续表）

序号	收藏单位	名称	级别	实际数量
246	临沂市档案馆	1948年地委土改会议记录（之三）	未定级	1
247	临沂市档案馆	1948年地委民主大会检查记录（之一）	未定级	1
248	临沂市档案馆	1948年地委土改会议记录（之二）	未定级	1
249	临沂市档案馆	1948年地委会议记录	未定级	1
250	临沂市档案馆	1948年滨海地委沿海工委关于干部妇女工作的指示决定计划意见	未定级	1
251	临沂市档案馆	1948年地委土改会议记录（之一）	未定级	1
252	临沂市档案馆	1947年地委关于支前工作的决定指示	未定级	1
253	临沂市档案馆	1947年县区会议记录（一）	未定级	1
254	临沂市档案馆	1948年关于整编清资工作的意见报告通报通告通知总结	未定级	1
255	临沂市档案馆	1948年地委关于支前生产学习的通报通讯	未定级	1
256	临沂市档案馆	1948年地委土地改革通知通报调查材料统计表	未定级	1

（续表）

序号	收藏单位	名称	级别	实际数量
257	临沂市档案馆	1948年地委关于支前工作的指示通知报告总结通报统计表	未定级	1
258	临沂市档案馆	1948年地委财经对敌斗争会议记录	未定级	1
259	临沂市档案馆	1948年地委财委关于时事支前生产征粮宣传教育工作的指示决定	未定级	1
260	临沂市档案馆	1948年地委关于新区敌工和建军地方武装等工作的指示决定	未定级	1
261	临沂市档案馆	1946—1947年出刊党的基本知识教材支部教育土改的彻底统计	未定级	1
262	临沂市档案馆	1945年工作通讯(五—七期)	未定级	1
263	临沂市档案馆	1949年县委会议记录	未定级	1
264	临沂市档案馆	1949年区党委扩大会议和其他会议文件记录	未定级	1
265	临沂市档案馆	1949年关于宣传会议记录	未定级	1
266	临沂市档案馆	1944年滨海区党委组织部对全区支部工作和参军工作总结	未定级	1
267	临沂市档案馆	1947年专署关于组织机构干部任免福利待遇等问题的决定指示	未定级	1

（续表）

序号	收藏单位	名称	级别	实际数量
268	临沂市档案馆	1946 年日照等各县府的指示报告	未定级	1
269	临沂市档案馆	1946 年关于组织机构干部任免区划支前和民政等工作的命令通知	未定级	1
270	临沂市档案馆	1943 年关于战时法规政令整编第四册	未定级	1
271	临沂市档案馆	1941 年关于战时法规政令整编第一册	未定级	1
272	临沂市档案馆	1942 年关于战时法规政令整编第二册	未定级	1
273	临沂市档案馆	1944—1945 年行政通讯	未定级	1
274	临沂市档案馆	1946 年组织状况调查统计表	未定级	1
275	临沂市档案馆	1949 年临沂郯城临沭竹庭东海县推进社月份工作总结计划	未定级	1
276	临沂市档案馆	1949 年滨海地委专署合作工作组工作总结计划	未定级	1
277	临沂市档案馆	滨海区合作推进社《合作通讯》1—8 期	未定级	1
278	临沂市档案馆	1949 年临沂郯城临沭竹庭东海县工作总结	未定级	1

（续表）

序号	收藏单位	名称	级别	实际数量
279	山东省政府和八路军一一五师旧址	山东省莒南县政府契纸	一般	1
280	山东省政府和八路军一一五师旧址	毛泽东《论抗日时期的整风运动和生产运动》等	一般	1
281	山东省政府和八路军一一五师旧址	抗日战争时期《山东省公平负担实施办法》	一般	1
282	山东省政府和八路军一一五师旧址	抗日战争时期《山东省政府实施暂行组织条例》	一般	1
283	山东省政府和八路军一一五师旧址	抗日战争时期《山东省土地改革暂行条例》	一般	1
284	山东省政府和八路军一一五师旧址	山东省政府命令（公布山东省土地改革暂行条例）	一般	1
285	山东省政府和八路军一一五师旧址	1948 年山东省政府关于“生产节约渡过春荒”的布告	一般	1

（续表）

序号	收藏单位	名称	级别	实际数量
286	山东省政府和八路军一一五师旧址	抗日战争时期黎玉用过的军毯	一般	1
287	山东省政府和八路军一一五师旧址	抗日战争时期黎玉用过的皮箱	一般	1
288	山东省政府和八路军一一五师旧址	抗日战争时期刘居英用过的马灯	一般	1
289	山东省政府和八路军一一五师旧址	抗日战争时期罗荣桓用过的军毯	一般	1
290	山东省政府和八路军一一五师旧址	抗日战争时期曹玉海用过的挎包	一般	1
291	山东省政府和八路军一一五师旧址	抗日战争时期曹玉海用过的腰带	一般	1
292	山东省政府和八路军一一五师旧址	抗日战争时期曹玉海用过的文件包	一般	1

（续表）

序号	收藏单位	名称	级别	实际数量
293	山东省政府和八路军一一五师旧址	瓷油灯	一般	1
294	山东省政府和八路军一一五师旧址	中华民国《中华历史教科书》	一般	1
295	山东省政府和八路军一一五师旧址	中华民国《识字课本》	一般	1
296	山东省政府和八路军一一五师旧址	中华民国《常识课本》	一般	1
297	山东省政府和八路军一一五师旧址	中华民国掖县地方流通证券壹角	一般	1
298	山东省政府和八路军一一五师旧址	1942 年北海银行纸币　贰角	一般	1
299	山东省政府和八路军一一五师旧址	1943 年北海银行纸币　伍角	一般	1

（续表）

序号	收藏单位	名称	级别	实际数量
300	山东省政府和八路军一一五师旧址	1946 年北海银行纸币　壹圆	一般	1
301	山东省政府和八路军一一五师旧址	1945 年北海银行纸币　伍圆	一般	1
302	山东省政府和八路军一一五师旧址	1944 年北海银行纸币　拾圆（编号 7913767）	一般	1
303	山东省政府和八路军一一五师旧址	1944 年北海银行纸币　拾圆（编号 A4353600）	一般	1
304	山东省政府和八路军一一五师旧址	1944 年北海银行纸币　拾圆（编号 D2414725）	一般	1
305	山东省政府和八路军一一五师旧址	1946 年北海银行纸币　贰拾伍圆	一般	1
306	山东省政府和八路军一一五师旧址	1946 年北海银行纸币　伍百圆	一般	1

（续表）

序号	收藏单位	名称	级别	实际数量
307	山东省政府和八路军一一五师旧址	1946 年北海银行纸币　壹百圆（编号 JH225137）	一般	1
308	山东省政府和八路军一一五师旧址	1946 年北海银行纸币　壹百圆（编号 A661423K）	一般	1
309	山东省政府和八路军一一五师旧址	1946 年北海银行纸币　壹百圆（编号 J2136587）	一般	1
310	山东省政府和八路军一一五师旧址	1945 年北海银行纸币　贰百圆（编号 QD478923）	一般	1
311	山东省政府和八路军一一五师旧址	1945 年北海银行纸币　贰百圆（编号 02309675 ）	一般	1
312	山东省政府和八路军一一五师旧址	1945 年北海银行纸币　贰百圆（编号 C4760838）	一般	1
313	山东省政府和八路军一一五师旧址	1948 年北海银行纸币　伍百圆	一般	1

（续表）

序号	收藏单位	名称	级别	实际数量
314	山东省政府和八路军一一五师旧址	1947年北海银行纸币　伍百圆	一般	1
315	山东省政府和八路军一一五师旧址	1948年掖县地方流通证券　伍百圆	一般	1
316	山东省政府和八路军一一五师旧址	1948年北海银行纸币　壹仟圆	一般	1
317	山东省政府和八路军一一五师旧址	1948年北海银行纸币　贰仟圆	一般	1
318	山东省政府和八路军一一五师旧址	抗日战争时期手术器械	一般	1
319	山东省政府和八路军一一五师旧址	抗日战争时期止血钳	一般	1
320	山东省政府和八路军一一五师旧址	抗日战争时期手术器械	一般	1

（续表）

序号	收藏单位	名称	级别	实际数量
321	山东省政府和八路军一一五师旧址	抗日战争时期止血钳	一般	1
322	山东省政府和八路军一一五师旧址	抗日战争时期手术器械	一般	1
323	山东省政府和八路军一一五师旧址	抗日战争时期手术器械　皮肤拉钩	一般	1
324	山东省政府和八路军一一五师旧址	抗日战争时期手术器械	一般	1
325	山东省政府和八路军一一五师旧址	抗日战争时期手术器械	一般	1
326	山东省政府和八路军一一五师旧址	抗日战争时期止血钳	一般	1
327	山东省政府和八路军一一五师旧址	抗日战争时期手术器械	一般	1

（续表）

序号	收藏单位	名称	级别	实际数量
328	山东省政府和八路军一一五师旧址	抗日战争时期止血钳	一般	1
329	山东省政府和八路军一一五师旧址	抗日战争时期医用剪刀	一般	1
330	山东省政府和八路军一一五师旧址	抗日战争时期手术器械	一般	1
331	山东省政府和八路军一一五师旧址	抗日战争时期手术器械	一般	1
332	山东省政府和八路军一一五师旧址	抗日战争时期医用剪刀	一般	1
333	山东省政府和八路军一一五师旧址	抗日战争时期手术器械	一般	1
334	山东省政府和八路军一一五师旧址	抗日战争时期手术器械	一般	1

（续表）

序号	收藏单位	名称	级别	实际数量
335	山东省政府和八路军一一五师旧址	抗日战争时期石地雷	一般	1
336	山东省政府和八路军一一五师旧址	抗日战争时期日军指挥刀	一般	1
337	山东省政府和八路军一一五师旧址	抗日战争时期日军指挥刀	一般	1
338	山东省政府和八路军一一五师旧址	抗日战争时期马鞭	一般	1
339	山东省政府和八路军一一五师旧址	抗日战争时期罗生特用收音机	一般	1
340	山东省政府和八路军一一五师旧址	抗日战争时期日军铁盔	一般	1
341	山东省政府和八路军一一五师旧址	抗日战争时期铁矛头	一般	1

（续表）

序号	收藏单位	名称	级别	实际数量
342	山东省政府和八路军一一五师旧址	抗日战争时期石地雷	一般	1
343	山东省政府和八路军一一五师旧址	抗日战争时期石地雷	一般	1
344	山东省政府和八路军一一五师旧址	解放战争时期铁纪念章	一般	3
345	山东省政府和八路军一一五师旧址	抗日战争时期八路军印刷厂用的进口墨块	一般	1
346	山东省政府和八路军一一五师旧址	抗日战争时期八路军用过的军号	一般	1
347	山东省政府和八路军一一五师旧址	1946 年刘春芳复员军人证明书	一般	1
348	山东省政府和八路军一一五师旧址	抗日战争时期《中国共产党抗日救国十大纲领》	一般	1

（续表）

序号	收藏单位	名称	级别	实际数量
349	山东新华书店旧址	抗日战争时期木桌	一般	1
350	山东新华书店旧址	抗日战争时期木桌	一般	1
351	山东新华书店旧址	抗日战争时期木桌	一般	1
352	山东新华书店旧址	抗日战争时期木橱	一般	1
353	山东新华书店旧址	抗日战争时期木条几	一般	1
354	山东新华书店旧址	抗日战争时期木椅	一般	1
355	山东新华书店旧址	抗日战争时期木椅	一般	1
356	山东新华书店旧址	抗日战争时期木椅	一般	1
357	山东新华书店旧址	抗日战争时期木椅	一般	1
358	山东新华书店旧址	抗日战争时期排版印刷工具——毛刷	一般	1
359	山东新华书店旧址	抗日战争时期排版印刷工具——工具盒	一般	1

（续表）

序号	收藏单位	名称	级别	实际数量
360	山东新华书店旧址	抗日战争时期排版印刷工具——工具盒	一般	1
361	山东新华书店旧址	抗日战争时期排版印刷工具——木板	一般	1
362	山东新华书店旧址	抗日战争时期排版印刷工具——印版	一般	1
363	山东新华书店旧址	抗日战争时期排版印刷工具——印版	一般	1
364	山东新华书店旧址	抗日战争时期排版印刷工具——印版	一般	1
365	山东新华书店旧址	抗日战争时期排版印刷工具——印版	一般	1
366	山东新华书店旧址	抗日战争时期排版印刷工具——印版	一般	1
367	山东新华书店旧址	抗日战争时期排版印刷工具——印版	一般	1
368	山东新华书店旧址	抗日战争时期排版印刷工具——印版	一般	1
369	山东新华书店旧址	抗日战争时期排版印刷工具——“公告”印	一般	1
370	山东新华书店旧址	抗日战争时期排版印刷工具——花纹印	一般	1

（续表）

序号	收藏单位	名称	级别	实际数量
371	山东新华书店旧址	抗日战争时期排版印刷工具——托盘	一般	1
372	山东新华书店旧址	1938 年山东新华书店转账收据	一般	1
373	山东新华书店旧址	1938 年北海银行代理新华书店山东总店收款书	一般	2
374	山东新华书店旧址	1930 年《关于调查工作》	一般	1
375	山东新华书店旧址	1948 年《欧洲九国共产党报告》	一般	1
376	山东新华书店旧址	1949 年《新民主主义论》	一般	1
377	山东新华书店旧址	1949 年《矛盾论》	一般	1
378	山东新华书店旧址	1938 年四开平台印刷机	一般	1
379	山东新华书店旧址	抗日战争时期铅字架	一般	1
380	莒南县博物馆	中华民国《中国革命与共产党》	一般	1
381	莒南县博物馆	中华民国《共产党宣言》	一般	1
382	莒南县博物馆	中华民国《土地改革参考材料》	一般	1
383	莒南县博物馆	中华民国《蒋党真相》	一般	1

（续表）

序号	收藏单位	名称	级别	实际数量
384	莒南县博物馆	中华民国北海银行纸币	一般	1
385	莒南县博物馆	中华民国北海银行拾元纸币	一般	1
386	莒南县博物馆	中华民国北海银行伍百圆纸币	一般	1
387	费县博物馆	1948 年淮海军分区特等功铜章	一般	1
388	费县博物馆	1947 年授予东北民主联军的毛泽东铜奖章	一般	1
389	费县博物馆	1947 年人民功臣章	一般	1
390	费县博物馆	1945 年抗战八年铜纪念章	一般	1
391	费县博物馆	1948 年解放东北铜纪念章	一般	1
392	费县博物馆	1940 年国势调查铜纪念章	一般	1
393	费县博物馆	1949 年淮海战役铜纪念章	一般	1
394	费县博物馆	1947 年战斗英雄铜奖章	一般	1
395	费县博物馆	1946 年抗大十周年铜纪念章	一般	1
396	费县博物馆	1938 年陆军新编第四军司令部铜证章	一般	1
397	临沭县文物保护中心	抗战时期罗荣桓使用过的木烛台	二级	1
398	临沭县文物保护中心	抗战时期罗荣桓使用过的木烛台	二级	1
399	孟良崮战役纪念馆	1947 年孟良崮战役我军使用的中正式步枪	未定级	1

（续表）

序号	收藏单位	名称	级别	实际数量
400	孟良崮战役纪念馆	1947年孟良崮战役我军使用的捷克式ZB-26轻机枪	未定级	1
401	孟良崮战役纪念馆	1947年孟良崮战役我军使用的九二式重机枪	未定级	1
402	孟良崮战役纪念馆	1947年孟良崮战役我军使用的31式60毫米迫击炮	未定级	1
403	孟良崮战役纪念馆	中华民国三十七年蒙阴县周启生立大功喜报	未定级	1
404	孟良崮战役纪念馆	解放战争时期侦查英雄齐进虎荣获的淮海战役纪念章	未定级	1
405	孟良崮战役纪念馆	解放战争时期侦察英雄齐进虎荣获的渡江胜利纪念章	未定级	1
406	孟良崮战役纪念馆	中华民国三十年中国人民解放军华东鲁中军区司令部、政治部	未定级	1
407	孟良崮战役纪念馆	解放战争时期我军使用的电话机	未定级	1
408	孟良崮战役纪念馆	1947年孟良崮战役我军使用的四四式步骑枪	未定级	1
409	孟良崮战役纪念馆	1947年孟良崮战役我军使用的中正式步枪	未定级	1
410	孟良崮战役纪念馆	1947年孟良崮战役我军使用的三八式步枪	未定级	1

（续表）

序号	收藏单位	名称	级别	实际数量
411	孟良崮战役纪念馆	1947年孟良崮战役我军使用的汉阳造88式步枪	未定级	1
412	孟良崮战役纪念馆	1947年孟良崮战役我军使用的汉阳造88式步枪	未定级	1
413	孟良崮战役纪念馆	1947年孟良崮战役我军使用的汉阳造88式步枪	未定级	1
414	孟良崮战役纪念馆	1947年孟良崮战役我军使用的波波沙43冲锋枪	未定级	1
415	孟良崮战役纪念馆	1947年孟良崮战役我军使用的捷克式ZB-26轻机枪	未定级	1
416	临沭朱村红色文化博物馆	抗日战争时期石地雷	未定级	1
417	临沭朱村红色文化博物馆	抗日战争时期刺刀	未定级	1
418	临沭朱村红色文化博物馆	1955年授予鄢思甲三级八一勋章	未定级	1
419	临沭朱村红色文化博物馆	1956年授予鄢思甲二级独立自由勋章	未定级	1
420	临沭朱村红色文化博物馆	1957年授予鄢思甲二级解放勋章	未定级	1
421	临沭朱村红色文化博物馆	抗日战争时期鄢思甲使用过的马搭	未定级	1

2. 建立临沂不可移动革命文物名录

结合全国第一次可移动文物普查数据、第三次全国文物普查数据和省、市不可移动革命文物调查数据，目前，临沂市第一批不可移动革命文物共 164 处（表 7）。2020 年 12 月，在山东省公布的第一批不可移动革命文物中，临沂市有 129 处不可移动革命文物入列（表 8），数量居全省之首，所占全省比重较高（表 9）。

表 7　临沂市第一批不可移动革命文物名录

序号	名称	级别	地址
1	新四军军部暨华东军区、华东野战军诞生地旧址	国家级	河东区九曲街道军部街1号
2	八路军一一五师司令部旧址（山东省政府旧址）	国家级	莒南县大店镇中心街128号
3	临沂大青山突围战遗址	国家级	沂南县双堠镇、孙祖镇
4	渊子崖抗日烈士塔	省级	莒南县板泉镇渊子崖村西北
5	山东新华书店旧址	省级	莒南县洙边镇后净埠村
6	一一一师烈士陵园	省级	莒南县朱芦镇石场村
7	八路军老四团钢八连朱村抗战旧址	省级	临沭县曹庄镇朱村
8	临沂行署旧址	省级	兰山区金雀山街道金雀山一路57号
9	临沂革命烈士陵园（华东革命烈士陵园）	省级	兰山区金雀山街道

（续表）

序号	名称	级别	地址
10	山东军区交际处旧址	省级	兰山区金雀山街道东关居委沂州路和解放路交汇处东南
11	新四军军部旧址	省级	兰山区兰山街道书院居委兰山路
12	茶山烈士陵园	省级	兰山区半程镇下艾崮村西
13	鲁南革命烈士陵园	省级	兰陵县尚岩镇文峰山
14	苏家崮战斗烈士陵园	省级	平邑县郑城镇西岭
15	九间棚	省级	平邑县地方镇九间棚村
16	大崮革命遗址	省级	蒙阴县岱崮镇大崮村
17	岱崮革命遗址	省级	蒙阴县岱崮镇岱崮村
18	孟良崮战役遗址	省级	蒙阴县垛庄镇
19	《大众日报》创刊地	省级	沂水县夏蔚镇王庄村、云头峪村
20	中共中央山东分局旧址（八路军山东纵队成立旧址）	省级	沂水县夏蔚镇王庄村
21	陈毅指挥所旧址	省级	沂水县夏蔚镇双山村
22	圈里卫东大桥	省级	沂水县圈里乡北岱庄村西南
23	唐王山反击战旧址	省级	沂水县圈里乡吉林村、上良门村
24	吉泰山围寨	市级	沂南县马牧池乡鸡太冤山上

（续表）

序号	名称	级别	地址
25	袁家大院（袁顺斋故居）	市级	沂南县界湖镇界湖西村内
26	山东省战时工作推行委员会旧址	省级	沂南县青驼镇青驼东村
27	抗大一分校旧址（山东抗日军政干部学校旧址）	省级	沂南县岸堤镇岸堤二村
28	常山庄山东省青代会会址	省级	沂南县马牧池乡常山庄
29	王焕于故居（王换于故居）	省级	沂南县马牧池乡东辛庄村
30	山东水库之母	市级	莒南县十字街道石泉湖村
31	金沟官庄青年团支部旧址	市级	莒南县筵宾镇金沟官
32	甲子山医院旧址	市级	莒南县文疃镇甲子山医院
33	新华社山东分社诞生地	市级	临沭县蛟龙镇前利城村西
34	中共鲁南第一支部旧址	市级	郯城县马头镇北首和平街正北方向
35	郯城大捷战斗遗址	市级	郯城县郯城街道北关
36	徐圩子保卫战遗址	市级	郯城县埝上镇徐圩子村
37	国民革命军三捷庄会战遗址	市级	郯城县花园镇三捷庄
38	一一五师解放马头遗址	市级	郯城县马头镇西大街老西门
39	郯城抗日民主政府旧址	市级	郯城县马头镇西大街刘子巷
40	中共郯马工作委员会旧址	市级	郯城县马头镇东盛街徐林故居
41	重坊战斗遗址	市级	郯城县重坊镇

（续表）

序号	名称	级别	地址
42	源兴涌商号（鲁南第一行署旧址）	市级	郯城县马头镇正大街南段
43	王庄烈士陵园	市级	沂水县夏蔚镇王庄村
44	山纵后方医院旧址（八路军山东纵队卫生部直属后方医院旧址）	市级	沂水县泉庄镇尹家峪村
45	《沂蒙山小调》诞生地	市级	费县薛庄镇白石屋村
46	山东省战时行政委员会和八路军一一五师司令部旧址	市级	莒南县团林镇李家桑园村
47	醋庄战场遗址	县级	河东区梅埠街道醋庄村
48	大店烈士塔	县级	莒南县大店镇老龙腰村
49	马棚官庄烈士塔	县级	莒南县岭泉镇马棚官庄村
50	石门亭抗日文化井	县级	莒南县十字路街道石门亭村
51	万松山烈士陵园	县级	莒南县坊前镇后桃花林村
52	团林烈士塔	县级	莒南县团林镇团林村
53	赤眉山烈士塔（岑梅山烈士塔）	县级	莒南县十字街道赤眉山
54	滨海革命烈士陵园	县级	临沭县临沭街道苍山南麓
55	刘少奇办公旧址	县级	临沭县玉山镇东盘南村
56	东盘村革命纪念地	县级	临沭县玉山镇东盘南村
57	一一五师司令部旧址	县级	临沭县蛟龙镇蛟龙后街269号

（续表）

序号	名称	级别	地址
58	吴家后战场	县级	临沭县蛟龙镇吴家后村
59	革命驻地纪念碑	县级	临沭县店头镇陈巡会村
60	西山前战场	县级	临沭县曹庄镇西山前村
61	高峰头烈士陵园	县级	郯城县高峰头镇前高峰头一村村北
62	鲁南战役指挥部旧址	县级	罗庄区褚墩镇碑住一村
63	邢村农救会纪念碑	县级	兰陵县车辋镇邢村内
64	赵镈就义处	县级	兰陵县车辋镇九女山村
65	苍山暴动纪念地	县级	兰陵县苍山街道大圩村
66	陡沟庄战斗遗址	县级	兰陵县大仲村镇陡沟庄村
67	孙隆三墓	县级	费县东蒙镇白埠村
68	沈学仁墓	县级	费县新庄镇信兴庄村北
69	光山头八路军驻地旧址、原中共临费县委八路军山东纵队费县第二游击大队驻地	县级	费县马庄镇光山头村
70	中共鲁南区党委旧址（鲁南时报印刷室）	县级	平邑县郑城镇油篓村
71	八路军一一五师桃峪高干会议旧址	县级	平邑县郑城镇桃峪村
72	北海银行鲁南印钞厂旧址	县级	平邑县地方镇九间棚龙顶山北麓朝阳洞
73	贯庄烈士陵园	县级	平邑县温水镇前贯庄村东

（续表）

序号	名称	级别	地址
74	武台烈士陵园（黑山战斗烈士林）	县级	平邑县武台镇孟家庄村
75	平邑烈士陵园	县级	平邑县平邑街道城莲花山公园北侧
76	百花峪战斗遗址	县级	蒙阴县桃墟镇百花峪村
77	解放蒙阴城战斗旧址	县级	蒙阴县蒙阴街道湖滨路与古城路交叉口
78	山东抗日军政干部学校开学旧址	县级	蒙阴县联城镇大庄村
79	吕祖庙烈士墓群	县级	蒙阴县岱崮镇台头村西南200米
80	包家围子烈士墓群	县级	蒙阴县野店镇棋盘石行政村包家围子自然村
81	沂蒙六姐妹支前拥军旧址	县级	蒙阴县野店镇烟庄村
82	老君洞革命遗址	县级	蒙阴县坦埠镇寨后村西北
83	坦埠革命旧址	县级	蒙阴县坦埠镇坦埠社区
84	坡里革命旧址	县级	蒙阴县岱崮镇坡里村
85	龙须崮革命遗址	县级	蒙阴县岱崮镇笊篱坪村西
86	上温村地雷战旧址	县级	蒙阴县高都镇上温村
87	道士海革命旧址	县级	蒙阴县野店镇板崮崖行政村道士海自然村
88	黄崖阻击战遗址	县级	蒙阴县垛庄镇兴隆桥村南

（续表）

序号	名称	级别	地址
89	燕翼堂旧址	县级	蒙阴县垛庄镇驻地（现为镇政府）
90	垛庄革命旧址	县级	蒙阴县垛庄镇驻地
91	贾家庄子战斗旧址	县级	蒙阴县垛庄镇贾家庄子村
92	藏兵洞	县级	沂水县院东头镇桃棵子村
93	匡亚明墓	县级	沂水县夏蔚镇云头峪村
94	山东分局党校旧址	县级	沂水县夏蔚镇镇政府驻地西侧
95	对崮峪烈士陵园	县级	沂水县沙沟镇对崮峪村西对崮山上
96	武善桐烈士墓	县级	沂水县诸葛镇红石崖村
97	张錡烈士墓、碑	县级	沂水县泉庄镇马头崖村
98	沂水革命烈士陵园（跋山烈士陵园）	县级	沂水县沂城街道荷叶官庄村跋山西麓
99	佃坪歪头崮战斗旧址	县级	沂水县泉庄镇佃坪村
100	五山摩崖石刻	县级	沂水县杨庄镇五山村南
101	圈里烈士林	县级	沂水县圈里乡圈里村荆山南坡
102	刘春烈士墓	县级	沂水县四十里堡镇刘春岭村北
103	李洪恩烈士墓	县级	沂水县高桥镇马家河村中李家林地

（续表）

序号	名称	级别	地址
104	九子峰战斗纪念地（孙祖战斗遗址）	县级	沂南县孙祖镇小山子后村
105	王德林故居	县级	沂南县双堠镇后崖子村
106	苗得雨故居	县级	沂南县开发区苗家庄村
107	刘震东学校旧址、故居	县级	沂南县张庄镇张庄一村
108	兴旺庄战斗堡垒村	县级	沂南县岸堤镇兴旺庄村
109	北海银行总行印钞厂旧址	县级	沂南县马牧池乡万粮庄村
110	大众日报战时印刷所旧址、大众日报战时印刷厂旧址纪念馆	县级	沂南县马牧池乡小洼村
111	明德英故居	县级	沂南县马牧池乡横河村
112	山东战时邮局成立旧址	县级	沂南县马牧池乡双泉峪子村
113	省战邮旧址（纪念馆）	县级	沂南县马牧池乡牛王庙村
114	沂东烈士陵园	县级	沂南县蒲汪镇陡沟村
115	刘鸣銮纪念碑	县级	沂南县苏村镇小杜家庄村
116	门家庵子家庭烈士陵园	县级	沂南县苏村镇门家庵子村
117	留田突围纪念地	县级	沂南县张庄镇留田村一带
118	山东省回民抗日协会成立旧址	县级	沂南县界湖街道大成庄村清真寺
119	铜井烈士墓	县级	沂南县铜井镇铜井村
120	鲁中革命烈士陵园（万松山烈士陵园）	县级	沂南县依汶镇五孔桥村

（续表）

序号	名称	级别	地址
121	袁家口子大堤落成纪念碑	县级	沂南县砖埠镇袁家庄子村
122	埠前庄烈士陵园	县级	沂水县院东头镇埠前庄村
123	沂水四六区历次战役殉国烈士纪念碑	县级	沂水县院东头镇埠前庄村
124	祖秀莲墓	县级	沂水县院东头镇桃棵子村
125	祖秀莲故居	县级	沂水县院东头镇桃棵子村
126	华东军政大学旧址	县级	莒南县大店镇河湾村
127	中共板泉崖党支部旧址	县级	莒南县板泉镇阳光社区
128	八路军山东纵队党员代表大会会议旧址	未定级	沂南县青驼镇吉拉子村
129	《鲁中日报》创刊地旧址	未定级	沂南县岸堤镇王山峪村
130	山东军政委员会成立，山东省青年抗日先锋队（青抗先）临时总队成立旧址	未定级	沂南县孙祖镇代庄村
131	王广基烈士墓	未定级	沂南县苏村镇北良水村
132	鲁中区参议会，鲁中区行政主任公署成立旧址	未定级	沂南县依汶镇大松林村
133	中共沂蒙地委，中共（沂水）五区区委成立旧址	未定级	沂南县依汶镇朱家里庄村
134	歌曲《跟着共产党走》诞生地	县级	沂南县孙祖镇东高庄村
135	北海银行旧址	县级	沂南县依汶镇大梨峪村
136	费县烈士陵园	县级	费县薛庄镇大青山胜利突围纪念馆东侧

（续表）

序号	名称	级别	地址
137	中共中央华东局旧址	未定级	河东区九曲街道军部街1号
138	华东军政大学旧址	未定级	河东区九曲街道军部街1号
139	山东省支前委员会旧址	未定级	河东区九曲街道军部街1号
140	新四军驻王疃旧址	未定级	河东区八湖镇王疃社区
141	临郯青年救国团成立旧址	未定级	罗庄区傅庄街道大丁庄村
142	八路军临郯独立团成立旧址	未定级	罗庄区褚墩镇兰山村
143	中共临西工委、临西办事处旧址	未定级	罗庄区沂堂镇迷龙汪村
144	东为儿桥大刀会抗战遗址	未定级	罗庄区沂堂镇东为儿桥村
145	蒙阴县抗日民主政府成立旧址	未定级	蒙阴县野店镇梭庄村
146	中共蒙阴县委旧址	未定级	蒙阴县坦埠镇东坦埠村
147	临涧烈士陵园	未定级	平邑县临涧镇石门村
148	卞桥烈士陵园	未定级	平邑县卞桥镇驻地西北
149	天宝烈士陵园	未定级	平邑县地方镇范家台村
150	蒲芦烈士林	未定级	平邑县流峪镇南蒲芦村
151	魏庄烈士林	未定级	平邑县郑城镇小魏庄村
152	苏家崮战斗遗址	未定级	平邑县郑城镇木头崖村
153	太皇崮战斗遗址	未定级	平邑县白彦镇太皇崮村
154	老泉崖抗日烈士纪念碑	未定级	平邑县流峪镇老泉崖村
155	毛家洼革命烈士纪念碑（毛家洼烈士林）	未定级	平邑县平邑街道毛家洼村

（续表）

序号	名称	级别	地址
156	丰阳烈士陵园	未定级	平邑县丰阳镇郑家峪村
157	《临郯青年救国团团歌》诞生地	未定级	郯城县马头镇正大街蓝家大院
158	鲁迅艺术大队成立旧址	未定级	郯城县马头镇正大街源兴涌商号
159	郯城县民众抗日总动员委员会	未定级	郯城县马头镇和平街高家大院
160	中共马头镇党支部旧址	未定级	郯城县马头镇东盛街徐林故居
161	临郯青年救国团第 24 分团旧址	未定级	郯城县新村银杏产业开发区
162	辛亥革命方远照烈士墓	未定级	郯城县马头镇东盛街东北
163	李庄歼灭战遗址	未定级	郯城县李庄镇
164	马陵办事处旧址	未定级	郯城县泉源镇

表 8　山东省第一批不可移动革命文物名录(临沂市)

序号	名称	级别	地址
1	新四军军部暨华东军区、华东野战军诞生地旧址	国家级	河东区九曲街道军部街 1 号
2	八路军一一五师司令部旧址	国家级	莒南县大店镇中心街 128 号
3	临沂大青山突围战遗址	国家级	沂南县双堠镇、孙祖镇
4	山东省政府旧址	省级	莒南县大店镇中心街 128 号

（续表）

序号	名称	级别	地址
5	渊子崖抗日烈士塔	省级	莒南县板泉镇渊子崖村西北
6	山东新华书店旧址	省级	莒南县洙边镇后净埠村
7	一一一师烈士陵园	省级	莒南县朱芦镇石场村
8	八路军老四团钢八连朱村抗战旧址	省级	临沭县曹庄镇朱村
9	临沂行署旧址	省级	兰山区金雀山街道金雀山一路57号
10	临沂革命烈士陵园(华东革命烈士陵园)	省级	兰山区金雀山街道
11	山东军区交际处旧址	省级	兰山区金雀山街道东关居委沂州路和解放路交汇处东南
12	兰山路新四军军部旧址	省级	兰山区兰山街道书院居委兰山路
13	茶山烈士陵园	省级	兰山区半程镇下艾崮村西
14	鲁南烈士陵园	省级	兰陵县尚岩镇文峰山
15	苏家崮战斗烈士陵园	省级	平邑县郑城镇西岭
16	九间棚	省级	平邑县地方镇九间棚村
17	大崮革命遗址	省级	蒙阴县岱崮镇大崮村
18	岱崮革命遗址	省级	蒙阴县岱崮镇岱崮村
19	孟良崮战役遗址	省级	蒙阴县垛庄镇
20	《大众日报》创刊地	省级	沂水县夏蔚镇王庄村、云头峪村

（续表）

序号	名称	级别	地址
21	中共中央山东分局旧址（八路军山东纵队成立旧址）	省级	沂水县夏蔚镇王庄村
22	陈毅指挥所旧址	省级	沂水县夏蔚镇双山村
23	圈里卫东大桥	省级	沂水县圈里乡北岱庄村西南
24	唐王山反击战旧址	省级	沂水县圈里乡吉林村、上良门村
25	山东省战时工作委员会旧址	省级	沂南县青驼镇青驼东村
26	抗大一分校旧址（山东抗日军政干部学校旧址）	省级	沂南县岸堤镇岸堤二村
27	常山庄山东省青代会会址	省级	沂南县马牧池乡常山庄
28	王焕于故居（王换于故居）	省级	沂南县马牧池乡东辛庄村
29	山东水库之母（罗帅饮马处）	市级	莒南县十字街道石泉湖村
30	金沟官庄青年团支部旧址	市级	莒南县筵宾镇金沟官庄村
31	甲子山医院旧址	市级	莒南县文疃镇甲子山医院
32	新华社山东分社诞生地	市级	临沭县蛟龙镇前利城村西
33	中共鲁南第一支部旧址	市级	郯城县马头镇北首和平街正北方向

（续表）

序号	名称	级别	地址
34	源兴涌商号（鲁南第一行署旧址、中共郯马工委成立旧址、一一五师战士剧社）	市级	郯城县马头镇正大街南段
35	王庄烈士陵园	市级	沂水县夏蔚镇王庄村
36	山纵后方医院旧址（八路军山东纵队卫生部直属后方医院旧址）	市级	沂水县泉庄镇尹家峪村
37	《沂蒙山小调》诞生地	市级	费县薛庄镇白石村
38	山东省战时行政委员会和八路军一一五司令部旧址	市级	莒南县团林镇李家桑园村
39	火线桥遗址	市级	沂南县马牧池乡东辛庄村
40	大店烈士塔	县级	莒南县大店镇老龙腰村
41	马棚官庄烈士塔	县级	莒南县泉岭镇马棚官庄村
42	石门亭抗日文化井	县级	莒南县岭泉镇石门亭村
43	万松山烈士陵园	县级	莒南县坊前镇后桃花林村
44	赤眉山烈士塔（岑梅山烈士塔）	县级	莒南县十字街道赤眉山
45	滨海革命烈士陵园	县级	临沭县临沭街道苍山南麓
46	刘少奇办公旧址	县级	临沭县玉山镇东盘南村
47	东盘村革命纪念地	县级	临沭县玉山镇东盘南村

（续表）

序号	名称	级别	地址
48	一一五师司令部旧址	县级	临沭县蛟龙镇蛟龙后街269号
49	吴家后战场	县级	临沭县蛟龙镇吴家后村
50	革命驻地纪念碑	县级	临沭县店头镇陈巡会村
51	西山前战场	县级	临沭县曹庄镇西山前村
52	马陵山烈士陵园	县级	郯城县茅茨村与二旺村附近
53	高峰头烈士陵园	县级	郯城县高峰头镇前高峰头一村村北
54	鲁南战役指挥部旧址	县级	罗庄区褚墩镇碑住一村
55	邢村农救会烈士纪念碑	县级	兰陵县车辋镇邢村内
56	赵镈就义处	县级	兰陵县车辋镇九女山村
57	苍山暴动纪念地	县级	兰陵县苍山街道大圩村
58	陡沟庄战斗遗址	县级	兰陵县大仲村镇陡沟庄村
59	王华亭纪念碑	县级	兰陵县庄坞镇耿墩村南
60	孙隆三墓	县级	费县南张庄乡白埠村
61	沈学仁墓	县级	费县新庄镇信兴庄村北
62	光山头八路军驻地旧址、原中共临费县委八路军山东纵队费县第二游击大队驻地	县级	费县马庄镇光山头村
63	中共鲁南区党委旧址（鲁南时报印刷室）	县级	平邑县郑城镇油篓村
64	八路军一一五师桃峪高干会议旧址	县级	平邑县郑城镇桃峪村

（续表）

序号	名称	级别	地址
65	北海银行鲁南印钞厂旧址	县级	平邑县地方镇九间棚龙顶山北麓朝阳洞
66	贯庄烈士陵园	县级	平邑县柏林镇前贯庄村东
67	武台烈士陵园（黑山战斗烈士林）	县级	平邑县武台镇孟家庄村
68	平邑烈士陵园	县级	平邑县平邑街道莲花山公园北侧
69	毛家洼革命烈士纪念碑（毛家洼烈士林）	县级	平邑县平邑镇毛家洼村
70	百花峪战斗遗址	县级	蒙阴县桃墟镇百花峪村
71	解放蒙阴城战斗旧址	县级	蒙阴县蒙阴街道湖滨路与古城路交叉口
72	山东抗日军政干部学校开学旧址	县级	蒙阴县联城镇大庄村
73	吕祖庙烈士墓群	县级	蒙阴县岱崮镇台头村西南200米
74	包家围子烈士墓群	县级	蒙阴县野店镇棋盘石村包家围子村
75	沂蒙六姐妹支前拥军旧址	县级	蒙阴县野店镇烟庄村
76	老君洞革命遗址	县级	蒙阴县坦埠镇寨后村西北
77	坦埠革命旧址	县级	蒙阴县坦埠镇坦埠社区
78	坡里革命旧址	县级	蒙阴县岱崮镇坡里村

（续表）

序号	名称	级别	地址
79	龙须崮革命遗址	县级	蒙阴县岱崮镇龙须崮
80	上温村地雷战旧址	县级	蒙阴县高都镇上温村
81	道士海革命旧址	县级	蒙阴县野店镇板崮崖村道士海村
82	黄崖阻击战遗址	县级	蒙阴县垛庄镇兴隆桥村南
83	燕翼堂旧址	县级	蒙阴县垛庄镇驻地（现为镇政府）
84	垛庄革命旧址	县级	蒙阴县垛庄镇驻地
85	贾家庄子战斗旧址	县级	蒙阴县垛庄镇贾家庄子村
86	藏兵洞	县级	沂水县院东头镇桃棵子村
87	匡亚明墓	县级	沂水县夏蔚镇云头峪村
88	山东分局党校旧址	县级	沂水县夏蔚镇镇政府驻地西侧
89	对崮峪烈士陵园	县级	沂水县沙沟镇对崮峪村西对崮山上
90	武善桐烈士墓	县级	沂水县诸葛镇红石崖村
91	张鍏烈士墓、碑	县级	沂水县泉庄镇马头崖村
92	沂水革命烈士陵园（跋山烈士陵园）	县级	沂水县荷叶官庄村跋山西麓
93	佃坪歪头崮战斗旧址	县级	沂水县泉庄镇佃坪村
94	五山摩崖石刻	县级	沂水县杨庄镇五山村南
95	圈里烈士林	县级	沂水县圈里乡圈里村荆山南坡

（续表）

序号	名称	级别	地址
96	刘春烈士墓	县级	沂水县四十里堡镇刘春岭村北
97	李洪恩烈士墓	县级	沂水县高桥镇马家河村中李家林地
98	九子峰战斗纪念地（孙祖战斗遗址）	县级	沂南县孙祖镇小山子后村
99	北海银行总行印钞厂旧址	县级	沂南县马牧池乡万粮庄村
100	大众日报战时印刷所旧址、大众日报战时印刷厂旧址纪念馆	县级	沂南县马牧池乡小洼村
101	明德英故居	县级	沂南县马牧池乡横河村
102	山东战时邮局成立旧址	县级	沂南县马牧池乡双泉峪子村
103	省战邮旧址（纪念馆）	县级	沂南县马牧池乡牛王庙村
104	沂东烈士陵园	县级	沂南县蒲汪镇陡沟村
105	刘鸣銮纪念碑	县级	沂南县苏村镇小杜家庄村
106	门家庵子家庭烈士陵园	县级	沂南县苏村镇门家庵子村
107	留田突围纪念地	县级	沂南县张庄镇留田村一带
108	山东省回民抗日协会成立旧址	县级	沂南县界湖街道大成庄村清真寺
109	铜井烈士墓	县级	沂南县铜井镇铜井村
110	鲁中革命烈士陵园（万松山烈士陵园）	县级	沂南县依汶镇五孔桥村

（续表）

序号	名称	级别	地址
111	袁家口子大堤落成纪念碑	县级	沂南县砖埠镇袁家庄子村
112	埠前庄烈士陵园	县级	沂水县院东头镇埠前庄村
113	沂水四六区历次战役殉国烈士纪念碑	县级	沂水县院东头镇埠前庄村
114	祖秀莲墓	县级	沂水县院东头镇桃棵子村
115	祖秀莲故居	县级	沂水县院东头镇桃棵子村
116	华东军政大学旧址	未定级	莒南县大店镇河湾村
117	中共板泉崖党支部旧址	未定级	莒南县板泉镇阳光社区
118	甲子山战役遗址	未定级	莒南县朱芦镇甲子山
119	厉家寨整山治水遗址	未定级	莒南县坪上镇厉家寨社区
120	山东战时邮务总局干部训练班旧址	未定级	莒南县坊前镇东甘霖村
121	八路军山东纵队党员代表大会会议旧址	未定级	沂南县青驼镇吉拉子村
122	《鲁中日报》创刊地旧址	未定级	沂南县岸堤镇王山峪村
123	山东军政委员会成立，山东省青年抗日先锋队（青抗先）临时总队成立旧址	未定级	沂南县孙祖镇代庄村
124	王广基烈士墓	未定级	沂南县苏村镇北良水村
125	鲁中区参议会，鲁中区行政主任公署成立旧址	未定级	沂南县依汶镇大松林村

（续表）

序号	名称	级别	地址
126	中共沂蒙地委，中共（沂水）五区区委成立旧址	未定级	沂南县依汶镇朱家里庄村
127	歌曲《跟着共产党走》诞生地	未定级	沂南县孙祖镇东高庄村
128	北海银行旧址	未定级	沂南县依汶镇大梨峪村
129	滨海中学旧址	未定级	莒南县洙边镇石门涧村

表 9　临沂市不可移动革命文物
在山东省第一批不可移动革命文物占比

单位项目	总数	国家级	省级	市县级	未定级
山东省（处）	897	12	179	491	215
临沂市（处）	129	3	25	87	14
占比（%）	14.38	25	13.97	17.72	6.51

3. 征集整理出版一批史料、口述史

为纪念中国人民解放战争暨世界反法西斯战争胜利 70 周年，2015 年 4 月至 8 月，临沂市委宣传部、市社科联、市委党史研究室、沂蒙晚报社、沂蒙文化学会联合举行“记录抗战岁月，传承沂蒙精神——口述沂蒙抗战历史活动”，征集整理出版各类沂蒙革命文献档案史料、英雄烈士事迹史料、口述史等。

（1）口述史料（表10）。

表10　口述史料统计

序号	标题	口述者及其简介
1	背过战友尸体，呛过日军辣椒水	刘鹤亭，13岁参加儿童团，18岁担任抗日青年先锋队队长。在中国人民抗日战争期间，先后四次与死神擦肩而过
2	狭路相逢，全歼日军小分队	秦永庆，17岁报名参军，历经抗日战争、解放战争和朝鲜战争
3	革命战友烽火情，离别9年巧相逢	王安斗，张承惠，两人在同一年参军（前者17岁，后者16岁），一位是临沂人，一位是淄博人，一起在战争中共事4年
4	两战小鬼子，解放沂水蒙阴城	赵久祥，1940年参加革命。参加过解放沂水、蒙阴以及淮海战役、渡江战役、上海战役和朝鲜战争
5	成立民兵队，扛起枪保家卫国	王培先，1946年5月加入中国共产党。1939年10月至1946年4月，历任蒙阴县后铁城村青年团长、指导员以及沂南县独立营班长等职
6	继承革命传统，建设美好家园	刘钢，1939年3月入党，同时参加工作，任莒南县委宣传部干事。1939年11月入伍。历任抗大学员、侦察员、班长、指导员、守备区干部部部长等职。先后参加甲子山、大青山、烟台、青岛等诸多战役
7	15岁参加武工队，打游击杀鬼子	上官清敏，15岁参加革命，抗日战争期间主要在鲁南一带打游击，先后参加峄县、枣庄反击战以及淮海战役、渡江战役、朝鲜战争

（续表）

序号	标题	口述者及其简介
8	12年生死征战，未曾回过一次家	赵志田，16岁参加革命，从沂蒙山根据地，转战东北三省，又转战到贵州、广西，先后参加抗日战争、解放战争、抗美援朝战争
9	来回沂河两岸，秘密送情报	朱立英，15岁加入中国共产党，主要从事地下工作，曾三次从日军眼皮底下死里逃生
10	12岁就参加革命扮乞丐送情报	赵中林，12岁参军，抗日战争期间，参加多次阻击战，解放战争期间，参加过莱芜战役、临朐战役、淮海战役
11	涝沟伏击战，我们干掉40多敌人	彭安廷，22岁参军，同年入党，参加过涝沟伏击战和孟良崮、济南、淮海、上海等战役，以及朝鲜战争
12	就是死，也要把鬼子赶出蒙阴城	孙士才，17岁参军，抗日战争期间，曾参与反“扫荡”、解放蒙阴县城，解放战争期间，参加鲁南、莱芜、淮海等战役
13	棍棒毒打之下，严守党的秘密	訾忠，14岁参加中国共产党领导的“抗日学生救国团”，15岁入党
14	不打仗就是幸福	吴丕香，15岁参加新四军，被编入陈毅二纵四师，加入抗击日本侵略军的队伍
15	那一仗目睹17个战友倒下	王玉庆，14岁参加抗敌自卫军，1942年参军入伍一一五师六八六团二营六连，1948年复员回家休养

（续表）

序号	标题	口述者及其简介
16	历史不能遗忘，铭记历史缅怀战友	陈焕林，18 岁参军，入编滨海军区部队，参加过 10 余场战役
17	以后每年都来和老战友喝酒	赵健，17 岁参军，入编八路军一一五师钢八连

（2）整理革命文物和革命文献档案史料、英雄烈士事迹史料（表 11）。

表 11　相关革命文献史料统计

序号	书名	编著单位	时间
1	忆沂蒙（上、下、续）	临沂地区行政公署出版办公室、中共临沂地委党史资料征集委员会	1983 年
2	孟良崮战役	山东省委党史委、临沂地委党史委	1987 年
3	中共滨海区党史大事记（1921 年 7 月至 1949 年 9 月）	临沂地委党史委	1988 年
4	深切怀念黎玉同志	山东省委党史委	1989 年
5	沂蒙星火	临沂地委党史委	1990 年
6	政权建设的创举	临沂地委党史委	1990 年
7	中共鲁南区党史大事记（1919 年 5 月—1949 年 9 月）	临沂地委党史委、枣庄市委党史委、济宁市委党史委	1991 年

（续表）

序号	书名	编著单位	时间
8	中国共产党山东省临沂地区组织史资料（1923—1987）	临沂地委组织部、临沂地委党史委、临沂地区档案局	1991年
9	罗生特在中国	临沂地委党史委、莒南县委	1992年
10	中共沂蒙党史大事记（1923—1949.9）	临沂地委党史委	1992年
11	沂蒙第一村——临沂西关发展史	临沂地委党史委	1993年
12	刘少奇在山东	临沂地委党史委、临沭县委党史委	1994年
13	中共中央山东分局在王庄	临沂市委党史委、沂水县委党史委	1995年
14	三帅在沂蒙	临沂市委、山东省委党史研究室	1996年
15	光辉的业绩——临沂市十年扶贫开发纪实	临沂市委党史委、临沂市扶贫开发办公室	1998年
16	历史的转折——临沂拨乱反正回眸	临沂市委党史委	1998年
17	朱瑞在山东	临沂市委党史委	1998年
18	历史的丰碑：沂蒙百处革命纪念地巡礼	临沂市委党史委	1999年
19	中国共产党山东省临沂市组织史资料（1987—1998）	临沂市委组织部、临沂市委党史委、临沂市档案局	1999年

（续表）

序号	书名	编著单位	时间
20	中共临沂历史大事记（1949. 10—1999. 12）	临沂市委党史委	2001 年
21	中共临沂地方史（第一卷）（1919. 5—1949. 10）	临沂市委党史委	2009 年
22	中国共产党山东省临沂市组织史资料（1998—2008）	临沂市委组织部、临沂市委党史研究室、临沂市档案局	2010 年
23	中共临沂地方史（第二卷）	临沂市委党史研究室	2011 年
24	沂蒙抗日记事	本书编写组	2015 年
25	中共沂蒙根据地党史大事记	临沂市委党史研究室、沂蒙革命纪念馆	2016 年
26	中共沂蒙党史人物（上、下卷）	临沂市委党史研究室	2016 年
27	沂蒙根据地历史资料汇编（20 卷）	临沂市委党史研究室	2018 年
28	中国共产党临沂简史	临沂市委党史研究院	2021 年

第二章

革命纪念场馆保护利用模式

革命文物是我国革命文化的实物载体和历史见证,凝结着中国共产党的光荣历史和优良传统。习近平总书记在十九大报告中指出:中国特色社会主义文化,源自于中华民族五千多年文明历史所孕育的中华优秀传统文化,熔铸于党领导人民在革命、建设、改革中创造的革命文化和社会主义先进文化,植根于中国特色社会主义伟大实践。沂蒙革命文物是有形的实物,它见证了沂蒙人民在中国共产党人的领导下,听党指挥、无私奉献、不畏牺牲、艰苦奋斗的光荣历史和优良传统。

沂蒙革命文物,作为保护、继承、弘扬沂蒙精神的主要媒介和渠道,是推进临沂在革命老区现代化进程中"走在前、开新局"的宝贵精神力量,承载着催人奋进的红色传统和红色基因。近年来,在沂蒙革命文物保护中,临沂市一直坚持抢救性和预防性保护并重,实施革命遗址遗迹修复保护行动计划与革命场馆馆藏革命文物保护修复计划,及时抢救修复濒危珍贵革命文物,实施以革命场馆保护为主体、革命遗址保护为重点、社会收藏保护为补充的革命文物保护协同机制,形成"党委政府+行业及社会组织+企业个人+乡村集体”共同参与的沂蒙革命文物保护利用“大格局”。

第一节　以党委政府为主体的保护模式

革命文物资源作为承载党和人民英勇奋斗的光荣历史的记忆载体,是一种宝贵的不可再生资源。由于革命文物保护工作起步晚,一段时间以来,国内各地革命文物保护的现状不容乐观,尤其是对于野外零散性革命文物的管理和保护,基本处于无管理机构、无专职人员、无专项经费的“三无”状态,一些革命旧址甚至受损严重,几近消亡。

党的十八大以来,临沂市各级党委政府把革命文物资源保护作为重要任务,建立专门机构,负责革命文物保护管理与开发利用的组织领导和协调,形成以政府保护为主、全社会广泛参与的文物保护工作机制,为做好革命文物的抢救性保护与预防性保护奠定了基础。

纪念馆是纪念重大历史事件、重要历史人物的官方机构和公共场所,大多选择历史事件发生的地点以及历史人物出生成长、生活工作的地方作为馆址,力求做到最大程度上保存和恢复历史原状,并在其中集中收藏、陈列相关历史文献、档案资料或人物生平资料等。革命纪念场馆是为纪念我国近现代历史上发生的各个重大事件或者杰出人物而建立的有关革命纪念性建筑,并在其中收藏保存具有革命纪念意义的文物资料,是具备收藏、宣传教育、科研功能的专题博物馆。这些革命场馆是开展革命精神教育、爱国主义教育的重要场所,具有传播革命文化、传承革命精神的教育功能。同时，也是开展党史研究、地方革命史研究的重要阵地，还是新时代党员干部正确认知革命历史和革命精神、坚定革命理想信念、净化思想心灵的精神高地与进行党的历史和基本国情教育的重要基地。

临沂作为全国著名的革命老区，也是经济欠发达地区，在革命文物保护利用工作中，对革命文物时刻心存敬畏。近年来，国家和地方各级政府先后投资20多亿元，建设了沂蒙革命纪念馆、新四军军部旧址暨华东野战军诞生地纪念馆、八路军一一五师司令部旧址纪念馆、山东抗日革命根据地纪念馆、沂蒙红嫂纪念馆、山东省政府旧址纪念馆、刘少奇在山东纪念馆、大青山胜利突围纪念馆、孟良崮战役纪念馆等多个省级备案的大型革命纪念场馆(表12)，以纪念革命战争年代沂蒙大地上发生的重要战役、重大事件、涌现的杰出人物。这批革命纪念场馆的建设，对沂蒙革命文物的抢救性征集、收藏、保护，预防革命文物损毁、流失，引领增强广大民众的革命文物保护意识，起到了重要作用。

表12　省级备案的革命纪念场馆(临沂)

序号	革命纪念场馆名称	地点
1	沂蒙革命纪念馆	临沂市兰山区
2	新四军军部旧址暨华东野战军诞生地纪念馆	临沂市河东区
3	山东抗日革命根据地纪念馆	临沂市莒南县
4	山东省政府旧址纪念馆	临沂市莒南县
5	八路军一一五师司令部旧址纪念馆	临沂市莒南县

（续表）

序号	革命纪念场馆名称	地点
6	刘少奇在山东纪念馆	临沂市临沭县
7	孟良崮战役纪念馆	临沂市蒙阴县
8	大青山胜利突围纪念馆	临沂市费县
9	沂蒙红嫂纪念馆	临沂市沂南县
10	《大众日报》创刊地纪念馆	临沂市沂水县
11	中共中央山东分局旧址纪念馆	临沂市沂水县
12	曹玉海纪念馆	临沂市莒南县
13	赵镈纪念馆	临沂市兰陵县
14	鲁南革命历史纪念馆	临沂市兰陵县
15	郯城革命斗争史纪念馆	临沂市郯城县
16	中共鲁南第一支部纪念馆	临沂市郯城县
17	沂蒙红色金融纪念馆	临沂市沂南县
18	沂蒙水利建设展览馆(沂蒙水文化博物馆)	临沂市河东区
19	沂蒙红色文化博物馆	临沂市兰山区
20	九间棚精神纪念馆	临沂市平邑县
21	山东战邮纪念馆	临沂市沂南县
22	山东抗日民主政权纪念馆	临沂市沂南县
23	沂蒙母亲王换于纪念馆	临沂市沂南县
24	沂蒙六姐妹纪念馆	临沂市蒙阴县

临沂市大型革命纪念场馆建设数量，占到了全省 1/6 强。这类革命纪念场馆为“政府主导+规范管理+文化窗口”保护模式，在建设管理形式上由政府投资建设，在管理运营上参照公益一类事业单位，设立专门管理机构，其运营所需的全部经费，由

政府财政拨款，根据编制定额，选聘优秀专业人员组成管理服务团队，是临沂市重点打造的对外展示沂蒙红色文化的窗口、党性教育基地，主要分为综合类、重要人物、重大战役、重大事件四类革命纪念场馆。

一、综合类革命纪念场馆

这类纪念场馆旨在全景式展示该区域的革命历史，涵盖一个时期的党组织和人民军队的发展、政权建设、重大事件、重大战争、重要人物等，以及人民群众在不同时期听党话、跟党走、推动历史发展所作的贡献。

1. 沂蒙革命纪念馆

沂蒙革命纪念馆，东临华东革命烈士陵园，于 2014 年 4 月建成并正式对外开放，是由中共中央办公厅、国务院办公厅批准建设的综合性革命历史纪念馆，是临沂市全力打造的全国重要的爱国主义教育基地、群众路线教育基地和国防教育基地。纪念馆由中国工程院院士、中国建筑设计大师程泰宁先生主持设计，作为华东革命烈士陵园[①]改造提升工程，设计方案外方内圆，建筑形式简洁朴实，与华东革命烈士陵园在建筑语言上体现了一致性。暗红色基座稳稳扎根大地之上，比喻沂蒙精神的牢固革命根基；两组支座承载着建筑上部主体，代表沂蒙精神对于革命胜利果实的重要支撑；中间贯穿上下的红色筒柱，突显沂蒙精神中流砥柱的强大作用。

---

① 华东革命烈士陵园是为纪念自第一次大革命时期至解放战争时期，华东地区牺牲的革命先烈而修建的大型纪念性建筑群和纪念园林。该陵园始建于 1949 年 4 月，由梁思成先生主持设计，被中共中央宣传部公布为“全国爱国主义教育示范基地”。

该纪念馆在规划设计之初即按照国内一流展馆的标准定位，创新性融合传统与当代元素，力求全方位展示沂蒙地域特色和鲜明时代特征，通过实物、图片、视频、雕塑、场景复原、声光电等多种符号媒介手法，全面深入讲述沂蒙革命战争历史内容。

该馆基本陈列共分为三部分：第一，沂蒙精神展。集中展示革命战争年代，中国共产党和人民军队为了广大沂蒙人民的翻身解放、自由民主，抛头颅、洒热血，沂蒙人民坚定跟党走，舍生忘死投身革命战争，铸就起“党群同心、军民情深、水乳交融、生死与共”的沂蒙精神。在社会主义建设和改革开放时期，沂蒙老区广大干部群众积极发扬沂蒙精神，团结一心，不怕吃苦，科学谋划，创新发展，走出了一条革命老区摆脱贫困、改善民生、共同小康的新道路，铺绘出一幅“大美临沂”新画卷。

第二，中国共产党群众路线主题教育展。主要展现在领导中国人民进行新民主主义革命、社会主义革命和建设、改革开放和社会主义现代化建设的伟大历程中，中国共产党将马克思主义真理与中国具体国情相结合，与广大群众培植起相互依存的鱼水深情和不可分离的血肉联系，形成了党的群众路线：一切为了群众，一切依靠群众，从群众中来，到群众中去，受到沂蒙人民的衷心拥护。党领导人民实现了民族独立、人民解放的伟大事业，凝聚起强大的力量，开启了实现中华民族伟大复兴中国梦的新的征程。“群众路线是我们党的生命线和根本工作路线，是我们党永葆青春活力和战斗力的重要传家宝。”①

第三，沂蒙党史展馆。主要陈列内容为沂蒙党史资料，如革

① 中共中央宣传部编：《习近平新时代中国特色社会主义思想学习纲要》，北京：学习出版社、人民出版社，2019 年，第 46 页。

命文物、图书文献史料、照片影像资料等。该展馆致力于收藏、研究、陈列、宣传中国共产党组织在沂蒙大地产生、发展的光荣历史,重点展示沂蒙根据地和解放区党政军民进行革命、战争的资料,承担着保存沂蒙党史文献资料以供专业研究人员进行学术研究与向社会公众进行宣传教育的双向功能,是深入研究、传播、弘扬沂蒙精神的重要阵地和窗口。

沂蒙革命纪念馆作为集中全面展陈百年沂蒙大地上党一心为民、人民群众一心跟党走的纪念性公共文化空间,是广大党员干部不断学习党史以牢记初心使命的大课堂。这种常态化的党史学习有助于引导和教育广大党员干部要始终坚持党的群众路线,切实改进工作作风,不断密切党与人民群众的血肉联系,团结和带领人民为实现中华民族伟大复兴的中国梦共同奋斗。

2. 山东抗日根据地纪念馆

山东抗日根据地纪念馆,位于临沂市莒南县大店镇,于2011年6月落成开放,被中共中央宣传部授予“全国爱国主义教育示范基地”。该纪念馆是目前山东省内唯一一处全景式、全程式展示山东抗日根据地和山东党组织民主革命历史的展馆。

在第二次世界大战中,中国战场是世界反法西斯战争的东方主战场,中国战场开始最早、历时最长、伤亡最大,中国人民抗日战争的胜利对世界反法西斯战争的胜利作出了不可磨灭的历史性贡献。山东是近代以来遭受日本殖民侵略最早最深的地区之一,从1894年甲午战争之威海卫战役,到八年(1914—1922)日本帝国主义在山东占领区的军政殖民史①,再到华北危机与

---

① 宋志勇:《1914—1922年日本在山东的军政殖民统治》,载于张海鹏主编:《抗日战争研究》,1998年第1期,第134-147页。

华北沦陷，山东人民饱受日本侵略者的殖民统治。但3800万山东人民从未放弃抵抗，在中国共产党的领导下，山东党政军民齐心坚持团结抗战原则，克服国民党主力部队撤出山东、地方武装大部分伪化的艰难局面，成功把昔日一盘散沙的农民组织成一支不可战胜的抗日力量，将敌人的疯狂“扫荡”陷于人民汪洋大海之中，建立敌后抗日根据地，独立支撑起山东抗战大局。

1945年底，山东解放区①人口达到3500万，占当时党领导的解放区总人口的三分之一；人民军队发展到33万余人，占全国人民军队总数的四分之一；党员数量从抗战前的2000余名增长到30多万，约占全国党员总数的四分之一。山东抗日军民在党的领导下，广泛进行民主改革，积极改善民生，大力推进以工农为主体的新民主主义政治、经济、文化建设，让广大人民群众翻身做主人，开启新生活。一个新民主主义的新山东在齐鲁大地展现出勃勃生机。②

在省市委的支持下，莒南县委县政府于2007年启动“山东抗日根据地纪念馆”规划建设，历时四年多，建成建筑面积2100平方米的山东抗日根据地纪念馆。该纪念馆综合运用组画、图表、实物和声光电、场景复原等手段，从多个角度、不同侧面展示全国抗战形势与山东抗日根据地的创建壮大过程。在“日军暴行”展区，一件件陈列的实物，一行行标示的数字，记录了日本帝国主义侵略者在中国土地上烧杀奸掠、无恶不作，给中国人民带来的深重灾难。纪念馆同时展示了党领导沂蒙人民以不屈不

---

①　包括山东解放区和冀鲁豫解放区的山东部分。

②　中共山东省委党史研究室编著，常连霆主编：《中共山东编年史（第五卷）》，济南：山东人民出版社，2015年，第332页。

挠、不怕牺牲、英勇抗敌的不屈精神，创建并巩固中国共产党领导下的第一个省级政权——山东省政府的全过程和山东党政军领导机关移驻莒南，从而使山东抗日根据地成为我们党拥有的最完整、最重要的以一省区为主体的战略基地等重要历史事件。

二、重要革命人物纪念场馆

沂蒙重要革命人物是指在中国革命和建设时期作出重大贡献的沂蒙人物杰出代表，沂蒙重要革命人物类纪念馆承载着沂蒙红色文化的精神内涵。此类革命博物馆、纪念馆利用馆藏的重要革命人物相关的历史实物、图书文稿、照片影像和口述纪录等资料展示他们的丰功伟绩。这既能让人们在参观过程中形成一定的历史记忆，又能作为民族精神象征和社会价值标杆起到巨大濡染作用，使人们能在纪念馆感受到老一辈无产阶级革命家、革命者彪炳史册的业绩，从而不忘如今幸福安稳的生活都是靠先烈们的英勇壮烈牺牲换来的，必须倍加珍惜。

1. 刘少奇在山东纪念馆

该馆位于山东省临沂市临沭县的苍马山前，由政府投资建设，占地35亩，展陈面积2000平方米，于2011年建党90周年前夕正式开馆，2015年被中共中央宣传部授予“全国爱国主义教育示范基地”。馆区建成后历经三次提升改造，用“刘少奇在山东”“刘少奇与中国共产党专题展”“党章的历程专题展”“入党誓词专题展”等系列展览，通过实物、实景、实例，展示了伟大的马克思主义者，伟大的无产阶级革命家、政治家和理论家，中华人民共和国的开国元勋刘少奇，在山东抗日根据地最艰难的时期，帮助山东解决了事关抗战大局的一系列问题，一举扭转了山东抗日根据地的被动局面的历史时刻。

1942 年,全国敌后抗日战场处于最为艰苦的阶段,山东抗战面临严重困难。在此情况下,刘少奇受中共中央和毛泽东主席委托,从华中来山东检查指导工作。4 月 10 日,刘少奇一行靠夜幕的掩护,夜行晓宿,经过 22 天长途跋涉,来到山东党政军机关所在地——临沭朱樊村。在山东四个多月的时间里,刘少奇夜以继日,忘我工作。针对当时山东抗日根据地出现的严重困难,他深入群众搞调查研究,高瞻远瞩作理论报告,并亲力亲为指导当地军民开展整风及减租减息运动,拨开迷雾,化解危局,积聚力量,为开创山东抗日根据地新局面作出了历史性突出贡献。刘少奇牢牢抓住党的思想、作风、组织建设等关键环节,以深入细致的思想理论教育,认真开展批评和自我批评的思想政治工作方法,帮助山东解决了事关抗战大局的一系列问题,一举扭转了山东的被动局面。

在刘少奇的指导帮助下,山东分局正确总结了抗战以来的经验教训,统一了各级干部对形势和工作方针的认识,统一了军事指挥,确立了深入发动群众、开展减租减息、争取基本优势的中心任务。山东抗日根据地群众运动蓬勃发展,人民群众积极生产,踊跃参军参战,统一战线不断巩固,抗日武装力量不断发展,对敌斗争的优势逐步形成,对扭转山东被动局面起到了关键作用,山东根据地的各项工作呈现出崭新局面。7 月下旬,刘少奇圆满完成了党中央和毛主席交给的任务,踏上了返回延安的征程。他从这里出发,经过 5 个多月的长途跋涉,穿越敌人百余道封锁线,越过冰雪覆盖的晋西北山区,于 12 月 30 日,安全回到延安。

刘少奇的山东之行,是山东根据地发展史上的光辉一页,创造了辉煌的历史功绩,为我们加强党的建设留下了宝贵的精神财富。通过参观纪念馆,让参加党性教育的广大党员干部,在与历史事件、革命任务、革命精神的对话中，触及思想，深入灵魂，进行反思与感悟，增强党性教育的针对性和实效性。

2. 沂蒙红嫂纪念馆

沂蒙红嫂纪念馆，于 2011 年建成，位于山东省临沂市沂南县马牧池乡常山庄村，以当地独特的古山村风貌为依托，分为红嫂主体展馆展区、红嫂生活体验展区和沂蒙红色遗迹展区三个部分，总建筑面积 4500 平方米。该馆是由山东省委组织部、临沂市委、沂南县委共同打造的、面向全国各级党员领导干部开展马克思主义群众观教育和党的群众路线教育的省级干部教育培训基地，被中央和国家部委、省、市、县等 70 多个部门和单位确立为公务员公仆意识教育基地、爱国主义教育基地、革命传统教育基地、廉政建设教育基地，是目前国内唯一一处以普通群众为主题，全面、系统介绍“红嫂”的专题革命纪念馆。[①]

“红嫂”，是历史赋予沂蒙妇女的特殊称谓，源于抗战时期发生在沂南县明德英“乳汁救伤员”的真实故事。1960 年，著名作家刘知侠根据李子超讲述的明德英乳汁救伤员的情节，创作了短篇小说《红嫂》，在全国各地引起强烈反响。[②] 1964 年，刘知侠将这部小说改编成现代京剧《红嫂》。1964 年 6 月，周恩来总理观看了京剧《红嫂》，说：“题材好，演得更好，唱腔的创新也非常好。”[③]1964 年 8 月 12 日，毛泽东、周恩来、刘少奇、朱德等党和国家领导人在北戴河观看了京剧《红嫂》后，毛泽东鼓励大家说，“《红嫂》这出戏是军民鱼水情的戏，演得很好，要拍成电影，

① 李丽、周慧、李泽昊：《中国改革开放始建红色文化纪念馆研究》，南京：江苏人民出版社，2021 年，第 69–74 页。

② 张一涵：《硝烟中走来女神》，济南：山东人民出版社，2015 年，第 1 页。

③ 杨来青：《毛泽东与青岛》，青岛：青岛出版社，2018 年，第 217 页。

教育更多的人,做共和国的新红嫂”①,并与全体演职人员一起合影留念。从此,“红嫂”就成为在革命战争年代舍生忘死、无私奉献的沂蒙妇女共同的名字。

在沂蒙老区这块土地上,村村有烈士,户户有红嫂。在抗战最为艰苦的时期,在共产党八路军最需要帮助的时候,为了民族解放和革命战争的胜利,沂蒙红嫂们毫不犹豫地拆下自家门板做成担架,扒下房屋上的干草喂军马,找出珍爱的陪嫁布做军鞋,拿出仅有的粮食献给子弟兵,将最后一个亲人送到前线,用自己的乳汁喂伤员,甚至她们可以为保护党的孩子而献出自己的骨肉,可以为保存一封烈士的遗书而毁家无悔,可以为一句诺言而坚守终生。她们用柔弱的双肩,毅然扛起了家庭和革命的重担,用青春、热血和生命谱写了一曲曲感天动地的奉献之歌,把慷慨无私的崇高情怀展现到了极致。在她们身上集中体现了“最后一口粮当军粮,最后一块布做军装,最后一个儿子送战场”的大爱情怀。这种情怀是红嫂精神的本质所在,更是广大沂蒙人民的理想信念和精神追求。

据不完全统计,从抗日战争到解放战争,沂蒙妇女共做军鞋315万双,做军衣122万件,碾米碾面11716万斤,动员参军参战20万人,救护病员6万人,掩护革命同志9.4万人,瓦解敌方9.8万多人。“红嫂”是民族精神的缩影,是沂蒙人民革命精神的最质朴的表达。

通过参观、体验烙煎饼、纺线、织布等真实活动与场景,能够让人们感受到沂蒙红嫂在战争年代拥军支前的艰辛与不易,让

---

① 徐玉如:《文学地理视野下的沂蒙文学研究》,济南:山东人民出版社,2017年,第283页。

人们记住她们超越时空的无私大爱，记住她们生命中沉淀下来的伟大民族精神，体会她们柔弱的肩膀扛起江山的磅礴力量，感知在苦难岁月中沂蒙普通老百姓的坚定信仰和无悔追求与不畏强暴、血战到底的英雄气概，起到锤炼党性、塑造灵魂的作用。如今，每年前来参观学习的国家部委、省内外党员干部多达10万人次，带动前来参加学习的社会各界民众年均达30万人次，沂蒙红嫂纪念馆已经成为弘扬沂蒙精神、赓续红色血脉的重要阵地。

三、重大战争纪念馆

重大战争纪念馆是指纪念发生在沂蒙大地上某场战争的始末和意义，以及悼念为中国人民解放事业英勇牺牲的死难者的纪念场馆。通过参观能够让参观者铭记今天的和平是无数革命先烈用生命和鲜血换来的，让我们每一位中国人，尤其是年轻一代，铭记历史，勿忘国耻，引导其树立正确的国家观、民族观、历史观，知晓公民爱国的首要意义是民族独立自强。基于重大战役的纪念场馆，全面生动地反映了中国共产党领导的人民军队在民族危难关头所发挥的中流砥柱作用，讴歌了沂蒙人民在革命战争年代铸就的“水乳交融、生死与共”的伟大沂蒙精神。

1. 大青山胜利突围纪念馆

1997年11月，中共临沂市委、市人民政府，中共费县县委、县人民政府和抗大一分校校史研究会，在大青山战斗突围旧址建起“大青山胜利突围纪念碑”、纪念亭。[①] 2012年11月，大青

① 王汇川主编：《罗荣桓元帅功著山东》，北京：中国文史出版社，2005年，第378页。

山胜利突围纪念馆在大青山胜利突围七十二年后，在费县大青山下落成，总计占地 200 余亩，由大青山胜利突围纪念馆、纪念广场、纪念碑、纪念亭、抗大碑林、烈士墓区及综合报告厅等部分组成。纪念馆先后被评为“全国青少年教育基地”“山东省爱国主义教育基地”“全国爱国主义教育示范基地”“全国红色旅游经典景区”“山东沂蒙党性教育基地”“山东省文物保护单位”。2014 年 9 月，经党中央、国务院批准为第一批国家级抗战纪念设施，2015 年 11 月，被国防大学命名为传承抗大精神教育基地。国务院原副总理谷牧是大青山突围战斗的亲历者，他在新中国成立后两回大青山，曾经感叹：“北有平型关，南有大青山。”①

大青山位于沂蒙山区腹地，海拔 686.2 米，是蒙阴、费县、沂南三县交界处的最高峰，为沂蒙抗日根据地的中心区，我党政军领导机关、抗大一分校、大众日报社和被服厂、战地医院等后勤组织长时间驻扎在这里。1941 年 11 月，侵华日军调集其第十军团主力和第二十二师团 3 个混成旅团以及伪军 53000 人，由日军侵华总司令畑俊六坐镇临沂督战，日军山东管区司令土桥中将指挥，对我沂蒙抗日根据地发动了“铁壁合围”式的大“扫荡”。②

11 月 30 日凌晨时分，在大青山西北侧担任警戒的抗大一分校五大队一中队在蛤蟆石沟首先发现敌情。面对从北、东、南三面合围上来的日伪军，一分校校长周纯全、政委李培南，训练部长袁也烈、副部长闫捷三研究认为，只有西边尚未发现敌人，决

---

① 张树军主编，鲁戈编著：《中国抗日战争全景录 · 山东卷》，济南：山东人民出版社，2015 年，第 183 页。

② 临沂市社会科学界联合会编著：《口述沂蒙抗战》，济南：山东友谊出版社，2016 年，第 25 页。

定立即向西越过沙河，向洋山（今费县塔山）突围。[①]“危急关头，周纯全下了一个死命令，让第五大队的第二、第三中队抢占李行沟的北岭和南岭，掩护领导机关和抗大一分校突围，不完成任务，谁都不准撤下来。”[②]

抗大一分校、一一五师和省战工会、山东分局、姊妹剧团等2000多名人员，则由梭庄向大青山一带转移，在到达五道沟时与敌遭遇，发生激战。当时一一五师师部大部分人员向大青山东南方向的上下石盆村突围，其他各部机关人员在敌人的尾追下，翻过猫头山，也都涌进了南涝坑。这一时间，抗大一分校、山东党政军机关近六千人全都涌进了这狭窄的南涝坑山坳里，而这些人中有战斗力的人员仅有六百余人，其余的全是非武装人员。而此时，北、东、南三面的敌人越逼越近，随时都有被敌人合围的危险。在这生死存亡的危急时刻，周纯全毅然担起了指挥突围的任务，他迅速组织人员在南涝坑紧急分析敌情、部署突围。担负掩护任务的抗大一分校的勇士们，在各个制高点奋力阻击敌人，他们利用山石作掩护，成功击退了敌人的数次进攻，弹药打尽后，又同敌人展开了白刃战、肉搏战，用他们的鲜血和生命为战友们赢得宝贵的突围时间。

在大青山南麓，蒙山支队、蒙费大队和费东县大队阻击着诸满、薛庄、石岚等据点的来敌。在我方军队勇猛的冲击下，敌军纷纷向两翼溃散，几千人的突围队伍沿着英雄们用鲜血和生命

---

① 《费县读本》委员会编：《费县读本》，济南：山东人民出版社，2015年，第158页。

② 田越英主编：《大抗战·还我河山》，北京：九州出版社，2015年，第89页。

杀开的血路，越过黄草关河，奔向塔山，脱离了险境。

在大青山突围战役中，有不少相爱至深的革命夫妻，其中一对即是国际共产主义战士汉斯·希伯与秋迪·卢森堡。1932年，汉斯·希伯和妻子秋迪在上海发起成立了国际马克思主义学习小组。为了向全世界宣传报道中国八路军在敌后的真实抗战事迹，希伯执意来到山东抗日根据地，深入战事一线进行实地采访。1941年11月下旬，日寇"扫荡"趋于白热化，中共山东分局领导人为保证希伯的安全，决定提前送他返回上海暂避。但他坚决不同意，他说："一个想有所作为的记者，是从来不畏惧枪炮子弹的！"①11月30日，希伯在跟随山东分局进入五道沟时，被子弹击中，倒在了中国的土地上，时年44岁。希伯牺牲后，他的妻子秋迪·卢森堡一直在上海等待丈夫的消息，她等了一年又一年，直到抗战胜利后，她才得知希伯已经永远留在了大青山。之后，秋迪曾经两度来到大青山缅怀她的丈夫。

青山绿水留浩气，苍松翠柏慰英灵。大青山突围战中，危急关头，指挥人员选择了勇于担当；生死面前，最有生的希望的年轻战士们选择了牺牲自己以换来战友的平安。为抵抗外敌的侵略，正值青春年华的陈明、辛锐和甄磊、李林等革命伴侣，却在战火中永别。他们不畏强敌，逆境奋起，舍生忘死，顾全大局的革命英雄主义精神，将被后人永远铭记。

大青山突围战，我方近6000人的庞大队伍，仅靠600人的低劣武装，抗击5000多装备精良的日军。以牺牲300多人、伤500余人的代价，粉碎了侵略者的重兵"清剿"，成功地保卫了山东党

---

① 中共临沂市委党史研究室、沂蒙革命纪念馆、临沂大学沂蒙文化研究院编：《沂蒙抗日英烈传》，济南：山东人民出版社，2015年，第137页。

政军机关。山东省战工会主任黎玉说:“大青山突围战是山东战史上空前壮烈的战斗。”中共山东分局书记朱瑞评价这次战斗是“一场壮烈的拼杀换取了几千人转危为安的空前胜利。这是山东战史上抗大人立下的有独特意义的战功”。①

大青山胜利突围纪念馆以理想信念、鱼水情深为主题,以大青山突围战斗为主线,分为抗日烽火燃遍沂蒙、浴血青山胜利突围、蒙山沂水铭记殊功、军民一心鱼水交融、坚定信念继往开来五个部分,全面展示了山东党政军民在大青山突围中浴血奋战、英勇杀敌的悲壮场景。纪念馆以历史图片和实物为主,辅以景观、油画、雕塑、多媒体等展示手段,突出展现了大青山突围战中英烈人物顾全大局、同仇敌忾、不怕牺牲、敢于胜利的革命英雄主义和爱国主义精神。

2. 孟良崮战役纪念馆

孟良崮战役纪念馆,由纪念馆、烈士陵园、战役遗址区、雕塑园四部分组成。现在的孟良崮战役纪念馆是纪念孟良崮战役胜利60周年(2007年)改造建设的,总建筑面积为3682平方米,纪念馆高度为19.47米,寓意孟良崮战役发生在1947年,整个外形为两个红色的三角形战旗,两面战旗像孟良崮大崮顶山形。该处纪念场所是全国重点革命烈士纪念建筑物保护单位、全国十大红色旅游区、全国爱国主义教育示范基地、全国百家红色旅游经典景区。

孟良崮战役纪念馆由5个展厅组成:门厅、战役厅、支前厅、英烈厅和双拥厅。门厅正面展示着中共中央三代领导集体核心

---

① 《费县读本》委员会编:《费县读本》,济南:山东人民出版社,2015年,第160页。

毛泽东、邓小平、江泽民的题词，以及孟良崮战役大型沙盘。战役厅按照时间先后顺序，完整展现孟良崮战役的经过，以及华东野战军战斗序列表和各参战部队的进攻、阻援情况。支前厅展示着当时沂蒙人民积极组织、踊跃支前的情况。英烈厅展示着部分革命先烈、战斗英雄的光荣事迹。双拥厅主要介绍蒙阴县作为全国拥军优属模范县的革命斗争历史等内容。

纪念馆前面矗立着陈毅元帅、粟裕将军倚马而立的大型花岗石雕塑，雕像整体高度为 7.75 米，其中底座高度为 2.75 米。红色花岗岩底座上镌刻着陈毅元帅的《孟良崮战役》长诗：

> 孟良崮上鬼神嚎，七十四师无地逃。信号飞飞星乱眼，照明处处火如潮。刀丛扑去争山顶，血雨飘来湿战袍。喜见贼师精锐尽，我军个个是英豪。我军个个是英豪，反动王牌哪得逃。暴戾蒋朝嗟命蹇，凄凉美帝怨心劳。华东战局看神变，陕北军机运妙韬。更喜雨来催麦熟，成功日近乐陶陶。

两位将帅的雕像栩栩如生，再现了当年作为战役主要指挥者的光辉形象。纪念馆后面则是烈士墓地，墓地正中为粟裕将军骨灰撒放之处，这是将军生前遗愿。其后是烈士英名塔，塔身上镌刻着在此次战役中壮烈牺牲的 2800 多名革命英雄的名字，墓区内还掩埋着这些烈士的遗骨。

纪念碑碑身高度为 30 米，是由三块状如刺刀的灰色花岗石筑成的，象征着华东野战军、山东地方军和民兵的武装力量体制。纪念碑的底座为边长 20 米、高 1.6 米的正三棱体，组成一个巨大的枪托，象征“枪杆子里面出政权”。纪念馆的红色水泥外墙上镶嵌着194700颗子弹壳,同样寓意着战役发生的年份,诉说当年残酷的激战场面。枪托周围是巨大的红色围墙,象征着高山下的花环。纪念碑的上下部分共同构成一个有机的整体,象征着军民团结必胜,人民战争必胜。

1947年3月,国民党军队开始实行重点进攻的战略计划,将进攻重点定为解放区的东西两翼,即陕甘宁和山东两个解放区。国民党先后调集了24个整编师共60个旅约45万人,向我山东解放区猖狂进攻,由陆军总司令顾祝同在陆军总部徐州指挥部亲自坐镇指挥。其中,用于第一线的兵力为17个师43个旅约20万人,以其精锐整编第11、第74师和第5军为骨干,编成3个兵团,成弧形向鲁中山区推进,妄图消灭我华东野战军,或迫使我山东解放军北渡黄河,以实现他们占领并控制整个山东解放区的目的。

3月下旬至4月上旬,国民党军占领鲁南解放区,接着,从临沂、泗水和大汶口向汤头、蒙阴等地前进。在此期间,华东野战军曾多次定下歼灭国民党军的决心,除了4月下旬在泰安歼灭整编第72师主力,均因其密集靠拢、行动谨慎而未能实现。针对这种情况,中共中央军委指示:敌军密集不好打时,忍耐待机,一不要性急,二不要分兵,将主力集结于机动位置,只要主力在手,总有歼敌机会。华东野战军指挥部遵照上述指示,于5月上旬调整部署,把主力后撤至莱芜、新泰以东地区隐蔽待机。①

国民党军得悉华东野战军主力撤退,随即命令3个兵团向博山、沂水一线迅速前进。担负右翼进攻任务的第1兵团司令

① 《中国人民解放军通鉴》编辑委员会编:《中国人民解放军通鉴(1927—1996)(上)》,兰州:甘肃人民出版社,1997年,第1262页。

官汤恩伯一改过去稳扎稳打的战法，不等第 2、第 3 兵团统一行动，就以整编第 74 师为骨干，在整编第 25、第 83 师的配合下，于 5 月 11 日，自垛庄、桃墟地区进攻坦埠，企图乘机占领沂水至蒙阴公路。另以第 7 军及整编第 48 师北犯沂水，策应整编第 74 师作战，以整编第 65 师担任蒙阴防御。华东野战军指挥员定下决心，集中主力 5 个纵队，以歼灭整编第 74 师于坦埠以南、孟良崮以北山区。经过 13、14 日的猛烈攻击，15 日拂晓攻占垛庄，截断了整编第 74 师的退路，与第 1、第 6、第 8 纵队打通联系，从四面包围整编第 74 师。激战至 16 日 17 时，我军全歼整编第 74 师，击毙师长张灵甫。这场战役在国民党军的主要进攻方向上给其以迎头痛击，歼灭了整编第 74 师等部 3.2 万余人，极大地震惊了国民党军内部，同时坚定了解放区军民的胜利信心，并有力配合了陕北和其他战场的作战。

国民党军军史专家在评述这一战役时说：华东野战军“在我军云集区内”，“竟能大胆集中兵力，围攻我七十四师，此诚一般始料不及，亦造成奇袭之基本原因”。① 此役也是粟裕大将指挥的杰出战役之一，被誉为“百万军中取上将首级”。毛泽东主席曾对粟裕说过：“这场战役中国只有两个人没有想到，一个是蒋介石，另一个就是我毛泽东！”②正如习近平总书记《在庆祝中国人民解放军建军九十周年大会上的讲话》所言：“历史告诉我们，有了民心所向、民意所归、民力所聚，人民军队就能无往而不

---

① 文辉抗、叶健君主编：《开国司令员》，北京：东方出版社，2009 年，第 278 页。

② 杨宪福：《毛泽东领导理论与实践》，济南：山东大学出版社，2017 年，第 261 页。

胜、无敌于天下。”[①]孟良崮战役的胜利，极大彰显了中国共产党领导的伟大力量，人民军队铭记党对军队的绝对领导是永远不变的军魂，牢记“兵民是胜利之本”，万众一心，紧紧依靠广大人民群众，最终取得了伟大胜利。

四、重大事件纪念馆

这类革命纪念馆，主要征集、收藏、展示发生在沂蒙大地上的我党我军历史上具有重大意义的事件相关的文物资料、图片、音像、口述回忆录等，比如新四军军部旧址暨华东军区华东野战军诞生地纪念馆、山东省政府暨八路军一一五师司令部旧址等。

1. 山东省政府暨八路军一一五师司令部旧址

八路军一一五师司令部旧址，位于山东省莒南县大店镇，总面积46000平方米，建筑面积12000平方米。解放战争结束后，八路军一一五师司令部旧址被一直保留至今。1996年11月，该旧址被国务院公布为第四批全国重点文物保护单位，2005年11月，被中宣部公布为全国爱国主义教育示范基地，2009年8月，被中华全国妇女联合会评为全国妇女爱国主义教育基地，2015年8月，被列入第二批国家级抗战纪念设施、遗址名录，2020年12月，入选山东省第一批不可移动革命文物名录。迄今为止共有200多个单位在此挂牌设立教育基地。

该纪念馆主体建筑包括山东省政府会议室、一一五师作战指挥部陈列室、黎玉办公起居室、罗荣桓办公起居室等。八路军一一五师司令部纪念馆馆名，由曾任中央军委副主席、国防部部

---

① 习近平：《论中国共产党历史》，北京：中央文献出版社，2021年，第172页。

长的迟浩田将军亲自题写。馆内主要有六部分:红军改编八路军,出师华北、首战平型关,挺进山东、连战连捷,冲破拂晓前的黑暗,实行一元化领导、加强根据地建设,开展战略反攻、夺取抗战胜利。

1937 年 7 月 7 日,抗日战争爆发,中国共产党从国家和民族的大局利益出发,按照党的洛川会议决定与国民党达成协议,建立了国共抗日民族统一战线,将中国工农红军主力部队编为国民革命军第八路军。八路军共编制三个师,即一一五师、一二〇师和一二九师,按照毛泽东主席安排,转入游击战中,积极创建抗日根据地,积蓄、发展革命力量。其中,一一五师主力在罗荣桓带领下东进山东,建立了广大的山东根据地。1941 年 3 月至 1945 年 9 月,在八路军一一五师驻扎在莒南 4 年多的时间里,部队人数从 1.5 万人发展到 27 万人。

八年抗战期间,山东党政军首脑机关领导山东军民作战 2.6 万次,消灭敌人 50 余万人。其中,一一五师司令部和山东党政机关在莒南达 4 年之久。一一五师,这支骁勇善战的人民军队,以一系列的赫赫战功,塑造起一座座不朽的历史丰碑,为取得抗日战争的最终胜利作出了巨大贡献。老一辈革命家刘少奇、陈毅、罗荣桓、黎玉、朱瑞、谷牧、肖华等都曾在这里生活、工作、战斗过。莒南县,一度成为山东党政军的指挥中心,以山东“小延安”著称。原一一五师政治部主任肖华曾言:“在革命战争年代,莒南人民对我们支援很大,我们在莒南住过 4 年,山东军区、山东分局、山东省战工会、山东省参议会在抗战后期都驻在莒南县,莒南县是全省政治、军事指挥中心,是山东解放区的首府。我们很多决策性的会议都是在莒南县召开的,在莒南县的重大活动很多很多。莒南县还是山东和新四军联系的地方。莒南县在抗日战争的地位是不同一般的。大反攻是在莒南县指挥的，挺进东北也是从莒南县走的……"①

2. 新四军军部旧址暨华东军区华东野战军诞生地纪念馆

该旧址位于临沂市河东区九曲街道前河湾村，是新四军历史上最后一个军部驻地，是华东军区、华东野战军诞生地。该旧址原来是地主丁西月家的两个四合大院，1946 年 6 月至 1947 年 2 月，新四军军部在此驻扎 8 个多月，陈毅同夫人张茜、粟裕、张云逸等老一辈无产阶级革命家在此运筹帷幄，指挥了著名的宿北战役、鲁南战役、临沂南线阻击战，镇压了叛匪郝鹏举，制定了莱芜战役的作战计划，形成了孟良崮战役的作战思路。1947 年 1 月下旬，华东野战军前委扩大会议在此召开。

陈毅在会上作了《一面打仗，一面建设》的重要报告，号召全军加强军队内部及军政、军民团结，牢固树立整体观念，统一意志，统一行动，统一组织，统一制度。同时强调了加强党的领导，加强政治思想工作，实行以战养战，学习新知识、新技术，使全军能够掌握各种新武器，能够进行更为复杂、更大规模的会战等。②

为加强集中统一指挥，华东解放区主动调整党政领导机构，华东全军进行统一整编：中共华中分局并入华东局；新四军、山东军区、华中军区番号撤销，组成华东军区；华中野战军和山东

---

① 山东省政协文史资料委员会编：《山东重点文物保护纪实》，济南：泰山出版社，1999 年，第 231 页。

② 河东区政协文史资料委员会编：《河东文史（第一辑）》，1999 年，第 126 页。

野战军合并,组成华东野战军,建立中共华东野战军前线委员会。[①] 至此,新四军完成了其光荣的历史使命。

整编期间,华东野战军还在此召开领导干部会议,华东军区政委饶漱石在会上传达了毛泽东主席和中央对时局的重要指示,指出全党全军今后的任务在于准备和迎接民主高潮。华东野战军是山东、华中部队的汇合,是全解放区最大最集中的地方,是解放区爱国自卫战争的主要战场之一,又是美蒋集中大军进攻的主攻方向,山东地区已经成为中国人民与美蒋恶势力的决战场所之一。[②]

为更好保护利用该革命旧址,临沂市委市政府、河东区委区政府秉持对历史、对子孙后代高度负责的态度,对旧址进行了全面保护修复,并将其开辟为面向公众开放的革命纪念馆。2004 年,该旧址被确定为沂蒙精神教育基地和省级爱国主义教育基地,成为临沂市红色旅游专线的重要景点之一。2005 年 11 月,被列为省级重点文物保护单位,并被临沂市列为创建国家历史文化名城的七大重点项目之一。2006 年,修复建设的新四军军部纪念馆恢复了陈毅办公室、军部办公室等场景,开设了新四军历史沿革、五大战役、整编合编、军民鱼水四个专题展室。[③]

---

① 河东区政协文史资料委员会编:《河东文史(第一辑)》,1999 年,第 125 页。

② 河东区政协文史资料委员会编:《河东文史(第一辑)》,1999 年,第 125-126 页。

③ 张书畅、李健:《河东文物古迹》,济南:济南出版社,2018 年,第 284 页。

第二节　以个体、行业及社会组织为主的保护模式

党的十八大以来，特别是习近平总书记视察山东临沂以来，临沂市行业、集体、个人收藏类革命纪念馆发展迅速，这无疑说明沂蒙老区社会各界对弘扬沂蒙精神、传承红色基因的正确认识和高度重视。作为一种富有活力、新兴的革命纪念类场馆，它们在很大程度上弥补了党委政府建设的革命纪念馆收藏保护革命文物能力不足、范围不广、专业不够的问题。这类革命纪念博物馆的投资、运营、管理由各自建设单位负责，与行业教育、科学研究、文化旅游联系更密切，管理方式灵活，规模相对较小，馆藏文物数量小、单一，主要为本行业、区域的重要革命事件、代表人物、重要资料等，全市有 340 余处。

一、行业革命纪念馆

行业革命纪念馆，主要通过收藏、研究、展示本行业的革命文物、资料等，展示本行业在革命战争年代和建设时期发挥的重要作用、重要事件、重要人物，对本行业作出的突出贡献及本行业的教育启示作用。这类纪念馆对本行业革命史的研究更全面、更专业，相关文物收藏也更集中、更系统，而且一般占地面积相对较小、投资规模不大，多数是由本系统投资，在管理上形式灵活。

1. 沂蒙红色文化展馆

该馆由临沂市文广新局组织专家搜集、挖掘、整理、研究，并策划投资建设，占地 1200 平方米，由临沂市博物馆负责管理。展馆由序厅，红色文化、光辉历程，文化团体、时代强音，文艺创

作、革命华章，文化名人、革命尖兵，革命旧址、血火丰碑，红色文化、薪火相传以及多媒体展示厅等八个部分组成，共有320余幅图片，200余件/套实物。展馆通过图片、文字、音像实物等档案材料，在全省第一个以“文化的力量”为主题，从文化的角度梳理出由革命战争年代开始直至新中国成立后，文化对当今所产生的影响，以及文化在民族解放、抗战胜利还有新中国诞生中所起到的巨大作用。该展陈项目成功入选第二届山东省文化创新奖，以及第三届(2015年度)山东省博物馆十大精品陈列展览。

序厅是以“文化的力量”为主题的大型雕塑，生动传神的手法再现了革命战争年代一手拿枪一手拿笔的文艺战士，在沂蒙地区开展革命宣传的场景。展览详实地记录了中国共产党对沂蒙红色文化工作的领导和沂蒙革命根据地的诞生，以及一大批重大文化活动、文化事件和文化作品在这里产生的情况，还包括新中国成立后特别是改革开放以来，沂蒙红色文化的传承与创新。

(1)文艺剧团

沂蒙老区是较早接受新思想的地区之一。抗日战争爆发后，沂蒙抗日根据地不断发展壮大，随着党政军群各级组织的先后成立，一大批优秀的文艺工作者随之来到这片革命的沃土。相应地，他们组织建立起各类文化机构，创作出许多流传至今的文学艺术作品，并积极主动走入沂蒙群众当中，宣传党的方针政策，传播全民抗日救国的道理，促进了沂蒙红色文化的蓬勃发展。

这些文艺工作者坚持“从群众中来，到群众中去”的群众路线，努力践行文艺必须为工农兵服务、为无产阶级的政治服务这一原则，让革命文艺真正与广大工农兵群众相结合，让文艺成为激励人民、发动大众的强有力武器。在沂蒙解放区，一支支新的文艺团体相继成立、发展、壮大起来，与广大民众一起发出了支持抗战、夺取抗战胜利的最强音。(表13)许多抗战文艺团体建立后,立即开赴抗战第一线。抗大一分校文工团、一一五师战士剧社(广州战士话剧社的前身)、省实验京剧团等很多主流艺术团体都是在沂蒙地区成立的。

表13 沂蒙根据地主要文艺团体统计

序号	名称	成立时间	地点或驻地	负责人
1	山东战地服务团	1938年10月	沂南县	李薇冬
2	八路军一一五师战士剧社,抱犊崮剧社	1941年	抱犊崮山区	王化南
3	抗大第一分校文工团	1940年1月	沂南县	袁成隆
4	山东纵队鲁迅艺术宣传大队	1940年元旦	沂水县	王绍洛
5	八路军一一五师文艺习作会	1940年6月	兰陵县	康矛召、那沙
6	山东文化俱乐部	1942年	平邑县	于寄愚
7	鲁南剧社(鲁中南文工团)	1943年春	兰陵县	王化南
8	山东省文化工作团	1943年春	莒南县	李永淮
9	山东省实验京剧团	1945年10月	临沭县	朱星南、李纶
10	滨海军分区宣传队	1945年8月	临沭县	王瑜
11	山东省人民剧团	1946年6月	临沂城	贾霁
12	华东军政大学文工团	1946年11月	莒南县	沈之瑜
13	鲁中南歌剧团	1948年8月	沂水县	赵光
14	山东姊妹剧团	1941年3月	临沂城	辛锐

秉持“以人民为中心”的文艺工作者创作了《沂蒙山小调》《跟着共产党走》《山东纵队之歌》等著名歌曲，各剧团纷纷推出贴近民众、表现民众、引导民众的精彩文艺演出，通过各种群众喜闻乐见的文艺演出，教育、感化了沂蒙山区的老百姓。在正规剧团的引导推动下，农村剧团、宣传队、秧歌队等农村文艺组织形式，在沂蒙抗日根据地广泛开展起来，形成了村村有歌声的繁荣局面。据统计，1944 年，仅莒南县农村剧团就多达 110 个，参演人员有 3000 多人，排演节目达到 2000 多个，服务观众达 10 万余人。①

农村剧团的演员，绝大多数为农村中比较活跃的青年男女，有的农村剧团女多于男，有的则男多于女。从成员的成分来看，翻身后上升的中农成分最多，贫农次之，学生、富农、商人、地主又次之。在文化程度上，多数成员为小学程度，少数是初中程度，文盲也是少数。从戏剧形式而言，熟悉话剧、小调、歌剧、秧歌剧的成员最多。农村剧团因战争和形势关系，具有非常大的流动性，农村剧团运动与革命战争形势是密切一致的。1944 年初，在普遍学习毛泽东的《在延安文艺座谈会上的讲话》后，农村剧团的精神面貌和思想面貌为之一新。随着群众参军高潮的到来，农村剧团运动同样掀起空前的演出高潮。他们广泛利用打花棍、跑旱船、踩高跷、打花鼓等“旧瓶”来装“新酒”，为抗日战争、解放战争服务，为增强战斗力与凝聚力而演出，为新的生活摇旗呐喊。②

---

① 山东省沂蒙文化研究会编：《沂蒙文化研究（第一辑）》，济南：山东人民出版社，2015 年，第 317–318 页。

② 谭源材主编：《山东艺术发展研究》，北京：中国广播电视出版社，1992 年，第 189 页。

(2)新闻报纸

沂蒙根据地各级党政机关因战时需要,相继创办了众多报纸,出版了大量刊物,成立了新华社山东分社、山东省新华书店等机构。(表14)这些公共媒介与组织都在宣传、鼓励、引导沂蒙民众团结抗战事业中发挥了重要的舆论作用。一大批新闻出版工作者,以顽强、无畏的精神克服了极其险恶的环境和艰苦的条件,深入一线进行创作,推出一大批革命作品,在我国报刊史、新闻史、统战史、文化史乃至中国近现代史上,都写下了浓墨重彩的一笔。

1939年1月1日,在沂水县王庄村①创刊的《大众日报》,是中共中央山东分局向全省人民公开发行的第一张党报。在战争年代,大众日报社共有530余名干部、职工在工作和战斗中英勇捐躯,这在中国报业史上乃至世界报业史上都是极为罕见的。②当时的新华社山东分社,以《大众日报》社通讯部为基础在沂水成立,后改为新华社华东总分社。1943年7月,《山东画报》社在莒南县大店镇何家店村成立。1944年7月6日,山东省新华书店在莒南县后净埠子村成立。

表14　沂蒙根据地主要新闻出版单位一览

序号	名称	创办时间	创办地点	负责人
1	《大众日报》	1939年1月1日	沂水县王庄村	刘导生
2	《时事通讯报》《鲁南时报》	1939年9月	费南县天宝山油篓村	林乎加

① 当时中共中央山东分局、八路军山东纵队指挥部驻地。

② 黄晓霞、申红梅:《抗战烽火中的红色号角——〈大众日报〉创刊号解读》,《山东档案》,2012年第4期,第71页。

（续表）

序号	名称	创办时间	创办地点	负责人
3	《新群众报》	1940 年 4 月	邳县冯家村	周南
4	《新山东报》	1940 年 4 月	沂南县匣石村	杨希文
5	《战士报》	1939 年	沂南县天水栈村	白刃
6	《滨海时报》	1940 年 10 月	滨海区	李均
7	《抱犊崮报》《前进报》	1940 年 11 月	抱犊崮山区	郭仲选、刘天华
8	《前卫报》	1940 年 11 月	沂南县孙祖村	刘宗卓
9	《反扫荡报》《沂蒙导报》	1941 年 12 月	沂南县孙家疙瘩村	姜丕之
10	《鲁中日报》《鲁中大众》	1943 年 4 月	沂南县岸堤区王山村	王中
11	《民兵报》	1943 年 5 月	滨海军区驻地	白刃
12	《滨海农村》	1945 年 6 月	莒南县	赖可可
13	《华东前线》	1947 年 2 月	华东野战军驻地	赵易亚
14	《鲁中南报》	1948 年 9 月	沂水县古城村	于寄愚
15	新华社山东分社华东总分社	1941 年 7 月	临沭县古城村	李竹如
16	《大众》	1938 年 9 月	沂水县	孙陶林
17	《中国青年（山东版）》	1942 年春	鲁南	钟勋培
18	《山东民主导报》	1942 年 3 月	沂南县	薛暮桥

（续表）

序号	名称	创办时间	创办地点	负责人
19	《山东战邮》	1942 年 4 月	莒南县洙边	赵志刚
20	《斗争生活》《斗争》	1945 年 10 月	莒南县	王力
21	《山东文化》	1943 年 3 月	莒南县	燕遇明
22	《山东画报》	1943 年 7 月	莒南县何家店村	康矛召
23	《农村生活》	1943 年 8 月	临沂	山东省文协创办
24	《滨海农村》	1943 年 4 月	莒南县	李建明
25	《山东医务杂志》	1944 年 1 月	鲁南	白备五
26	《戏剧》	1945 年 1 月	鲁南	赖可可、辛纯
27	《新华文摘》	1945 年 11 月	临沂	周保昌
28	《山东教育》	1945 年 12 月	临沂	杨希文、孙陶林
29	《文化翻身》《群众文化》	1946 年 12 月 1 日	临沂县独树头村	王照华、王若望
30	山东文化出版社，大众印刷馆	1940 年 4 月	沂南县孙祖村	刘导生
31	滨海书局	1942 年春	莒南县十字路镇	潘寿卿
32	山东省新华书店	1944 年 7 月 6 日	莒南县后净埠子村	刘力子

（3）学校教育

为加强根据地建设，各级党政机关先后设立党校、干校、军校、艺校、平民学校等，对提高党政军干部素质和人民群众的文化水平、思想觉悟发挥了巨大的作用，这些学校成为培养人才、锻炼队伍的革命熔炉。当时在沂蒙抗日根据地创建的干部学校主要包括山东抗日军政干部学校、山东鲁迅艺术学校、抗大第一分校、华东军事政治大学等。老一辈革命家徐向前、罗荣桓、朱瑞、黎玉、郭洪涛等都曾在山东抗日军政干部学校指导革命工作、组织开展抗日战争。1938年10月，中共苏鲁豫皖边区省委党校在沂南县成立，后改为中共中央山东分局党校、中共中央山东分局高级党校、中共中央第四中级党校，是中共山东省委党校的前身。①

1939年11月，在校长周纯全的率领下，抗大一分校3000余人，从晋东南抵达沂蒙。抗大一分校在敌后办学7年，在沂蒙革命根据地就是6年。抗大一分校是抗大分校中历时最长，规模最大，参加战斗最多，办学成绩最显著，培养干部最多的一所分校。她为我党我军培养了24000多名优秀的军事、政治干部，对抗日战争、解放战争的胜利和新中国的诞生，作出了重大贡献。在极端艰苦的条件下，沂蒙根据地还建立了中学、小学，使群众接受正规的学校教育，当时的滨海中学就是现在临沂大学的前身。为播撒红色种子，培养革命事业的接班人，民主政府迅速在沂蒙根据地成立抗日小学。抗日小学的主要任务是：刻苦学习文化；搞好军训，为长大参军参战奠定基础；配合妇女救国会站岗放哨，严防汉奸特务混入根据地搞破坏；组成歌咏队大唱抗日歌曲，唤起民众，奋起抗战。山东大学也曾在这里办学。

沂蒙抗日根据地对农民教育特别重视，办学形式因时因地因人制宜，根据季节农闲情况，组织农民成立利用冬季闲暇时间进行文化和政治学习的“冬学”，和把农民学员的教室搬到田间地头

① 《具有70年光辉历程的中共山东省委党校》，《理论学刊》，2008年第12期，第129页。

的“庄户学”。“识字班”,是冬学运动中沂蒙根据地群众学习文化的又一种形式。在沂蒙根据地,许多村庄在党的领导下,办起了识字班夜校。男青年上了前线,经常参加学习的大多是女青年,久而久之,在沂蒙山区“识字班”就成了年轻姑娘的代名词。直到今天,沂蒙地区仍然称女青年为“识字班”。沂蒙地区的很多妇女就是通过上识字班走上了识字明理、支援前线的道路。

(4)文学小说

沂蒙革命根据地的广大文艺工作者,认真贯彻执行党中央的文艺政策。来自不同创作背景和怀揣不同兴趣追求的文艺工作者们,在全民团结抗战的旗帜下集结起来,他们冒着敌人凶猛的炮火,勇敢走上战场和街头,创作了大量响应时代号召的诗歌、小说、报告文学、绘画、戏剧、摄影等优秀作品(表15)。他们以诗词为檄文,以歌曲为号角,以小说为武器,将文学艺术与现实革命战争紧密结合起来,努力为伟大的民族战争服务。

刘知侠创作的中篇小说《铁道队》,是著名长篇小说《铁道游击队》的雏形。报告文学的作者多是新闻工作者。在抗日战争和解放战争时期,沂蒙抗日根据地涌现出大批战斗英雄和支前、劳动模范等先模人物,文艺工作者们以他们的动人事迹为素材,撰写了《南北岱崮保卫战》《我们的司令员罗荣桓同志》《飞兵在沂蒙山上》等大量的报告文学作品,发挥了很好的鼓舞作用。

沂蒙革命根据地大批文化名人,他们创作的各类文艺作品,既是宣传、教育、鼓舞广大人民的思想武器,也是反映真实革命历史的宝贵资料。他们肩负着民族解放的使命,为抗战的胜利注入强大文化力量,他们在战斗中表现出的不畏强敌、信念坚定的爱国主义精神和民族精神,彪炳千秋、永载史册。他们有的甚至为民族解放事业献出了年轻的生命。

表 15　沂蒙根据地主要文艺创作统计

序号	艺术门类	作者	作品名称
1	小说	那沙	《一个空白村的变化》
2		刘知侠	《罢免》《铁道队》
3		陶钝	《传家宝》
4		王希坚	《地覆天翻记》
5		洪林	《李秀兰》《一支运粮队》
6		王若望	《吕站长》
7		牛玉华	《新夫妇》
8		张伟强	《尼姑庵的春天》
9	报告文学	于冠西	《南北岱崮保卫战》 《战斗英雄何万祥》
10		康矛召	《我们的司令员罗荣桓同志》
11		白刃	《坚持沂蒙山区》 《八十勇士对一千五百兽兵》
12		丁九	《南岩保卫战》《沂蒙人民和八路军》
13		宋英	《模范劳动者郑信》
14		文菲	《鲁南子弟兵》
15		徐刚	《攻克蒙阴城》
16		尚力科	《民兵英雄臧西山》
17		李普	《陈毅将军印象记》
18		韩希梁	《飞兵在沂蒙山上》
19		徐刚	《鲁南战役》
20		徐光	《孟良崮战役》
21		蒋元椿	《沂蒙山》

（续表）

序号	艺术门类	作者	作品名称
22	诗歌	灼夫	《大嫂子劝郎打东洋》
23		王希坚	《不平歌》
24		苗得雨	《旱苗得雨》
25		陈毅	《悼罗炳辉将军》
26		朴民	《大苑庄上一齐忙》
27	戏剧	王汝俊	《铁牛与病鸭》
28		贾霁、李夏	《过关》
29		那沙	《“圣战”的恩惠》
30		留波	《一家人》
31		丁铸铁	《万仙会》
32		马少波	《闯王进京》
33		艾芬	《立了功劳再回家》
34		牟革、林一	《支援前线》
35		姜立田	《新年乐》
36		云峰	《功上加功》
37	美术	任迁乔	《翻身》
38	摄影	苏静	《一一五师挺进抗日前线》
39		杨玲	《沂蒙妇女给八路军洗军衣》
40	红色歌曲	王久鸣、沙洪	《跟着共产党走》
41		阮若珊、李林	《沂蒙山小调》
42	民歌民谣	人民群众	《今晚队伍住俺庄》《劳军忙》《扛起锄头背起枪》《怕死不当抗日军》

新中国成立后，中国人民翻身做了国家的主人，经济、政治、

文化等各项事业迅猛发展。特别是改革开放以来,党和国家更加重视文化工作,在各级党委的领导下,广大文艺工作者深入挖掘、整理、研究深厚的沂蒙红色文化资源,创作出大量有影响力的歌曲、舞蹈、戏剧、电影、电视剧等文艺作品,出版了一大批沂蒙红色文化研究专著,沂蒙红色文化得到进一步的传承和光大。讴歌时代,诠释抗战中感人至深的英雄事迹成为文艺家们创作的发展方向,电影《沂蒙六姐妹》《红云岗》《红日》《高山下的花环》、电视剧《沂蒙》等,都是新中国成立后涌现出的优秀红色文艺作品。

沂蒙人民大力发扬革命战争年代的光荣传统和优良作风,整山治水,改造自然,使老区面貌焕然一新。为此,毛泽东主席亲笔在中共莒南县委《山东省莒南县厉家寨大山农业社千方百计争取农业丰收再丰收》的报告上,作了"愚公移山,改造中国,厉家寨是一个好例"①的批示。沂蒙精神是临沂的城市精神,多年来,市委市政府对弘扬沂蒙精神活动高度重视,全市人民始终坚持不懈地开展宣传和弘扬沂蒙精神活动。

沂蒙红色文化展馆,是进入新时代以来,临沂市从文化视角探究全省红色文化尤其是沂蒙红色文化的产生、发展历程,以及红色革命文化对于党领导人民取得革命战争胜利果实的巨大推动作用。基于地方性视角的沂蒙红色文化研究与革命场馆展陈,能够更好地宣传、发扬党政军同人民群众血浓于水的亲密联系,激励人们自发地爱党、爱国、爱社会主义,增强文化自信。

2. 沂蒙红色金融纪念馆

沂蒙红色金融纪念馆,位于沂南县马牧池乡的常山庄,是为

---

① 王东溟主编:《开国领袖毛泽东与山东》,济南:山东人民出版社,2009年,第360页。

保护北海银行红色金融遗址，挖掘沂蒙红色金融文化，由临沂市商业银行与沂南县联合建设的纪念馆，设有“红色金融，勇担使命”“抗日烽火起，北海总行兴”“打赢货币战，抗战根基稳”“金融职能强，事业大发展”“峥嵘岁月稠，沂蒙百姓亲”“走向胜利，铸就辉煌”六个展室。它们分别从红色金融传统与金融机构、货币斗争与贸易斗争以及奠基中国人民银行等方面，全面系统阐释了以北海银行为主要载体的革命金融体系为山东革命根据地夺取战争的全面胜利和新中国金融事业开创所作出的巨大贡献。

沂蒙红色金融的产生，是山东革命根据地军事斗争、政治斗争和经济斗争的必然要求，是在党的领导下，因应中国革命之运而生，且在革命历史进程中不断发展壮大。一方面，革命战争的需要催生了红色金融；另一方面，红色金融的发展壮大有力地支持了革命战争。北海银行是沂蒙红色金融的主要载体和杰出代表，沂南县是北海银行总行诞生地。在残酷的革命战争年代北海银行在山东党政机关的领导和八路军支持下，紧紧依靠人民群众，从无到有，从小到大，从弱到强，顺利完成了发行北海币的任务，赢得了对敌货币斗争的胜利，为抗日战争和解放战争的胜利作出了不可磨灭的重要贡献，书写了中华民族金融史上的壮丽篇章，成为中国人民银行三大奠基行之一。沂蒙红色金融纪念馆通过对战争年代红色金融的介绍，展现了革命战争年代老一辈金融人用忠诚、奋斗、智慧和牺牲凝聚成的红色金融精神。

3. 沂蒙水利建设展览馆（沂蒙水文化博物馆）

该馆为2018年山东省委安排的重大项目，由临沂市党性教育基地与临沂市经济开发区党工委共同打造，展览馆总投资6000多万元，布展面积3500平方米。该馆展陈以时间为轴线，用大量翔实的资料、图片、实物及3D、VR等技术，全景式展示了沂蒙水利建设的壮丽画卷和辉煌成就。展览共分为“琅琊水韵、东夷文脉”“千年水患、世代抗争”“重整河山、为民造福”“驯山驭水、泽被苍生”“水润沂蒙、美好家园”五部分，重点突出导沭整沂、千库万塘、农田水利、大水城建设等重大事件，被评为第四批国家水情教育基地、沂蒙党性教育基地。中央电视台纪录片《沂沭安澜》，称导沭整沂工程为新中国第一项大型水利工程。

经连云港市和东海、赣榆境内入海的沭河等众多河流，是淮河流域的泄洪走廊。沭河上游系山岭地带，河床落差大，水流湍急；下游地势平坦，河床逐渐淤高，泄水缓慢，成为发生洪涝灾害最频繁的重灾区。水害不治，民无宁日。1948年冬，淮海战役尚未结束，中共鲁中南区党委和行政公署便做出决定，拨出60万公斤小米，以工代赈，实施导沭工程。1949年2月，山东省人民政府批准了《导沭经沙入海工程全部计划初稿》，决定沂、沭河的治理原则为“苏鲁两省统筹兼顾，治泗必先治沂，治沂必先治沭”①。3月，山东省导沭委员会成立。为保证工程顺利实施，中共鲁中南六地委做出《关于导沭入海的工作决定》，对干部和工作人员调配作了具体安排。导沭工程的组织是准军事化组织体系，这是从战争时期支前民工和民兵组织承袭而来的，这种组织形式对顺利完成导沭工程任务起到了重要的保证作用。

1949年4月21日，导沭整沂工程正式开工，刚刚用独轮车推出胜利的淮海战役的沂蒙老区人民，再一次开始了整山治河的新一轮“战役”，拉开沂蒙人民在和平年代战天斗地的序幕。

---

① 潘小平、余同友、李云、许含章：《一条大河波浪宽：1949—2019中国治淮全纪实》，合肥：安徽教育出版社，2019年，第74页。

十万治水大军聚集于此，一场前无古人的水利工程正式开始。1951 年 3 月，第五期导沭工程开工的时候，正赶上抗美援朝战争开始。著名画家徐悲鸿到工地写生并为《沂沭快报》题词："志愿军在朝鲜消灭猛兽，你们在这里消灭洪水，洪水猛兽危害人类是一样的，古人常相提并论。"①历时 5 年②奋战，先后动员临沂、沂水、泰安、滕县、胶州、徐州 6 个专区 37 个县(市)民工 114 万人次、技术工人 4500 余人参加施工，共完成土石方 4827 万立方米(其中石方 315 万立方米)，筑堤 800 余公里，挖河 85 公里，并完成沭河拦河坝、溢流堰、穿沭涵洞等各种建筑物 53 座，开支经费 4500 万元(1.5 亿公斤小米折价)。③ 在技术条件极为简陋、几乎没有动力机械的情况下，百万民工只依靠铁锤、铁钎、铁锨、扁担、炸药和小推车，肩扛人抬，开山劈石，聚水束河，硬生生地劈开了马陵山和嶂山，地图上出现了"新沂河""新沭河"两条新河。曾经肆虐苏北鲁南地区近千年的沂沭两河洪涝灾害得以根治。

工程的胜利竣工，充分显示了中国共产党领导下的人民群众有着战胜任何困难的巨大能力，充分体现了人民政府为人民的执政理念，最大限度地凝聚了民心，使当时的人民群众对建设新中国充满了信心和希望，展现和平年代沂蒙精神的深刻内涵。

在展馆"重整河山、为民造福""驯山驭水、泽被苍生"部分，

---

① 中共连云港市委党史工作办公室：《中国共产党连云港市地方史 · 第二卷(1949—1978)》，北京：中共党史出版社，2008 年，第 207 页。

② 导沭整沂工程，自 1949 年 4 月 21 日动工，到 1953 年 12 月 7 日完工，共分 10 期导沭、3 期整沂施工。

③ 山东省地方史志编纂委员会编：《山东省志 · 水利志》，济南：山东人民出版社，1993 年，第 204 页。

重点反映了岸堤水库工地上孟良崮钢铁姑娘队，费县许家崖水库工地上的费县女子打夯连，以刘嘉坤为代表的村两委班子带领全村党员群众架电、修路、引水、栽果树，艰苦创业的九间棚的“九柱擎天”等优秀团体。

岸堤水库是山东省第二大水库，临沂市第一座大Ⅱ型水库，是一座以防洪、灌溉为主的大型水利工程，控制流域面积1690平方公里，1959年11月开工兴建，1960年4月竣工蓄水。许家崖水库为大Ⅱ型山区水库，控制流域面积580平方公里，1959年开工建设，1960年竣工蓄水。新中国成立之初，在临沂市新建水利设施，改变十年九旱、靠天吃饭的自然环境中，沂蒙人民继续发扬顾全大局、无私奉献的精神，把60余万亩优质粮田让出来修水库，45万移民搬离世代居住的家园。

驯山驭水的厉家寨广大党员群众，以“一把镢头一张锨，敢叫荒山秃岭换新颜”的豪情壮志，自力更生，艰苦奋斗，整山治水，大力发展农业生产，实现了粮食的丰收再丰收，改变了一穷二白的面貌。1957年10月9日，毛泽东主席欣然亲笔批示：“愚公移山，改造中国，厉家寨是一个好例”，创造了“改造山，山低头；改造河，河变样；改造地，地增产”的厉家寨传奇故事。

1997年，临沂市在城区沂河干流上建成了小埠东橡胶坝，拦蓄起2830万立方米的沂河水。小埠东橡胶坝建成之后，临沂市委市政府开始了“大水城”建设的构想，开启了“以河为轴、两岸开发、北上东进、南优西连、组团发展”的城市发展格局。在“大水城”建设构想下，以水环境优美、水安全高效、水资源可持续利用为目标，科学规划、统筹发展，逐步形成了“八水灵秀润沂城，水桥岸滩入画中，堤路廊景生态美，北国江南绿映红”的大水城特色。

二、英雄模范人物纪念馆

这类纪念馆主要是为纪念有卓越贡献的人物而建立的，用声光电、图片、文字、实物等来展现沂蒙英模人物的精神，怀念那些为了民族独立、人民解放作出贡献的仁人志士和革命先烈，怀念那些为新中国建设发展献出生命的一切英雄模范和先进人物。这些纪念场馆的投资建设形式不一，管理方式不一，以宣传教育最大化为目的。

1. 赵镈纪念馆

赵镈，原名赵宋杰，陕西府谷人，1906 年出生，1926 年加入中国共产党，并受党的派遣到广州黄埔军校学习，担任连队地下党支部书记。1927 年国民大革命失败后，被党中央派到北平、天津一带从事地下工作，其间曾两次被捕，坐牢七年。在狱中，他担任党支部委员和学习委员会委员，与薄一波、杨献珍等团结在一起，组织带领全体“政治犯”，与敌人进行了有勇有谋的长期斗争。1936 年西安事变后，经党组织营救出狱。[①] 1937 年，任津南特委书记，恢复和发展了津南各地党组织，打开了津南一带抗日的局面。1940 年 3 月，调任鲁南区党委书记兼鲁南军区政委、党校校长。他坚决贯彻党中央关于建立抗日民主根据地的指示，与八路军一一五师紧密配合，在全区建立党的各级领导机构和地方武装领导机构，成立“鲁南各界人民抗日救国会”和地方武装，建立了三个军分区和一个军区，壮大了抗日队伍。按照

---

① 中国博物馆协会纪念馆专业委员会编:《中国纪念馆珍贵文物故事》，北京:中共党史出版社，2018 年，第 436 页;樊琦等编著:《赵镈 符竹庭 王麓水》，北京:中共党史出版社，2005 年，第 3 页。

“三三制”原则，他领导建立了十四个县、三个行政专署的抗日民主政权，从而使鲁南根据地得到巩固和发展，为日后斗争的胜利和鲁南的最终解放打下可靠基础。①

1941年10月27日凌晨，由于叛徒泄密，国民党第683团突袭我鲁南区党委驻地银厂村。敌军千余人，火力猛烈，我方仅有的警卫连三个班英勇阻击，掩护机关人员突围。赵镈原本已冲出敌人的包围，但发现鲁南地区共产党员名单等绝密文件没有带出，便毅然返回住处销毁机密文件。当他烧完文件再突围时已来不及，不幸被捕。在狱中，赵镈被叛徒出卖暴露身份，敌军如获至宝，对他设宴劝降，诱以高官厚禄、金钱美女，但都遭到严正拒绝，后又施以各种酷刑，以死相威胁，赵镈大义凛然，至死不屈。

1941年11月19日夜，国民党第683团的一个连押着遍体鳞伤的赵镈来到边联县（今兰陵县）银厂村北九女山下。临刑前，赵镈对押解的国民党士兵发表了义正词严的演说：“现在抗战进入相持阶段，日寇已深感人力、物力、财力不足，不得不推行‘以华制华，以战养战’的政策。只要我们坚持抗战，坚持统一战线，渡过暂时困难，最后的胜利一定是中国人民的。……人总是要死的。我从入党那天起，就做好了准备，为人类的解放和壮丽的共产主义事业，随时准备牺牲自己的生命。如今，大敌当前，日寇还占领着我们的国土，蹂躏着我们的同胞，我没有死在抗日的战场上，却死在反共卖国的中国人手里，这使我终身遗恨。请记住，中国人民是杀不绝的。死了我一个，会有千千万万

---

① 中国人民政治协商会议山东省委员会文史资料研究委员会编：《文史资料选辑（第八辑）》，济南：山东人民出版社，1985年，第24页。

的人起来。抗战一定要胜利,共产主义一定要实现!"[①]同时遇难的还有当地群众领袖、边联县农救会长杨青法等20余人,这次事件被称为"银厂惨案"(亦称"十·二七事变")。[②]

为纪念赵镈烈士,1942年"银厂惨案"周年之际,中共山东分局批准将边联县改名为赵镈县。1944年春,鲁南区党委、行署决定将赵镈烈士遗骨从九女山迁葬至文峰山,并修建了赵镈烈士墓地和塔式"银厂惨案"纪念碑。全县人民群众主动捐集40公斤铜钱,精心铸造了赵镈烈士铜像一尊,镶嵌在其墓前,以志纪念。1986年春,苍山县甘霖乡(赵镈同志牺牲地)的党员又主动捐款,在九女山修建"赵镈同志就义处纪念碑"和"赵镈桥"。[③] 1991年,山东兰陵美酒厂出资10万元,会同苍山县民政局一起修建、整理了中共鲁南区党委办公旧址房屋院落,新建纪念堂3间,陈列鲁南区党委的沿革资料和赵镈同志生前部分遗物。[④]

2016年,由中共省委党校派驻兰陵县"第一书记"工作组,在兰陵县车辋镇党委、政府的配合下,在原鲁南区党委驻地银厂村建立了银厂村村史馆,于2017年2月下旬竣工开馆。筹建组实地调研,查阅资料,以厘清银厂村的发展脉络及现状,并前往赵镈烈士故乡陕北府谷赵寨村、赵镈烈士上小学的荣河书院、上

---

① 山东省临沂地区民政局:《沂蒙英烈》,济南:山东人民出版社,1986年,第110页。

② 中共枣庄市委党史研究室:《中国共产党枣庄地方史(第一卷)》,北京:中共党史出版社,2005年,第235-238页。

③ 苍山县政协文史资料委员会编,张文强主编:《苍山文史集粹》,济南:山东省地图出版社,2001年,第237页。

④ 苍山县政协文史资料委员会编,张文强主编:《苍山文史集粹》,济南:山东省地图出版社,2001年,第513页。

中学及入党地山西铭义(汾阳)中学、湘西革命烈士陵园等地参观考察,搜集了一批有关赵镈烈士的珍贵文物,为展陈工作做了较好的铺垫。村史馆作为一村历史的载体,赵镈纪念堂作为弘扬革命烈士英雄主义、传承和发扬党的光辉历史和优良传统的爱国主义教育基地,在保存记录历史、以史为鉴及对后世教化方面发挥着重要作用。

2. 一级战斗英雄曹玉海纪念馆

曹玉海,1923 年 3 月生,山东莒南人。6 岁时,其父因天灾歉收交不起租子,被地主打死;9 岁时,就开始给地主放猪。其祖父在日军"扫荡"被杀害,不久祖母和母亲又在贫困交加中相继去世。

19 岁时,他带头报名参加八路军,怀着国恨家仇,走上抗日战斗前线。在抗日战争和解放战争中,他先后参加了横山战斗、东北剿匪,以及沈阳东山嘴子、奉吉线上清原、山城镇、梅河口、海龙、龙丰、通化等战斗和四平保卫战、三下江南、辽沈战役、辽西会战等。随后,他又参加了平津战役。其间,先后数次负伤,7 次立功,荣获"战斗英雄""战斗模范"称号①,获得勇敢奖章 5 枚。1944 年 2 月,他光荣地加入了中国共产党。1949 年 6 月,曹玉海随部队南下,参加了举世闻名的渡江战役,不幸再次负伤,组织上决定让他到武汉休养治疗,伤愈后让他转业到地方工作,担任湖北省武汉市监狱长。② 一位曾经在医院护理他的女同志爱上了他。正当他们决定结婚时,曹玉海听说老部队经过

---

① 惠州市抗美援朝历史研究会、《志愿军英雄谱》编纂委员会编:《志愿军英雄谱》,北京:中共党史出版社,2013 年,第 336-337 页。

② 中共临沂市委《沂蒙颂歌》编委会编著:《沂蒙英烈颂》,北京:军事谊文出版社,2005 年,第 489 页。

武汉返回东北入朝作战,他又一次萌生参军念头。曹玉海找到师长翟仲禹非要归队,他坚定地说道:“首长!我是一个孤儿,如果牺牲了,牵挂少,批准我入朝参战吧!决不能再让美国走日本老路,打到我们中国来!奴役我们的国家和人民呀!”①

1951年1月25日,中国人民志愿军第四次战役打响。曹玉海带领一营防守京安里以北地段,主阵地设在350.3高地,主要阻击占据京安里的美军骑兵第1师的两个团。敌军是美军历史上最为悠久的“王牌师”,被称为“开国元勋师”,在两次世界大战中从未败过,是美国陆军的“天之骄子”。曹玉海带领一营的勇士们,以鲜血和生命击退美军王牌师的7次猛烈进攻,歼灭敌军680余人,奇迹般地守住了350.3高地,对保障人民志愿军在东线横城反击战中歼敌三万余人的胜利起到了重要作用。不幸的是,在敌人第7次进攻中,曹玉海头部、胸部中弹,牺牲在前线阵地。

当年同他一起战斗过的战士们,则用一首歌来怀念他:

我们的营长曹玉海,
带领着我们去打仗,
他教给我们许多战斗本领,
爱我们如同慈母爱护婴儿那样,
在最紧张的战斗中,
他时刻不离开我们的身旁,
只要他一声号令,

---

① 毛焯编著:《抗美援朝　保家卫国——志愿军的战斗故事》,长春:吉林人民出版社,2011年,第66页。

我们保准把敌人捣成肉酱，

……①

1951 年 2 月，牺牲在朝鲜战场上的曹玉海，被中国人民志愿军总部授予“中国人民志愿军一级战斗英雄”“特等功臣”光荣称号，所在一营被授予“英雄部队”称号，荣记集体一等功一次，并授予“攻守兼备”奖旗一面。1953 年 10 月 29 日，新华社公布中国人民志愿军英雄模范和特等功臣名单，在黄继光、杨根思、邱少云这些闪光的名字后，是相对少有人知的一级战斗英雄、特等功臣曹玉海。在朝鲜的“朝鲜祖国解放战争胜利纪念馆——志愿军馆”、中朝友谊塔和志愿军烈士陵园，曹玉海的名字光荣在册。在丹东，曹玉海的遗像和黄继光、邱少云等英雄的照片一起，高挂在抗美援朝纪念馆大厅里，供人们瞻仰。在 38 集团军的军史馆大厅里，有曹玉海的大篇幅专版介绍。在曹玉海当年所在部队的师、团、营纪念馆（室），都有他的专门记录。②

2013 年 6 月 27 日，曹玉海纪念馆在莒南县大店镇八路军一一五师司令部旧址落成，纪念馆面积 375 平方米，以曹玉海生平为基本陈列，展出历史照片 120 余幅，相关文物 30 余件，展示了这位齐鲁英烈三次入伍，多次立功，最后血洒朝鲜 350.3 高地的传奇经历和英雄事迹。

3. 时代楷模赵志全纪念馆

赵志全，男，汉族，1956 年 11 月出生于山东费县，中共党员，

---

① 新华社解放军分社编：《战斗英雄（第七卷）》，北京：新华出版社，1999 年，第 237 页。

② 临沂市老龄工作委员会办公室、临沂市老年文化艺术协会编：《沂蒙·岁月》，北京：华龄出版社，2016 年，第 82 页。

第十届、第十一届、第十二届全国人大代表，全国“五一劳动奖章”获得者，“全国劳动模范”，第四届全国杰出青年企业家，曾任鲁南制药集团股份有限公司董事长、党委书记兼总经理，享受国务院政府特殊津贴。2014 年 11 月 14 日深夜，他在批阅完一份文件后准备起身休息时，却猝然倒在了办公桌前，溘然长逝，享年 57 岁。2016 年 9 月，被中宣部追授“时代楷模”荣誉称号。该纪念馆通过大量图文、音像资料，运用光感、AR、多媒体技术，与全新展陈理念，展示了赵志全同志的事迹。

赵志全所在的鲁南制药，前身为“郯南制药厂”(原址在郯城县)。1968 年，由郯南共产主义劳动大学组建，1969 年开始投入生产，属于校办工厂。1985 年，从郯城搬迁至临沂。1987 年 10 月，临沂地区体改委决定选择郯南制药厂作为全区首家公开招标承包经营的试点厂，年仅 30 岁的赵志全，在众多竞争者中脱颖而出，担任厂长。“我承包企业，不是为了个人发财，而是要把企业搞活做强，为员工创造更加美好的生活。”①带着这种初心，赵志全在上任伊始，就针对企业弊病，找准病灶，大刀阔斧地推行制度改革，人事、劳动、分配制度改革三管齐下，能上不能下、能进不能出、论资排辈的“老规矩”得到彻底改观。② 经过 20 多年的奋斗，赵志全凭借沂蒙人特有的质朴和敢拼的精神底蕴，成功将一个启动资金仅仅 2 万元的校办小厂，蜕变成一个年产值 60 亿元，年缴税近 10 亿元，具有国际竞争力的现代化制药集团公司。鲁南制药集团是在社

---

① 中共中央宣传部宣传教育局编:《时代楷模 · 2016》，北京:学习出版社，2017 年，第 267 页。

② 孙运德、刘平、唐音主编:《新时代中国青年的榜样》，北京:人民日报出版社，2019 年，第 136 页。

会主义市场经济大潮中奔涌向前的典型案例，对地方经济和行业发展很有启示意义。

鲁南制药在传承中践行沂蒙精神，并不断与自身“不怕困难、挑战困难、战胜困难”的鲁南精神相融合，逐渐形成以鲁南精神为核心的企业文化，并在企业建设和发展中不断丰富企业文化，同时充分尊重员工的劳动价值，以人为本，持续完善企业文化内涵，打造具有鲁南特色的企业名片，还积极造福社会，承担责任，回报社会。① 鲁南制药的发展历程，生动反映了“弘扬沂蒙精神，助力健康中国”的时代目标和自身“造福社会，创造美好生活”的经营宗旨。赵志全同志领导下的鲁南制药，顺应改革浪潮、勇于搏击风浪，从濒临倒闭的小厂到临沂市纳税第一的大企，从独善自身到兼济天下，以行业瞩目的辉煌成就，谱写了一曲新中国第一批企业改革者的英雄赞歌。

三、乡村博物馆、村史馆

2015 年年初，山东省文化厅组织专家进行实地调查研究与建议建言，形成《山东省县及县以下历史文化展示工程展陈指导纲要》，《纲要》要求坚持以下基本原则：（一）统筹规划、分级实施。强化顶层设计，做好规划引领，逐级落实责任。（二）厉行节约、积极推进。坚持因地制宜，整合资源，统筹推进，不搞重复建设，坚决杜绝浪费。（三）突出特色、树立品牌。充分发挥齐鲁文化的优势，深入挖掘本土文化的独特价值，打造各具特色的历史文化展示品牌。（四）建立机制、强化保障。建立全省县及

① 张永君主编：《中国百名优秀企业家奋斗史（民营卷）》，北京：中国经济出版社，2011 年，第 57-61 页。

县以下历史文化展示的运行机制,逐步形成具有山东特色的管理制度体系、资金支撑体系、评估考核体系。

《纲要》具体推进路径:(一)城市中心区,统一纳入市级历史文化展示。(二)有博物馆且已举办县域历史文化展览的县,改进展陈大纲,进一步提高展陈水平。(三)有博物馆未举办县域历史文化展览的县,在博物馆建立县域历史文化展室。(四)对没有博物馆也未举办县域历史文化展览的县,利用文化馆等公共文化设施,建立县域历史文化展室。(五)乡镇和行政村,已实施"乡村记忆"工程的地方,结合农村博物馆等进行历史文化展示工作;其他地方,结合乡镇综合文化站、村综合文化服务中心建设逐步开展。

目前,该项目工作主要呈现以下特点:

(一)领导高度重视。省委、省政府对这项工作高度重视,2015 年 1 月 27 日,《政府工作报告》中提出要"逐步在每个镇、村都建立起自己的文化活动室和历史纪念室"。各市党委、政府高度重视,密切结合本地实际,采取有力措施,认真加以推进。例如,临沂市文广新局将该项工作纳入全市文广新工作千分量化考核指标内容,根据完成情况,优先推先树优。

(二)实物收集内容丰富。各地认真按照《纲要》的有关要求,成立专门机构,各地文化、党史、史志、民政、档案、文物等部门,按照责任分工积极提供相关资料,同时面向全社会征集资料,并进行整理归类。据统计,全省共收集各类历史文化资料 39 万 7600 多件。

(三)科学制定展陈方案。各地在推进过程中,按照尊重历史、再现历史、对接当代、展望未来的原则,立足于全面展现独具特色的历史文化风貌和文化发展成就,尤其是结合当地富有特色的非物质文化遗产资源进行整体展示,充分吸收当地文物考古、党史档案、县志镇史村史等研究成果,组织有关专家学者,组织编制好展陈大纲。

(四)合理确定展陈场所。在展陈场所的选择上,各地坚持统筹推进,整合资源,不搞重复建设,根据本地实际情况,合理确定展示场所。据统计,全省纳入考核范围的105个县(市、区)县域历史文化展示场馆中,改造提升的占66.6%,扩建的占32.3%,新建的仅占1.1%,切实做到了杜绝浪费。

(五)展陈形式新颖。在展陈形式上,很多县(市、区)注重运用现代科技手段,合理设计布局展室,整体展陈设计达到静态与动态互动、古今兼容、外展内涵并存、传统与现代融合的效果。

(六)地方特色鲜明。各地深入挖掘本土文化的独特价值,充分发挥自身历史文化优势,打造各具特色的历史文化展示品牌。

(七)红色文化成为亮点。各地在展陈过程中,注重挖掘本地党组织的历史,特别是党领导人民群众在进行土地革命、抗日战争、解放战争以及社会主义改造建设等各个历史阶段取得的巨大成就,有的地方还专门设立了红色文化展厅。据统计,全省县域历史文化展示中,共设立红色文化展厅179个。

(八)多部门协调联动。省里成立全省县及县以下历史文化展示工作推进委员会,由省文化厅牵头,省党史研究室、省发展和改革委员会、省民政厅、省财政厅、省史志办、省档案局、省文物局等部门为成员单位。建立了专家委员会,加强对各地开展工作的指导。各地也成立了相关部门组成的工作机构,分工协作。同时广泛发动群众参与,尤其是发动老史志工作者、老教师、老艺人、老党史工作者、老文化工作者积极参与进来。据统计,在推动历史文化展示的过程中,全省共有35万多名志愿者参与,形成了人人参与、人人支持历史文化展示的浓厚氛围。

(九)资金保障有力。省里专门划拨资金,分东、中、西,分别按 30 万元、50 万元、70 万元的补助标准,对 99 个县(市、区)共补助 5250 万元。各地也积极加大保障力度,临沂市财政专门拿出 100 万元,对所辖各县(市、区)开展这项工作进行补助。

(十)积极探索后续利用工作。不少地方在推进历史文化展馆建设过程中,积极探索,超前谋划好展馆建成后的管理利用,建立了相对完善的管理制度体系、资金支撑体系、评估考核体系。

临沂市根据省里的统一要求,统筹全市县(区)史、镇(乡)史、村史、红色文化等优秀历史文化资源,充分利用公共文化服务设施,建立完善县、乡、村三级垂直历史文化展示体系,使散落在民间得不到重视的一大批革命文物及相关资料得到了集中收藏与保护,为城镇化进程中历史文化遗产的保护利用打造了重要平台。

临沂市在各级党委政府的支持下,如期完成了建设任务,这项工作走在全省的前列。在山东省文化和旅游厅公布的第一批、第二批全省县及县以下历史文化展示工程"十百千"示范点①中,临沂市有以下单位入选(表 16、17):

① 第一批 10 个县(市、区)、50 个乡镇(街道)、200 个村(社区),第二批 10 个县(市、区)、50 个乡镇(街道)、100 个村(社区)。

表 16　临沂市入选全省县及县以下历史文化展示工程“十百千”示范点

批次	县示范点	乡镇示范点	村示范点
第一批	莒南历史文化展馆	1. 临沂市兰山区枣园镇历史展馆 2. 沂南县辛集镇展览馆 3. 莒南县大店镇历史文化展馆 4. 沂水县龙家圈镇民俗馆 5. 兰陵县金岭镇苍山暴动纪念馆 6. 蒙山旅游度假区柏林镇历史文化展示室 7. 蒙阴县常路镇历史文化展室 8. 临沭县店头镇陈巡会历史文化博物馆	1. 临沂市兰山区方城镇华城村民俗馆 2. 临沂市罗庄区十里堡社区乡村记忆馆 3. 临沂市河东区九曲街道独树头村史馆 4. 沂南县界湖街道西芙蓉社区党史村史馆 5. 沂南县界湖街道南村社区民俗馆 6. 沂水县院东头镇桃棵子村历史文化展馆（沂蒙红嫂祖秀莲纪念馆） 7. 兰陵县兰陵镇王家艾曲村历史文化展馆（兰陵县恩瑞民俗博物馆） 8. 费县大田庄乡五圣堂村情民俗展室 9. 莒南县坊前镇王家坊前村展览馆 10. 蒙阴县联城镇小山口村民俗馆 11. 临沭县曹庄镇朱村历史文化展馆（钢八连朱村战斗旧址纪念馆） 12. 临沂市经济技术开发区芝麻墩街道佳和社区村史馆 13. 临沂市临港经济开发区山底村史馆

（续表）

批次	县示范点	乡镇示范点	村示范点
第二批	兰陵县历史文化展示室（兰陵县博物馆）	1. 沂南县界湖街道史馆 2. 郯城县红花镇中国结博物馆 3. 临沂市河东区汤头街道温泉文化馆 4. 兰陵县卞庄街道历史文化展示室 5. 沂水县高庄镇历史文化展览馆 6. 费县薛庄镇历史纪念室 7. 平邑县卞桥镇历史展示室	1. 沂南县常山庄社区历史文化展示室 2. 沂南县上碌村村史馆 3. 郯城县花园乡涝沟记忆馆 4. 郯城县泉源乡毛家社区乡村记忆馆 5. 临沂市河东区九曲街道郁九曲社区五金历史文化展示馆 6. 临沂市河东区郑旺镇宋庄村村史馆 7. 沂水县沂城街道前石良社区 8. 临沂市罗庄区褚墩镇廖屋村史馆 9. 蒙阴县岱崮镇笊篱坪村情党史馆 10. 临沂市临港经济开发区坪上镇清泉河社区村史馆 11. 临沂市高新技术开发区湖西崖东社区村史馆 12. 临沂市蒙山云蒙办事处峪里河民俗馆

表 17　临沂市入选全省县及县以下历史文化展示工程“十百千”示范点占全省比例

批次/项目		全省县及县以下历史文化展示工程“十百千”示范点数量		
批次	单位	县示范点	乡镇示范点	村示范点
第一批	全省（个）	10	50	200
	临沂（个）	1	8	13
	占比	10%	16%	6.5%

（续表）

批次/项目		全省县及县以下历史文化展示工程“十百千”示范点数量		
批次	单位	县示范点	乡镇示范点	村示范点
第二批	全省（个）	10	50	100
	临沂（个）	1	7	12
	占比（%）	10%	14%	12%

乡村博物馆、村史馆，在许多学者眼中是乡村及其村民内在的“文化自觉”；在村干部看来，是告别物质贫困、涵育精神富足、记住历史艰辛的见证；在村民眼中，是保存村庄家乡气息的“庙堂”；在离开村子的人们心中，则是难以忘怀的思乡之愁。乡村博物馆、村史馆记录的不仅仅是村史，当地生产力和生产技术的发展、日常生活习惯的演变，更是让村民之间获得认同、共鸣和情感共融的具象载体，是新时代乡村振兴的重要部分。沂蒙村史馆作为一村历史的载体，把沂蒙山区曾经村村有烈士、家家有红嫂的峥嵘岁月展示出来，把一个个家庭的优良家风传承下来，在保存记录历史、资政育人、传承红色基因、赓续红色血脉方面发挥着重要作用。

对一座座村庄的自然地理环境、历史人文、民风民俗及英雄事迹、家族家规家训的保存与展示，能够记录村庄的历史。这发生在身边的历史“保存记录”，是家族后人以史为鉴、规训教化的基础。正如古罗马史学家李维《自建城以来》所言：“研究历史能获得特别有效和有益的好处，即你能在历史真相的启迪之下看到各种类型的经验教训，你可以从中为你自己和你的国家选择仿效的榜样，以及避免始而有害、继而成为灾难的东西。”① 临沂市乡村博物馆、村史馆所保存记录的本村村史、实物，成为弘扬与开创新的历史的重要载体，能够让人铭记沂蒙山区的革命先烈前辈舍生忘死换来的今天来之不易的幸福，让后人更加懂得珍惜当下生活，增强了文化自信、凝聚力、自豪感和向上的力量。

1. 朱村抗日战斗纪念馆

2013 年 11 月 25 日下午，中共中央总书记、国家主席、中央军委主席习近平来到临沭县曹庄镇朱村视察。在八路军老四团钢八连朱村纪念馆，讲解员王经臣介绍道，朱村是八路军进驻临沭的第一个村庄，是老革命根据地。最早成立的临沭县抗日民主政府郯东北第一办事处常驻朱村。1942 年，抗大一分校的刘知侠、王久鸣经常组织文工团到朱村宣传演出，在演出之余联手创作了《沭河的歌声》。2012 年，富裕起来的朱村村民自发捐款 3 万多元，建成朱村抗日战斗纪念馆，集中展示当地群众和曾参加过战斗的八路军捐赠的大量真实革命文物，这也是临沭县第一个村级红色文化教育基地。同时，300 多户村民又自发捐款 60 多万元，在当年战斗遗址上，建立起一座红色文化纪念园。朱村村民之所以要建纪念馆，主要是为纪念朱村抗日战斗和缅怀为保卫朱村而牺牲的 24 名战士。该纪念馆总占地面积 2400 平方米左右，建筑面积 800 平方米左右，埋葬着 24 名烈士的忠骨，包括四馆一园，分别是朱村抗日战斗纪念馆、朱村支前文化纪念馆、朱村文化展览馆、朱村博物馆和烈士纪念园。

---

① 郭小凌：《克丽奥的童年——古典西方史学》，沈阳：辽宁大学出版社，1994 年，第 149-150 页。

1944 年 1 月 24 日(农历除夕)夜,当新年的鞭炮声在朱村响起时,驻扎在临沂地区的日、伪军 1000 多人,却对沭河西岸的岌山区进行惨无人道的报复性“扫荡”。原本一片祥和的朱村,瞬间浓烟滚滚,村民们被惊吓得慌忙逃命。驻守在沭河东岸的八路军一一五师教导第二旅四团三营八连闻讯,立即紧急集合全连,动身前去营救。当听到有人大喊“乡亲们,老四团来了,我们有救了”,惊慌中的群众立马镇定下来。在激烈的 6 个多小时的残酷战斗中,连长鄢思甲身负重伤,却仍坚持指挥战斗;独立营铁瑛政委负伤简单包扎后,又回到战斗岗位继续指挥战斗;一排长秦家龙刚被抬下火线,一班长焦锡模立即站到指挥位置,他的一只胳膊被打断了,仍坚持不下火线直至壮烈牺牲;一排副排长安吉然同一名敌军扭打在一起,敌人企图拉开手雷吓到他,但安吉然却死死抓住敌人的手不放,最终将手雷抛出,手擒敌人;战士郝红娃的腿负了重伤,经过简单包扎后,他又冲上了前线。朱村民兵在本村团长王怀昌的带领下,也加入了战斗,朱村村民纷纷前来运送弹药,救助伤员,形成军民同战的局面。

不幸的是,为保卫朱村村民,有 24 位战士壮烈牺牲。战斗结束后,当群众看到各家年货、家什样样完好时,无不热泪盈眶,纷纷请八连的同志们到家里一起过年。而八连同志认为赶走日军、解救乡亲是人民战士义不容辞的责任,不能再给群众添麻烦,坚持连夜赶回驻地。第二天大年初一,乡亲们不约而同手捧热乎乎的饺子,怀揣祭天祭祖用的纸香,不敬天不拜祖,一起来到朱村王氏老林,祭奠牺牲的 24 位烈士。同年 8 月,在山东军区战斗英模代表大会上,山东军区政治部主任肖华亲自宣布四团八连为“钢八连”,连长鄢思甲、排长徐乐之、班长郝红娃被授予山东军区“一级战斗英雄”。①

朱村纪念馆,是临沂市村级历史文化展室建设的一个典型案例。各村在建设村史馆的过程中,深入挖掘历史文化,将革命战争年代村村有烈士、家家有红嫂的光荣历史展示出来,涌现一批在全省有示范作用的村级展馆。

四、私人收藏展示

私人博物馆的出现,是改革开放以后我国博物馆事业发展多种形式的体现,是博物馆体制改革的一大突破,是社会主义市场经济条件下的产物,更是现代社会文化得以全面拓展的充分展示。1982 年 11 月,《中华人民共和国文物保护法》颁布实施后,部分文物依法可以进行流通,随后,文物收藏群体大量涌现,合法的文物交易平台、渠道不再限于国有文物商店,私人文物的占有权、使用权、收益权和处分权等收藏权益也逐步完善。加之国家经济社会环境的持续稳定,文物收藏具备了非常有利的条件。当私人收藏品达到一定数量后,就会产生保护研究、展示传播的需要。因此,不少民间收藏者们开始办起了私人博物馆。私人博物馆丰富了博物馆的品种,成为一个重要的不可忽视的社会力量群体。

近年来,临沂市各类私人博物馆积极投入公益文化建设,其功能与国有博物馆相同,都具有收藏、展示、教育、研究的属性。与国有博物馆的区别就在于藏品的所有权上,国有博物

---

① 龙岩主编:《沂蒙小调》,济南:山东人民出版社,2015 年,第 124-125 页;费聿辉、徐东升主编:《沂蒙精神》,北京:中共党史出版社,2018 年,第 46-47 页。

馆藏品属于全民所有，而私人博物馆的收藏品则归个人拥有。临沂市从事文物收藏的社会个体比较多，目前在山东省文化部门备案的私人博物馆有43处。对于这类博物馆，各地文化主管部门严格按照《博物馆条例》，依法依规进行规范管理，对积极发挥博物馆的社会职能，相关藏品参与省、市各类公益展览的优秀非国有博物馆，从市级文物保护专项资金中，给予一定开放补贴。

从事革命文物收藏的个人，大多出于对革命文物的敬畏，展览展出得到社会各个方面的支持。他们的收藏和展示，是对国有革命博物馆与纪念馆收藏、展览展示的有益补充，对于宣传沂蒙精神、传承红色文化发挥了积极作用。

1. 红嫂文化博物馆

该馆于2017年5月18日建成，占地面积2000平方米，是由朱呈镕同志创办的山东朱老大食品有限公司投资建设。国防部原部长迟浩田题写馆名，并于开馆当天亲临现场。馆内收藏了孟良崮战役期间由妇女站在水中当桥墩架起"人桥"的门板，给陈毅元帅喂马用过的马槽，沂蒙母亲王换于大娘当年用过的石磨、水瓢，战时托儿所孩子们用过的小板凳，"沂蒙六姐妹""沂蒙母亲"的照片以及她们用过的物件、资料等一批珍贵的革命文物。展馆共分两个展厅，第一展厅集中展示了沂蒙红嫂代表性人物群体的事例，第二展厅介绍朱呈镕作为新时代红嫂传承红嫂精神的事迹。

该展馆开篇通过雕塑生动再现了革命战争年代沂蒙山区伟大女性群体的英雄形象。她们送子参军、送夫支前，缝军衣、做军鞋、抬担架、推小车，舍生忘死救伤员，全力抚养革命后代。她们把最后一口粮送去做军粮，最后一尺布送去做军装，最后一件老棉袄盖在担架上，最后一个儿子送战场，共同铸就起伟大的沂蒙精神，谱写了水乳交融、生死与共的英雄诗篇。

(1)红嫂群英谱

第一展厅“红嫂群英谱”，展示了沂蒙党组织建立后，开始组织宣传群众、教育群众、发动群众，沂蒙抗日根据地组织进步女青年学习文化的群众组织“识字班”，为了实现文化翻身，喊出“要识字、要救国、要解放”的口号。“识字班”，这个具有独特时代印记的女性群体，在革命战争年代和建设时期，写下了不朽的乐章。

“沂蒙母亲”王换于。1938 年，50 岁的王换于光荣地加入中国共产党，不久被选举为村妇女救国联合会会长和艾山乡副乡长。她的丈夫、两个儿子和大儿媳在她的影响下，也先后加入了中国共产党。1939 年 6 月 29 日，徐向前、朱瑞等率领中共山东分局和八路军第一纵队等党政军机关人员，转战来到沂南县东辛庄，跟随他们的还有抗战将士的儿女们。这些孩子最大的只有七八岁，最小的才出生 3 天。由于长期跟随部队转战奔波，成长环境十分恶劣，许多孩子的体质很差，发育不良，黑瘦黑瘦的。王换于毅然创办战时托儿所，主动挑起抚养和照顾抗战将士子女的担子。在那兵荒马乱的年代，缺吃少穿，抚养这么多孩子，可谓是难上加难。她千叮咛万嘱咐张淑贞和陈洪良两个儿媳，有奶一定要先给八路军的孩子喂，自己家的孩子喝粥、吃粗的。由于两个儿媳对自家的孩子长期疏于照顾，三年多的时间里，王换于的四个孙子相继夭折，八路军的孩子个个健康成长。王换于大娘含着泪对自己的儿媳说：“咱的孩子没了，你还能生育。

烈士的孩子死了就断了根了。咱这样做,值得!”[①]抗战时期创办的战时托儿所,先后抚养了86位革命后代,王换于被尊称为“沂蒙母亲”。

用乳汁救八路军伤员的明德英。明德英,出生于一个贫苦农民家庭,天生聋哑,近30岁时嫁给贫苦村民李开田。抗日战争爆发后,明德英在家乡目睹了共产党人的一切为了人民的实际行动,从而与共产党八路军结下了深厚的感情。1941年冬,日军集结起5万多人,对沂蒙根据地进行“扫荡”。在一次反“扫荡”战斗中,八路军一伤员在突围中身负重伤,当跑至明德英夫妇看守的坟地时,被明德英机智地救下。但搜捕的日军走后,这位伤员因失血过多,缺水休克,正在哺乳期的明德英立即用乳汁救活了伤员。随后,明德英夫妇倾其所有,悉心照顾伤员半个多月,帮助该伤员康复归队。这就是闻名全国的乳汁救伤员的故事。[②] 2009年9月10日,明德英被评为“100位为新中国成立作出突出贡献的英雄模范人物”。

展览中有一幅迟浩田将军与沂蒙妇女交谈的照片。这是在20世纪80年代的一天,迟浩田上将再次来到沂蒙,想要寻找当年用小米粥和乳汁救他命的那位大嫂。座谈中,他一再地启发提示,然而老红嫂们却一个个摇头说:不是我,不是我。其中一位老红嫂拉着将军的手说:“大兄弟哟,像俺们这般年纪的人,谁都做过这样的事。那是应该的呀!你还寻

---

① 刘正刚:《留在20世纪的名人剪影》,北京:华龄出版社,2001年,第418页。

② 中共山东省委党史研究室编:《中共山东英烈大典》,2002年,第380页。

个啥呢?”[①]老红嫂朴实的话语令将军潸然泪下,感慨万端。

“火线桥”。孟良崮战役期间,我军飞兵集结,但汶河桥却被敌人炸断了。为了不贻误战机,上级命令在5小时内搭一座桥,派联络员王纪明跑步前来通知时任艾山乡妇救会会长的李桂芳。当时全村青壮年都去参军支前了,只剩下老弱妇孺,年仅17岁的李桂芳站出来,大声说道:“就把这个任务交给我们妇女吧!”她带领32名妇女卸下自家门板床板,毅然跳入冰冷的河水中,用瘦弱的身躯扛起门板,在汶河上架起一座“人桥”。当战士们发现自己踏在妇女肩膀上时,说什么也不肯上桥。李桂芳亮开嗓门喊了起来:“同志们!快过!时间就是生命!时间就是胜利!时间就是保证!”[②]就这样,2000多名战士从这些妇女的肩膀上踩过去,奔向孟良崮战场。

谁第一个报名参军,俺就嫁给谁——梁怀玉。1944年初,县里下达动员参军的任务,区政府希望洙边村有更多人参军。但连年动员参军,符合条件的青壮年几乎都已奔赴前线,而且不断有在战斗中牺牲的烈士通知传回村里,这对动员村民参军影响很大。[③] 年仅19岁的梁怀玉作为洙边村识字班班长、支部委员,在接到任务后,她心想,自己父亲年迈,弟弟年幼,又没有其他亲人,无法起到带头动员的作用。考虑再三后,她最后决定,为了抗日,奉献自己的爱情和婚姻。在动员参军大会上,她第一个走上台,大声宣布:“抗战打鬼子是最光荣的,俺识字班找对象

---

① 王志耘、蒋永武:《沂蒙山区寻“红嫂”》,《人民日报》,1987年8月12日,第4版。

② 中共临沂市委编:《沂蒙红嫂颂》,北京:中央文献出版社,2002年,第392页。

③ 苏进主编:《红色故事100篇》,济南:济南出版社,2019年,第171页。

就是要找参加八路军的。谁带头报名参军,我就嫁给谁。”[①]于是,在她的带动下,又有几位识字班女学员表态,成功动员 12 名村民报名参军。

永远的新娘——李凤兰。1946 年 10 月 19 日,19 岁的李凤兰在蒙阴城东关村举行了一场没有新郎的婚礼,只因未婚夫参军打仗,到了约定结婚的日子,新郎在部队没回来。按当地风俗,由嫂子怀抱大公鸡陪她拜堂成亲。过门后,她细心侍候婆婆,操持家务,拥军支前,等着盼着丈夫回来。苦等苦盼了 12 年,最终等来的却是县民政局送来的一张烈士证书,原来她的丈夫王玉德早在 1947 年莱芜战役中,就已牺牲。

此外,还有“全国爱国拥军模范”爱国拥军好妈妈胡玉萍,被授予全国“女民兵战斗英雄”称号、受到毛泽东接见的侍振玉等。这些闪光的名字背后,是一位又一位从沂蒙山走出来的平凡而伟大的沂蒙女性。

(2)当代红嫂

第二展厅展示当代沂蒙红嫂的代表、“最美兵妈妈”朱呈镕同志的创业拥军事迹。朱呈镕,中共党员,山东朱老大食品有限公司创始人,爱党拥军的当代“沂蒙红嫂”。二十多年来,朱呈镕从一位下岗女工到全国知名的拥军模范、创业标兵,从一名普通工人到全国优秀共产党员、劳动模范。她坚持带领拥军团队,400 多次走访慰问部队,走边关、进哨所、上海岛、下连队,足迹遍布祖国大江南北的座座军营,行程 50 多万公里,为各地官兵赠送鞋垫 8 万多双,送水饺 900 余吨,累计捐款捐物价值 1000

① 王庆安、王明林、吕伟达编著:《山东根据地解放区民俗》,济南:济南出版社,2007 年,第 152 页。

余万元,被 5000 多名官兵亲切地称为“兵妈妈”。

朱呈镕在企业创建、发展、壮大过程中,始终饱含兴业报国的责任担当。从组织下岗职工创办人力车公司到打造现代食品龙头企业,从成立全市第一个民营企业党支部到组建企业党委,从物质拥军、精神拥军、文化拥军到出资 2000 万元建设公益性爱国主义教育基地,无不诠释和印证“拥军爱党、兴业报国”这一红色企业发展主题。

2003 年,北京“非典”疫情发生后,朱呈镕第一时间奔赴小汤山医院慰问医护人员,将 5000 公斤水饺连夜送到该医院。一位部队首长紧紧握住她的手,动情地说:“战争年代老区人民拥军支前,和平年代老区人民的心还牵挂着小汤山医院,这每一个饺子里都包含着老区人民的深情厚谊。我们吃了这些饺子,更加有信心战胜非典。”①

2020 年春节前,兵妈妈朱呈镕正在维东哨所和战士们一起过年,晚上和战士们一起看《新闻联播》的时候,得知武汉爆发了新冠肺炎疫情,立即组织员工们加班加点赶制了 20 吨水饺。2 月 1 日下午四点,朱呈镕的车队逆行武汉,经过 13 个小时的长途跋涉,朱呈镕团队抵达了湖北省军区。部队首长的眼睛湿润了,老区人民送来的不仅是饺子,更是人民群众对子弟兵血浓于水的真情。

2013 年 11 月 25 日,习近平总书记来临沂视察时,在沂蒙精神展馆,接见了临沂的四位英模代表朱呈镕、于爱梅、梁兆利、刘嘉坤,时任市委书记张少军向总书记介绍说:“这是山东朱老大

---

① 王春梅、方艳编著:《沂蒙红嫂故事选》,济南:济南出版社,2019 年,第 184 页。

食品有限公司的朱呈镕总经理,她常年拥军,拥军行程长达几十万公里。”总书记亲切地握着朱呈镕同志的手说:“你是做什么的?”

朱呈镕回答:“我是包饺子的。”

总书记一听笑了:“包饺子都弄哪去了?”

朱呈镕说:“有一大部分卖超市了,还有一部分拥军了。”

“拥军是免费的吗?”

朱呈镕告诉总书记:“拥军绝对是免费的。”

“那你为什么拥军啊?”

“沂蒙山是革命老区,在革命战争年代,我们沂蒙红嫂、沂蒙六姐妹拥军支前,作为新时代的红嫂,一定要继承发扬老红嫂的精神,没有强大的国防,哪有我们老百姓在家里安居乐业啊!”

总书记听了很高兴,又和朱呈镕握手说:“很好,很好,很了不起,一定通过你们新时代的红嫂,将沂蒙精神、红嫂精神带到大学,带到部队去,让 80、90 后的孩子不能够忘记历史,知道今天的幸福生活来之不易。沂蒙精神与延安精神、井冈山精神、西柏坡精神一样,是党和国家的宝贵精神财富,要不断结合新的时代条件发扬光大。”

2. 沂蒙红色文献展示室

这里的沂蒙红色文献是沂南县收藏爱好者董士君的个人收藏。苗得雨先生曾这样评价董士君的收藏事迹:“有战士般顽强精神,他为了搜集那些极不容易搜集到的革命战争时期的书刊、资料、实物等文物,跑遍了沂蒙山区及周围的山山水水。”①收藏

① 董士君:《沂蒙红色文献》,沂南县政协文史资料委员会,2015 年,第 1 页。

者们认为沂蒙的革命文物太难搜集了,20 多年间,董士君用微薄的工资搜集红色文物,以致入不敷出,但他硬是在沙中淘到了“金”,在海底里捞到了“针”。他视红色收藏为神圣的事业,是与生命一体的,不可分割。

沂蒙革命文献是革命战争年代在中国共产党的领导下,在沂蒙根据地出版并反映沂蒙根据地发生的战斗生活的各类书籍报刊等印刷品,以及驻扎在沂蒙山区的各级党政局群机关印刷的书籍刊物等。沂蒙红色文献馆收藏的资料,主要是在革命战争年代,为了扩大抗日宣传、鼓舞军民斗志、丰富沂蒙抗日根据地军民的文化生活而产生的。它们是沂蒙革命文化的纸质载体,是珍贵的革命文献。这些红色文献,涉及抗日战争时期与解放战争时期,主要议题有理论主张政策宣传、军事宣传及战争、教育文化卫生等(表 18-23)。

(1)抗日战争时期文献资料

表 18 理论主张政策宣传类

出版物名称	出版时间	简介
《自我批评与思想斗争》	1945 年 5 月油印	由七区委党校刻印,七区委为中共山东第七区委,也就是鲁中区党委。1940 年,山东分局党校改为鲁中区党委党校,霍士廉兼任校长,主要培训各县分区书记县委部长级干部。文章作者不详
《什么是马克斯(思)主义》	1939 年 5 月 1 日	马列主义丛书之一,马列主义研究会出版,大众日报社发行,为沂蒙根据地早期马列主义书籍

（续表）

出版物名称	出版时间	简介
《整风参考资料》	1943 年 3 月	由大众日报社编印出版,收录《反对政权中的闭门主义》《发扬民主作风》《从自己的囚笼里跳出来》《宣布党八股死刑》《新闻的真实性》等 17 篇文章。书封背印有“山东战邮总局资总付寄递证”
《战争与资本主义国家里的工人阶级》	1941 年 1 月铅印	属于《前卫报》在沂蒙编印的“前卫丛书”,季米特洛夫著,杨松译著。季米特洛夫在该书中提出资本主义国家必须建立工人阶级统一战线和人民反法西斯阵线的理论,是抗战时期中国共产党内的重要理论学习资料
《战士月刊》第 6 期	1942 年 9 月 1 日铅印	由国民革命军第十八集团军一一五师政治部编印,封面“战士”二字为朱德手书。《战士月刊》正文前有“规定”:《战士月刊》是干部业务学习中主要材料之一,机关每科股一本、部队发到营,每营二本,各级军政干部应切实保存,不得随意外传或遗失
《反对投降变节行为》	约 1942 年 11 月前编印,油印	未作装帧的战时《内参》材料,收录了沂蒙地委(鲁中地区第二地委)组织部部长潘维周的《反对投降变节行为》、组织部组织科长的崔子厚《对于××支部投降事件的讨论》、沂南县委书记李铎《一个投降的公区委员》和《北沂水城子乡分队的投降》四篇文章。文章对每一个投降变节事件都进行了详细的研究剖析

（续表）

出版物名称	出版时间	简介
《克里米来会议的成就》	1945年4月1日油印	由鲁中军区政治部宣传科编，鲁中新华书店出版发行。收录《克里米来会议报告》和解放日报社论《克里米来会议的成就》两篇材料
《哲学研究提纲》	1940年12月大众印书馆出版	作者为著名红色哲学家艾思奇，以朴素的文笔、通俗的说理，解析哲学，讲解革命道理。大众印书馆成立于沂蒙抗日根据地，宗旨和任务是发展出版事业，在文化战线上粉碎敌人，隶属山东分局宣传部，1942年4月并入大众日报社
《辩证唯物论与历史唯物论》	1940年1月大众社出版，铅印	《苏共党史简明教程》第四章第二节的单行本，对辩证唯物论与历史唯物论作了正确而又明确的叙述，是当时党内学习的重要理论材料
《今年打败希特拉、明年打败日寇》	1943年大众日报社编辑印刷出版，铅印	抗日宣传材料，以课本的形式编排
《大众》半月刊第三十一至三十二合期本	1940年3月1日大众社编印发行，铅印	收录《中共中央关于目前形势与党的任务的决定》《相持阶段的形势与任务》（毛泽东）、《又是一种扫荡》（朱瑞）、《论山东区乡村民主政权》（李竹如）、《当前文艺运动和文艺工作者的任务》等五篇文章

（续表）

出版物名称	出版时间	简介
《论联合政府》	1945 年	1945 年 4 月 24 日，毛泽东在中共七大上作的政治报告，是新民主主义革命的政治性文献，报告指出了放手发动群众，壮大人民力量，在我们党领导下，打败侵略者，建设新的政治路线。废除国民党一党专政，建立民主的联合政府的斗争口号。山东新华书店第一时间印刷出版，供沂蒙革命根据地党员干部学习使用

表 19 军事宣传及战争类

出版物名称	出版时间	简介
《参谋工作讲授提纲》	1940 年 7 月	据苏联的《野外勤务指令》与八路军总部的《暂行工作条令》混编而成，1941 年 3 月，由山东纵队第一参谋处翻印，其中第一章概论由刘伯承同志撰写。旨在提高参谋人员的军事指挥运筹能力和军事技术素质
《步兵战术野外实施参考材料》	1941 年 7 月	山东纵队第一参谋处印，旨在提高部队的战斗能力和指挥员的军事素质
《葛庄伏击战大胜利——捷报》	1944 年 9 月	葛庄伏击战是沂蒙抗战史上的辉煌篇章。该战役毙敌伪旅长陈三坎，共歼日军中队长以下 300 余人，伪军 1300 余人。战役胜利后，鲁中军区印制了庆祝捷报
《山东群众》第 4 期	1944 年 10 月	1944 年 7 月创办，封面上印有明确标识：对敌秘密，非卖品。《山东群众》由山东群众社编印发行，主要特点是针对性、指导性、实践性，对抗日群众组织中的一般干部起到积极的教育作用

表 20　宣传教育文化类

出版物名称	出版时间	简介
《教师之友》	1941 年 11 月	山东省战工会教育处创办,专供小学教员读的刊物。发刊词指出,小学教员是农村抗战的政治宣传员,是农村建设和农民生活的指导员,是培养新后代的园丁,他们的地位和作用是非常重要的。《教师之友》是研究抗战时期沂蒙根据地小学教育的重要历史文献资料
《山东医务杂志》	1944 年 1 月	原名《军医杂志》,自第 2 卷第 12 期改为《山东医务杂志》。由八路军山东军区卫生部主办。是供山东抗日军队医务人员学习业务的医学刊物,设有医学论坛、医学专论、自然科学常识、卫生工作总结、新医术、新医之创造、国药研究、临床病例、卫生工作通讯、医院生活、治疗与研究等医学专业内容
《冬学:政治课本》备战分册	1942 年 11 月	山东省教育处编写,编辑印刷发行均由大众日报社负责。《冬学:政治课本》分时事、备战、经济建设、民主运动、农村统战、妇女问题等类型。《冬学:政治课本》备战分册,内容主要有:备战、爱护军队、民兵、空舍清野、爆炸运动、抗战戒严、反对壮丁、反维特、反特务自首、公民誓约等
《改进小学教育的先决问题》	1942 年 9 月	李微冬著,鲁中联办教育处出版,主要是解决生源少的教育难题

（续表）

出版物名称	出版时间	简介
《识字课本（庄户学临时课本）》	抗战胜利前出版	抗战胜利前的课本。庄户学是抗日战争时期滨海解放区首先创办的一种新的学习模式。1943年春，从滨海中学毕业的张建华被分配到莒南县洙边边区刘家崖子坡村担任抗日小学教师，开始他按照正规的教学方法教学，学生越来越少，从三四十人，到最后只剩下四五个人。了解到学生都回家帮助家庭从事劳动，他就放弃了原来的教学形式，和孩子们一起劳动，劳动之余教他们识字，并根据孩子们的劳动特点，分成拾柴组、割草组、放牛组等，根据劳动场景教学，提高了学生的学习兴趣。后又办起了妇女班、成人班，这种形式很快在莒南县进行了推广，到1944年，庄户学在整个山东抗日根据地得到推广
《民国三十二年小调——军民协力今年打败日本》	1943年	山东公学油印的抗日传单。山东公学于1940年12月由山东省文化办抗日救亡协会创办，由山东省临时参议会参议长范明枢任董事长，田佩之任校长。1941年4月，在沂南县成立
《音乐讲义》	约为山东公学成立之初印制	山东公学（1941年4月创办）自行编印的一本内部教学使用的音乐教材，无封面封底，无页码、无印刷日期，草纸油印。册子首页印有“音乐讲义”和“山东公学”字样

（续表）

出版物名称	出版时间	简介
《战时小学国语课本》第3册	1942年4月	初级第一学年第三学期用。战时课本是根据沂蒙根据地国民教育的原则编制的，由山东省教育处审定，大众日报社印，手刻字油印本，并附有大量木刻插图。内容大致分为抗战宣传和劳动生活两部分，图文并茂，易学易记
《国语读本》第一册、《地理课本》	1942年9月	高级小学第一学期用。山东省战工会教育处审定，大众日报社印，抗战时期，沂蒙根据地创办了一定数量的抗日小学，仅沂蒙区五个县就有初级小学589处，高级小学5处
《国文课本》第二册	无印制日期，土纸石印	八路军鲁中军区政治部翻印，开本小，便于战士行军打仗间隙学习。内容以部队生活为主，浅显易懂
《妇女读本》	1943年4月	前进社在沂蒙根据地编印，是为了提高解放区的妇女政治觉悟和文化理论水平编写的。包括妇女在人类中的地位、男女本来是平等的、中国抗战和妇女解放的关系、妇救会是妇女自己的团体、抗战以来山东妇女的情形、怎样做一个模范的妇救会员等内容
《大众日报》一综	1939年6月21日，1939年11月17日，1943年8月15日	中共山东分局机关报，1939年1月在沂水县王庄创刊，是我们党创办的第一张报纸，全面反映了沂蒙抗日根据地党政军民的战斗生产生活情况，也是办报时间最长的党报

（续表）

出版物名称	出版时间	简介
《鲁中日报》第 309 期	1945 年 2 月 23 日	中共鲁中区委机关报，1943 年秋在沂南县创刊，三日刊，1945 年 6 月停刊
《一二九与青年》	1945 年 12 月	山东新华书店编印，主要内容号召广大青年学习“一二九”的伟大精神，为争取和平、民主、团结而奋斗
《小尾巴的故事》	1943 年 4 月	山东文协编辑出版，大众日报社翻印，作者钟纪明，讲述了少年游击队员安娃机智勇敢打日寇的故事
《儿童之友》	1943 年 6 月	山东文协编辑出版，大众日报社印刷发行，主要有诗歌、歌曲、故事、连环画、卫生常识、儿童园地等内容
《大众歌选》2、4、5 期	1943 年	《大众歌选》于 1943 年 2 月创刊，由山东文协编辑出版，大众日报社印刷发行，以宣传抗日和促进文化建设、反映根据地内民主为宗旨，主要栏目有生产歌曲、部队歌曲、民兵歌曲和其他歌曲
《生产曲》歌剧剧本	1944 年 3 月	抗大一分校政治处印，抗大一分校六连创作，以沂蒙根据地大生产运动为背景，真实反映了沂蒙根据地人民积极投入到大生产运动、教育带动落后农民参加大生产的故事

（续表）

出版物名称	出版时间	简介
《过关》纪实话剧剧本	1945 年 1 月	胶东新华书店出版印制。1944 年春，为扩大抗日斗争的参军动员工作，由驻莒南的山东文协实验剧团，根据莒南县刘家官庄抗日模范村自卫团团长刘纪湘的故事进行创作。身为独生子刘纪湘带头参加八路军，却遭到全家人的反对，在村干部的帮助下，全家化解了矛盾，刘纪湘参军带动了其他青年的参军热情，一大批青年积极参军。根据这个真实的故事创作的三幕话剧演出后，在沂蒙根据地引起了强烈反响，推动了整个山东根据地的参军工作

（2）解放战争时期文献资料

表 21　理论政策宣传类

出版物名称	出版时间	简介
《中共中央双十文献》	1947 年 10 月	中共山东鲁中二地委（沂蒙地委）为了向广大干部传达中央的最新精神，翻印了《中共中央双十文献》，封面注明“干部重要读物之一”。汇编的重要文件为：《关于公布中国土地法大纲的决议》《中国土地法大纲》《中国人民解放军宣言》《中国人民解放军口号》《三大纪律八项注意》

（续表）

出版物名称	出版时间	简介
《新人生观》	1946 年 8 月	俞铭璜著,山东新华书店出版发行
《一笔卖国债》	1946 年 9 月	沂蒙解放区翻印,是一篇讨蒋檄文,揭露蒋介石的反动本质,从而激发起解放区军民的斗志
《坚持和平民主团结坚决反对内战》	1946 年 6 月	鲁中大众社出版编印
《目前形势和任务》	1948 年 7 月	滨海新华出版社出版
《中国人民爱国自卫战争 华东战场第一年画刊》画刊	1947 年 10 月	大众日报社和华东新华社编印,以图录的形式,反映了鲁南歼灭战、莱芜围歼战、孟良崮战役等战场场景
《中国革命与中国共产党》	1949 年 4 月	毛泽东著,山东新华书店编印发行,封面印有毛泽东木刻印头像
《一支运粮队》	1948 年 8 月	洪林著,山东新华书店编印发行。作者亲身经历了孟良崮战役,感受了这支运粮队英勇顽强、不怕困难、不怕流血、勇往直前的精神。这是千千万万沂蒙支前大军的代表

（续表）

出版物名称	出版时间	简介
《党员基础读本》	1947 年 12 月	鲁中区二地委宣传部编印发行，是一本解读《党章》的教材，供县区两级干部学习使用，以提高党员干部的理论修养和党性原则
《保卫山东的英雄》报告文学集	1947 年 5 月	青羽编，记录了八年抗日战争时期，以沂蒙为主的山东根据地涌现出来的八路军将士和英雄的人民群众可歌可泣的英雄事迹
《太平天国革命运动》	1947 年 8 月	范文澜著，山东新华书店出版，该书以通俗的文笔、朴素的表现手法，描写了太平天国革命波澜壮阔的历史画卷。旨在帮助解放区的军民学习历史、了解历史
《沂蒙山》	1947 年 8 月	蒋元春著，山东新华书店出版，为山东解放区文艺丛书之一。作者根据自己在沂蒙山区所见所闻，用散文的手法，记录了沂蒙人民朴实勤劳、无私奉献、勇于支前的精神和为解放战争与人民军队所作出的巨大贡献

表 22　经济社会军事建设指导类

出版物名称	出版时间	简介
《政治经济学》	1948 年 12 月	薛暮桥著，山东省政府教育厅审定，华东新华书店出版发行，为中学课本和青年学习读物
《游击战争经验介绍》	1947 年 9 月	鲁中二地委编印，旨在动员党员干部推进土地改革，做好战斗准备
《英勇的特种兵》	1948 年 8 月	华东野战军特种兵纵队政治部编印，1947 年 3 月 18 日，华东野战军特种兵在沂蒙根据地沂南成立，该书从不同侧面反映了特种兵的英雄事迹
《飞兵在沂蒙山上》	1949 年 8 月	由新华书店发行，该书真实记录了解放战争初期发生在沂蒙解放区的战斗历程和支前事迹
《民兵通报》第 4 期	1946 年 2 月	研究解放战争时期沂蒙解放区的民兵工作的重要文献资料
《民兵杂志》月刊	1945 年 11 月	鲁中军区武装部创办，1947 年春停刊
《工作通讯参考材料》	1947 年 10 月	由鲁中区党委编印，指导基层土地改革的指导性读物
《淮海大战》第 2 册	1949 年 5 月	由第三野战军政治部编审，华东新华书店随军分店印刷发行，连队读物。沂蒙支前干部带回
《青年团文集》	1949 年 6 月	鲁中南区青年委员会编印的大会文集

（续表）

出版物名称	出版时间	简介
《群众文化》3期	1949年5月	由山东群众社主办，山东新华社出版发行，为面向农村的通俗文化读物，贴近农村、贴近群众、贴近实际、贴近时事
《论新民主主义经济》	1947年8月	薛暮桥主编，由山东新华书店出版，通过对解放区新形势下经济建设的分析论述，为沂蒙解放区经济建设指明了方向
《山东解放区的工商业》	1946年6月	在临沂出版，杨波主编，由山东新华书店出版发行，对临沂生产推进社的经验进行了总结推广，以指导山东解放区工商业区的发展
《粮政通讯》	1948年2月	山东省粮食总局创办的半月刊，指导解放区基层粮食工作者提高业务能力的刊物
《建团通讯》	1947年7月创办	鲁中区青委会创办的月刊，根据中共中央的指示要求，指导解放区建立团组织
《滨海农村》	1945年6月	在莒南县大店创办，1948年1月停刊，中共滨海区委机关报

表 23　教育文化卫生类

出版物名称	出版时间	内容简介
《春节文娱》第1集	1946年1月1日	鲁中文协编,鲁中新华书店出版发行。抗战胜利后的第一个春节,为了让在抗日战争中作出巨大贡献的鲁中解放区人民过一个喜庆欢乐的节日,鲁中文协编印了一套《春节文娱》材料,供解放区农村剧团春节期间演出使用
《中小学适用歌集》	1945年10月	山东文协编印,山东新华书店出版发行
《大众歌声》第15期	1945年12月	山东文协编印,山东新华书店出版发行。封底印有花边点缀红色字体祝语:恭贺新年,山东新华书店鞠躬
《农村文娱》第2集	1941年1月	鲁中文协编辑,鲁中新华书店出版。作品大多由解放区土生土长的农民编写,内容多针对当时的中心工作,教育性、娱乐性强,具有乡土气息
《实用文化课本》	1946年	鲁中第三专署文教科编,沂山新华书店编印。主要教授农民常用的数字、字词和怎样记工账
《绘图庄户难字》	1946年10月	由张云非编写,吕凡制图,图文并茂。适用于冬学、民校、夜校
《常识课本》	1946年5月	鲁中新华书店印刷发行,由山东省政府教育厅审定,为初级小学课本

（续表）

出版物名称	出版时间	内容简介
《社会科学基础教程》	1946 年 2 月	主要作者：徐懋庸、刘芝明、杜民、陈伯达等，于 1938 年 9 月编印，由延安解放区研究会编纂
《国语课本》《常识课本》等	1946 年 12 月	由山东省政府教育厅审定，沂山新华书店出版。为解放战争初期沂蒙地区初级小学临时教材
《近百年史话》	1948 年 9 月	黄祖英、沈长洪、陈怀白著，由山东省政府教育厅审定，华东新华书店出版发行，为中学课本和青年学习读物
《护病学》	1947 年 8 月	由华东荣军总校卫生科编，旨在指导提高护理人员的综合素质
《怎样带小孩》	无印制日期	由华东渤海区妇联编，华东新华书店印刷出版，旨在帮助妇女干部懂得更多的保育常识，以更好抚育革命后代，加强向广大农村妇女进行宣传教育，减轻农村儿童因护理不当死亡率高的问题

第三章

革命遗址保护利用模式

沂蒙山区是山东抗日根据地的中心。在艰苦卓绝的抗日战争中，中共山东分局、山东省战工会、八路军第一一五师、八路军山东纵队、八路军第一纵队等党政军领导机关，长期驻扎沂蒙山区，山东省五大战略区中的鲁中、鲁南、滨海3个战略区的中心都在沂蒙山区。刘少奇、罗荣桓、徐向前、朱瑞、郭洪涛、黎玉、萧华、陈士榘、谷牧等老一辈无产阶级革命家，曾在这里战斗工作过。国民党苏鲁战区军队等，也在此开展过抗日斗争。

在血与火的抗日斗争中，沂蒙人民与山东党政军一道，不畏强暴，英勇奋斗，共同铸就了伟大的沂蒙精神。在这片红色热土上，发生过许多著名的抗日战斗，产生了许多催人泪下、可歌可泣的英雄故事，留下了众多弥足珍贵的革命旧址和战役遗址。这些抗日战争遗址遗迹，见证了沂蒙根据地抗日战争的惨烈和悲壮，见证了沂蒙根据地党政军民的英勇和顽强。

第一节　省级主管部门向社会公布革命遗址、遗迹

2015 年 2 月，为纪念中国人民抗日战争暨世界反法西斯战争胜利 70 周年，临沂市文广新局与临沂党史研究室联合，在充分调研摸底的基础上，整理了临沂重点抗日战争遗址，由临沂市人民政府向社会公布了第一批重点抗日战争遗址 100 处。2017 年 6 月，由临沂市人民政府向社会公布第二批重点抗日战争遗址 100 处。2019 年 9 月，为进一步加强全市红色堡垒镇、村红色文化资源的挖掘、保护和利用，由临沂市人民政府向社会公布第一批红色堡垒镇 5 个、红色堡垒村 30 个。2020 年 8 月，经临沂市人民政府同意，由中共临沂市委党史研究院与临沂市文化和旅游局联合，向社会公布第二批沂蒙红色堡垒村 50 个。2022 年 8 月，上述两家单位联合向社会公布了临沂市第三批沂蒙红色堡垒村镇名单，包括红色堡垒镇 15 个，红色堡垒村 31 个。

这些革命遗址遗迹，是中国共产党领导沂蒙人民同仇敌忾、与敌人血战到底的珍贵历史记忆，是革命先烈和革命前辈留给我们的珍贵遗产，蕴含着党领导沂蒙人民艰苦奋斗、不屈不挠、敢于斗争、勇于胜利的崇高革命精神，是一笔宝贵的精神财富。这批珍贵遗址遗迹的公布，为更好地保护沂蒙抗日战争和解放战争时期的革命精神提供了依据，为开展沂蒙革命历史研究提供了第一手资料，同时也为开展沂蒙精神教育提供了生动形象的教材，更真实地展示了沂蒙军民水乳交融、生死与共铸就的沂蒙精神。

一、临沂市革命遗址遗迹摸底

2020 年年底，山东全省革命文物实地摸底调查工作结束。

这是1949年以来,山东首次进行全省系统性的革命文物实地摸底调查,为《山东省革命文物保护利用总体规划》编制提供了科学依据。其中,临沂市革命遗址遗迹情况,如下表:

表24　临沂市革命遗址遗迹统计

序号	名称	地址	
1	新四军军部暨华东军区、华东野战军诞生地旧址	河东区	九曲街道军部街1号
2	八路军一一五师司令部旧址	莒南县	大店镇中心街128号
3	山东省政府旧址	莒南县	大店镇中心街128号
4	大店烈士塔	莒南县	大店镇老龙腰村
5	华东军政大学旧址	莒南县	大店镇河湾村
6	山东抗战建国学院成立旧址	莒南县	大店镇北大官庄村
7	滨海军区华兴铁工厂成立旧址(兵工厂)	莒南县	大店镇后惠子坡村
8	山东画报社成立旧址	莒南县	河大店镇家店子村
9	大鸡烟厂旧址	莒南县	十字街道刘家扁山村
10	黑虎山军用防空洞旧址	莒南县	十字街道虎园村
11	山东水库之母(罗帅饮马处)	莒南县	十字街道石泉湖村
12	大沈家扁山军用防空洞旧址	莒南县	十字街道大沈家扁山村
13	马棚官庄烈士塔	莒南县	泉岭镇马棚官庄村

（续表）

序号	名称	地址	
14	山东军区司令部驻址	莒南县	筵宾镇略庄村
15	金沟官庄青年团支部旧址	莒南县	筵宾镇金沟官庄村
16	石门亭抗日文化井	莒南县	岭泉镇石门亭村
17	渊子崖抗日自卫战遗址	莒南县	板泉镇渊子崖村
18	渊子崖抗日烈士塔	莒南县	板泉镇渊子崖村西北
19	中共板泉崖党支部旧址	莒南县	板泉镇阳光社区
20	山东军区成立遗址	莒南县	洙边镇崖子村
21	中共滨海区党委成立旧址	莒南县	洙边镇界首村
22	滨海中学旧址	莒南县	洙边镇石门涧村
23	庄户学诞生纪念地	莒南县	洙边镇刘家莲子坡村
24	山东新华书店旧址	莒南县	洙边镇后净埠村
25	山东省人民武装委员会成立旧址	莒南县	洙边镇环河崖村
26	马髻（亓）山兵工厂旧址	莒南县	涝坡镇髻山村
27	高家柳沟识字班旧址展馆	莒南县	涝坡镇高家柳沟村
28	甲子山医院旧址	莒南县	文疃镇甲子山医院
29	山东纵队第二旅成立旧址	莒南县	文疃镇滕家河村
30	甲子山战役遗址	莒南县	朱芦镇甲子山
31	王家庄子抗日战斗遗址	莒南县	十字街道王家庄子村

（续表）

序号	名称	地址	
32	大山战役遗址	莒南县	坪上镇大山社区
33	厉家寨整山治水遗址	莒南县	坪上镇厉家寨社区
34	一一一师烈士陵园	莒南县	朱芦镇石场村
35	英雄山烈士墓	莒南县	朱芦镇刘家东山村
36	山东省战时行政委员会和八路军一一五司令部旧址	莒南县	团林镇李家桑园村
37	团林烈士塔	莒南县	团林镇徐家黄所
38	凤凰山战役遗址	莒南县	壮岗镇东演马村
39	岔河知青馆	莒南县	坊前镇岔河村
40	相邸水库移民纪念馆	莒南县	坊前镇前张岳河村
41	万松山烈士陵园（现更名为鲁中革命烈士陵园）	莒南县	坊前镇后桃花林村
42	莒南县委成立旧址	莒南县	坊前镇高家沟村
43	山东战时邮务总局干部训练班旧址	莒南县	坊前镇东甘霖村
44	王家坊前合作社旧址展馆	莒南县	坊前镇王家坊前村
45	鲁东南革命烈士陵园	莒南县	十字街道
46	岑梅山烈士塔（赤眉山烈士塔）	莒南县	十字街道赤眉山
47	甄家沟陵园	莒南县	相沟镇甄家沟村
48	滨海革命烈士陵园	临沭县	临沭街道苍山南麓

（续表）

序号	名称	地址	
49	刘少奇办公旧址	临沭县	玉山镇东盘南村
50	东盘村革命纪念地	临沭县	玉山镇东盘南村
51	一一五师司令部旧址	临沭县	蛟龙镇蛟龙后街269号
52	吴家后战场	临沭县	蛟龙镇吴家后村
53	新华社山东分社诞生地	临沭县	蛟龙镇前利城村西
54	革命驻地纪念碑	临沭县	店头镇陈巡会村村
55	八路军老四团钢八连朱村抗战旧址	临沭县	曹庄镇朱村
56	西山前战场	临沭县	曹庄镇西山前村
57	马陵山烈士陵园	郯城县	郯城县茅茨村与二旺村附近
58	高峰头烈士陵园	郯城县	高峰头镇前高峰头一村村北
59	国民革命军三捷庄会战遗址	郯城县	花园乡三捷庄村
60	重坊战斗遗址	郯城县	重坊镇驻地
61	沂蒙红嫂孙玉兰纪念碑	郯城县	重坊镇驻地
62	郯城独立团创始地	郯城县	辛村乡银杏古梅园内
63	中共鲁南第一支部旧址	郯城县	马头镇北首和平街正北方向
64	八路军第一一五师东进支队解放马头战斗遗址	郯城县	马头镇胜利街
65	郯城县抗日民主政府旧址	郯城县	马头镇胜利街

（续表）

序号	名称	地址	
66	源兴涌商号（鲁南第一行署旧址、中共郯马工委成立旧址、一一五师战士剧社）	郯城县	马头镇正大街南段
67	郯城大捷遗址	郯城县	郯城县县城
68	徐圩子保卫战遗址	郯城县	港山镇徐圩子村
69	东为儿桥大刀会抗战旧址	罗庄区	沂堂镇东为儿村
70	鲁南战役指挥部旧址	罗庄区	褚墩镇碑住一村
71	临郯青年救国团成立旧址	罗庄区	傅庄街道大丁庄
72	临沂行署旧址	兰山区	金雀山街道金雀山一路 57 号
73	临沂革命烈士陵园（华东革命烈士陵园）	兰山区	金雀山街道
74	山东军区交际处旧址	兰山区	金雀山街道东关居委沂州路和解放路交汇处东南
75	临沂展览馆旧址	兰山区	兰山街道朝阳居委沂州路和解放路交汇处东北
76	新四军军部旧址	兰山区	兰山街道书院居委兰山路
77	茶山烈士陵园	兰山区	半程镇
78	黄庄军民友谊扬水站	兰山区	马厂湖镇皇庄村
79	王麓水初葬遗址（在鲁南烈士陵园内）	兰陵县	兰陵县尚岩镇文峰山

（续表）

序号	名称	地址	
80	鲁南烈士陵园	兰陵县	尚岩镇文峰山
81	赵镈烈士墓（在鲁南烈士陵园内）	兰陵县	兰陵县尚岩镇安庄村东北文峰山上
82	郭云舫烈士墓（在鲁南烈士陵园内）	兰陵县	兰陵县尚岩镇安庄村东北文峰山西侧
83	曾明桃烈士之墓（在鲁南烈士陵园内）	兰陵县	兰陵县尚岩镇安庄村东北文峰山左前侧
84	刘少奇办公旧址	兰陵县	兰陵县下村乡埠阳村东、会宝岭水库西岸
85	鲁南区党委、专署驻地旧址	兰陵县	兰陵县下村乡埠阳、尚岩镇白山
86	一一五师供给部驻地遗址	兰陵县	兰陵县下村乡埠阳、白山
87	鲁南抗属子弟第三小学遗址	兰陵县	兰陵县下村乡埠阳
88	《鲁南时报》印刷厂遗址	兰陵县	兰陵县下村乡东涧村
89	边联县“七二五”事变遗址	兰陵县	兰陵县下村乡双河水库
90	鲁南抗属子弟第一小学遗址	兰陵县	兰陵县下村乡东马山村
91	罗荣桓办公旧址	兰陵县	下村乡大炉村内
92	银厂惨案纪念地	兰陵县	车辋镇前银厂村内

（续表）

序号	名称	地址	
93	王思玷纪念碑（王思玷午夜彗星塑像）	兰陵县	兰陵县兰陵镇政府驻地西750米小郭村东、温岭东侧
94	罗炳辉将军病逝地址	兰陵县	兰陵县兰陵镇兰陵美酒厂
95	兰陵小学遗址	兰陵县	兰陵镇兰陵酒厂南区
96	新文学革命先驱王思玷故居	兰陵县	兰陵县兰陵镇西南隅村
97	王思玷墓	兰陵县	兰陵县兰陵镇田家庄村北
98	兰陵国民革命自治军起义遗址	兰陵县	兰陵县兰陵镇永安寺
99	鲁南战役阻击战遗址	兰陵县	兰陵县兰陵镇大王庄
100	兰陵县治旧址	兰陵县	兰陵县兰陵镇大王庄
101	鲁南战役围歼战遗址	兰陵县	兰陵县新兴镇、兰陵镇糖稀湖
102	中国军队抗日阻击战遗址	兰陵县	兰陵县兰陵镇艾曲
103	反顽战斗遗址	兰陵县	兰陵县兰陵镇沈坊前
104	“横山惨案”遗址	兰陵县	兰陵县兰陵镇横山
105	鲁南战役战场遗址	兰陵县	兰陵县鲁城镇后场庄南石城崮
106	鲁南战役平山战场遗址	兰陵县	兰陵县鲁城镇西石门庄南平山
107	“雷雨口事变”遗址	兰陵县	兰陵县鲁城镇雷雨口村西南
108	中共临郯县委办公会议地点	兰陵县	兰陵县尚岩镇尚岩二村（尚岩小学旧址）

（续表）

序号	名称	地址	
109	四县边联办事处遗址	兰陵县	兰陵县尚岩镇沟西村
110	一一五师抗日战斗遗址	兰陵县	兰陵县尚岩镇阎王鼻子山
111	边联县“四二五”事变遗址	兰陵县	兰陵县尚岩镇万村、下村乡涧村
112	鲁南八师攻坚演习和朱德祝寿大会旧址	兰陵县	兰陵县尚岩镇万村
113	鲁南战役尚岩战斗遗址	兰陵县	兰陵县尚岩镇上岩村
114	鲁南战役凤凰岭战斗遗址	兰陵县	兰陵县尚岩镇沟西村
115	鲁南战役石龙山战斗遗址	兰陵县	兰陵县向城镇石龙山村
116	邢村农救会烈士纪念碑	兰陵县	车辋镇邢村内西南十字路口西北
117	赵镈就义处	兰陵县	车辋镇九女山村
118	四县边联办事处旧址	兰陵县	兰陵县车辋镇车辋村
119	边联县农救会成立旧址	兰陵县	兰陵县车辋镇东庄村
120	一一二师秘密工委驻地遗址	兰陵县	兰陵县车辋镇石河村
121	白家屋战斗遗址	兰陵县	兰陵县车辋镇兴隆庄
122	鲁南抗属子弟第二小学遗址	兰陵县	兰陵县车辋镇北漫溪村
123	一枪打透的根据地遗址	兰陵县	兰陵县车辋东白山至尚岩西白山

（续表）

序号	名称	地址	
124	抗日战斗遗址	兰陵县	兰陵县车辋镇石河村
125	车辋连参军纪念遗址	兰陵县	兰陵县车辋镇车辋村
126	苍山县成立大会遗址	兰陵县	兰陵县车辋镇龙桃峪村
127	鲁南军区第二野战医院旧址（17 处）	兰陵县	兰陵县下村乡北宋庄、小山后、明山后、下村、马洼、东马山、增光峪、苇湖、云峪 9 处；车辋镇银厂、漫溪 2 处；芦柞镇高庄 1 处；庄坞镇东哨、沙埠 2 处；长城镇红圈、徐桥 2 处；南桥镇程村 1 处
128	苏鲁边区军政抗日干校旧址	兰陵县	兰陵县长城镇土头、芦汪村
129	沂河支队抗日战斗遗址	兰陵县	兰陵县长城镇亓庄村
130	抗日战斗遗址	兰陵县	兰陵县长城镇聂官庄
131	抗日自卫遗址	兰陵县	兰陵县芦柞镇南哨村
132	鲁南战役华野前线指挥所遗址	兰陵县	兰陵县芦柞镇赵村
133	鲁南战役华中野战军一师指挥所遗址	兰陵县	兰陵县南桥镇任桥村
134	苍山暴动郭楼会议旧址	兰陵县	兰陵县长城镇郭楼村
135	一一五师师直政治部驻地遗址	兰陵县	兰陵县下村乡曹家流井村
136	一一五师民运部驻地遗址	兰陵县	兰陵县下村乡下大炉村

（续表）

序号	名称	地址	
137	一一五师直教队驻地	兰陵县	兰陵县下村乡杨庄
138	一一五师政治工作会议旧址	兰陵县	兰陵县下村乡吴家沟村
139	黄莘三牺牲地遗址	兰陵县	兰陵县下村乡赵山头北岭
140	鲁南军区被服厂遗址	兰陵县	兰陵县下村乡曹流井村
141	夺取伪据点战斗遗址	兰陵县	兰陵县下村乡云峪
142	鲁南军民大突围战斗遗址	兰陵县	兰陵县下村乡云峪村
143	黄应聘烈士之墓	兰陵县	新兴镇古林村西北100米处、黄山屯村西、黄山之上
144	“抗日模范村”遗址	兰陵县	兰陵县新兴镇下湖
145	伏龙山口战斗遗址	兰陵县	兰陵县新兴镇伏山口
146	国民党军第二十六和第一快速纵队师部遗址	兰陵县	兰陵县新兴镇马庄
147	鲁南战役太子堂战斗遗址	兰陵县	兰陵县新兴镇太子堂
148	鲁南战役戴胜屯战斗遗址	兰陵县	兰陵县新兴镇双山屯
149	苍山暴动纪念地	兰陵县	金岭镇大圩村
150	反顽战斗遗址	兰陵县	大仲村镇荆山口村
151	陡沟庄战斗纪念地	兰陵县	大仲村镇陡沟庄村
152	抗日伏击战遗址	兰陵县	大仲村镇南码头

（续表）

序号	名称	地址	
153	鲁南战役右纵队指挥部遗址	兰陵县	大仲村镇保合庄
154	胭脂山（燕住山）伏击战遗址	兰陵县	神山镇和庄西村
155	兰陵县第一位中共党员冷相佑烈士故居	兰陵县	神山镇青竹村60号
156	兰陵县第一支部遗址	兰陵县	神山镇老屯村
157	山东省农民抗日自卫团总团成立和“老屯惨案”遗址	兰陵县	神山镇老屯村
158	“杨官庄惨案”遗址	兰陵县	神山镇后杨官庄
159	攻克神山伪据点战斗遗址	兰陵县	神山镇西南村神山
160	中共鲁南特委成立纪念地	兰陵县	矿坑镇矿坑村
161	抗日战斗遗址	兰陵县	矿坑镇矿坑村
162	平息国民党敌特武装暴乱旧址	兰陵县	矿坑镇棠林村
163	抗日战斗遗址	兰陵县	贾庄社区堡子村
164	王华亭纪念碑	兰陵县	庄坞镇耿墩村南
165	耿墩村革命烈士纪念碑	兰陵县	庄坞镇耿墩村西部、庄坞耿墩公路北侧

（续表）

序号	名称	地址	
166	鲁南第一区委——中共四哨区委遗址	兰陵县	庄坞镇北哨村
167	临郯青年救国团团部旧址	兰陵县	庄坞镇涌泉
168	中共临沂县委县民主政府驻地遗址	兰陵县	庄坞镇涌泉
169	“双十反扫荡”抗日战斗遗址	兰陵县	庄坞镇涌泉黄土洼
170	支前模范傅大娘袁明故居遗址	兰陵县	庄坞镇涌泉
171	鲁南区党委驻地遗址	兰陵县	庄坞镇多福庄
172	“肖姬庄惨案”遗址	兰陵县	庄坞镇肖姬庄村
173	杨团起义旧址	兰陵县	庄坞镇庄坞村
174	鲁南军民“六九”滨海突围遗址	兰陵县	庄坞镇马湾村沂河
175	解放战争苍山县最后一战遗址	兰陵县	庄坞镇武河双石桥
176	临沂县委驻地遗址	兰陵县	磨山镇宋庄村村委
177	张苇村故居遗址	兰陵县	卞庄街道柞城前村
178	刘之言、颜成志等“苍山暴动”烈士就义处	兰陵县	卞庄街道洳河石桥旧址
179	抗日伏击战遗址	兰陵县	卞庄街道小城东

（续表）

序号	名称	地址	
180	山东野战军小坊会议遗址	兰陵县	卞庄街道小坊
181	戴村阻击战斗遗址	兰陵县	卞庄街道代村
182	鲁南战役卞庄塔子山战斗遗址	兰陵县	卞庄街道
183	鲁南战役山野一纵指挥所遗址	兰陵县	卞庄街道南王庄
184	大青山胜利突围纪念地	费县	薛庄镇大青山一带
185	石岚伏击战遗址	费县	薛庄镇石岚村
186	孙隆三墓	费县	南张庄乡白埠村
187	沈学仁墓	费县	新庄镇信兴庄村北
188	东流战斗遗址	费县	新庄镇东流村
189	击毙巨匪刘黑七之处	费县	新庄镇
190	光山头八路军驻地旧址、原中共临费县委八路军山东纵队费县第二游击大队驻地	费县	马庄镇光山头村
191	丰阳烈士陵园（郑家峪烈士林）	平邑县	丰阳镇郑家峪村
192	临涧烈士陵园（原石门烈士陵园）	平邑县	临涧镇石门村
193	老泉崖战斗抗日烈士纪念碑	平邑县	流峪镇老泉崖村

（续表）

序号	名称	地址	
194	蒲芦烈士林	平邑县	流峪镇永盛社区南蒲芦村
195	黄南县工委旧址	平邑县	流峪镇常庄西南岭村
196	中共鲁南区党委旧址（鲁南时报印刷室）	平邑县	郑城镇油篓村
197	八路军一一五师桃峪高干会议旧址	平邑县	郑城镇桃峪村
198	罗荣桓旧居	平邑县	郑城镇巩家山村
199	肖华旧居	平邑县	郑城镇巩家山村
200	苏家崮抗日烈士陵园	平邑县	郑城镇西岭
201	苏家崮战斗遗址	平邑县	郑城镇木头崖村
202	苏家崮烈士墓	平邑县	郑城镇木头崖村
203	太皇崮战斗遗址	平邑县	白彦镇太皇崮村
204	苗庄庄户剧团成立旧址	平邑县	郑城镇苗庄村
205	魏庄烈士林	平邑县	郑城镇魏庄村
206	九间棚	平邑县	地方镇九间棚村
207	北海银行鲁南印钞厂旧址	平邑县	地方镇九间棚龙顶山北麓朝阳洞
208	天宝山战斗遗址	平邑县	地方镇两泉村
209	范家台烈士林	平邑县	地方镇范家台村
210	王崮山会议旧址	平邑县	地方镇王崮山村
211	中共蒙山县委旧址	平邑县	卞桥镇西荆埠村
212	卞桥革命烈士陵园（卞桥烈士林）	平邑县	卞桥镇卞桥村

（续表）

序号	名称	地址	
213	蒙山县委旧址	平邑县	蒙山人家景区内
214	杜方平墓（杜方平将军墓）	平邑县	卞桥镇罗圈峪村
215	省委会议旧址（山东省委会议旧址）	平邑县	柏林镇邢家庄
216	贯庄烈士陵园	平邑县	柏林镇前贯庄村东
217	武台烈士陵园（黑山战斗烈士林）	平邑县	武台镇孟家庄村
218	黑山战斗遗址	平邑县	武台镇黑山前村（山体连线）
219	平邑红十字会旧址	平邑县	武台镇蒋里村
220	费县抗日民主政府成立旧址	平邑县	保太镇大夫宁村
221	平邑烈士陵园	平邑县	平邑街道城莲花山公园北侧
222	一一五师抗战两周年纪念大会旧址（八路军一一五师挺进沂蒙纪念地）	平邑县	仲村镇马家峪村
223	白彦战斗遗址	平邑县	白彦镇
224	陈毅担架队旧址	平邑县	平邑镇石崮庄村
225	大平安庄战斗旧址	平邑县	地方镇大平安庄村
226	陈秀英烈士墓	平邑县	铜石镇南锅泉村
227	毛家洼革命烈士纪念碑（毛家洼烈士林）	平邑县	平邑镇毛家洼村
228	鲁南回民支队平邑大队旧址	平邑县	平邑街道文化路中段

（续表）

序号	名称	地址	
229	中共山东省委机关驻地旧址	平邑县	柏林镇柘沟村内
230	东上坦渡槽	平邑县	柏林镇东上坦东北
231	蒙山彭雄题字	平邑县	蒙山白云岩东南巨石南壁
232	中共山东省委旧址——万寿宫	平邑县	柏林镇蒙山景区内
233	百花峪战斗遗址	蒙阴县	桃墟镇百花峪村
234	解放蒙阴城战斗旧址	蒙阴县	蒙阴街道湖滨路与古城路交叉口
235	山东抗日军政干部学校开学旧址	蒙阴县	联城镇大庄村
236	吕祖庙烈士墓群	蒙阴县	岱崮镇台头村西南 200 米
237	包家围子烈士墓群	蒙阴县	野店镇棋盘石村包家围子村
238	沂蒙六姐妹支前拥军旧址	蒙阴县	野店镇烟庄村
239	老君洞革命遗址	蒙阴县	坦埠镇寨后村西北
240	坦埠革命旧址	蒙阴县	坦埠镇坦埠社区
241	大崮革命遗址	蒙阴县	岱崮镇大崮村
242	坡里革命旧址	蒙阴县	岱崮镇坡里村
243	岱崮园区博物馆	蒙阴县	岱崮镇笊篱坪村
244	岱崮革命遗址	蒙阴县	岱崮镇岱崮村
245	龙须崮革命遗址	蒙阴县	岱崮镇龙须崮
246	蔡庄惨案旧址	蒙阴县	高都镇蔡庄社区

（续表）

序号	名称	地址	
247	上温村地雷战旧址	蒙阴县	高都镇上温村
248	道士海革命遗址	蒙阴县	野店镇板崮崖村道士海村
249	孟良崮战役遗址	蒙阴县	垛庄镇
250	蒙阴烈士陵园(已迁入孟良崮战役遗址,灭失)	蒙阴县	—
251	南蓉芙烈士墓(已迁入孟良崮战役遗址)	蒙阴县	垛庄镇南蓉芙回民村
252	民兵英雄纪念碑(已迁入孟良崮战役遗址)	蒙阴县	垛庄镇朝仙桥村孟良崮纪念馆东侧
253	黄崖阻击战遗址	蒙阴县	垛庄镇兴隆桥村南
254	燕翼堂旧址	蒙阴县	垛庄镇驻地(现为镇政府)
255	垛庄革命旧址	蒙阴县	垛庄镇驻地
256	贾家庄子战斗旧址	蒙阴县	垛庄镇贾家庄子村
257	埠前庄烈士陵园	沂水县	院东头镇埠前庄村
258	沂水四六区历次战役殉国烈士纪念碑	沂水县	院东头镇埠前庄村
259	藏兵洞	沂水县	院东头镇桃棵子村
260	《大众日报》创刊地	沂水县	夏蔚镇王庄村、云头峪村
261	中共中央山东分局旧址(八路军山东纵队成立旧址)	沂水县	夏蔚镇王庄村
262	王庄烈士陵园	沂水县	夏蔚镇王庄村
263	匡亚明墓	沂水县	夏蔚镇云头峪村

（续表）

序号	名称	地址	
264	陈毅指挥所旧址	沂水县	夏蔚镇双山村
265	黄石山惨案纪念地	沂水县	黄山铺镇黄石山
266	山东分局党校旧址	沂水县	夏蔚镇镇政府驻地西侧
267	祖秀莲纪念馆	沂水县	院东头镇桃棵子村
268	祖秀莲墓	沂水县	院东头镇桃棵子村
269	祖秀莲故居	沂水县	院东头镇桃棵子村
270	对崮峪烈士陵园	沂水县	沙沟镇对崮峪村西对崮山上
271	武善桐烈士墓	沂水县	诸葛镇红石崖村
272	葛庄伏击战遗址	沂水县	诸葛镇葛庄村
273	张鍏烈士墓、碑	沂水县	泉庄镇马头崖村
274	山纵后方医院旧址（八路军山东纵队卫生部直属后方医院旧址）	沂水县	泉庄镇尹家峪村
275	沂水革命烈士陵园（跋山烈士陵园）	沂水县	荷叶官庄村跋山西麓
276	下峪子烈士陵园（已迁入沂水革命烈士陵园内）	沂水县	龙家圈镇下峪子村
277	仙姑顶烈士公墓（已迁入沂水革命烈士陵园内）	沂水县	院东头镇田家峪村仙姑顶
278	四、八烈士纪念碑（已迁入沂水革命烈士陵园内）	沂水县	—
279	张耿烈士林（已迁入沂水革命烈士陵园内）	沂水县	诸葛镇张耿村

（续表）

序号	名称	地址	
280	杨庄烈士陵园(已迁入沂水革命烈士陵园内)	沂水县	杨庄镇杨庄村北
281	佃坪歪头崮战斗旧址	沂水县	泉庄镇佃坪村
282	五山摩崖石刻	沂水县	杨庄镇五山村南
283	圈里烈士林(已迁入沂水革命烈士陵园)	沂水县	圈里乡圈里村荆山南坡
284	圈里卫东大桥	沂水县	圈里乡北岱庄村西南
285	刘春烈士墓	沂水县	四十里堡镇刘春岭村北
286	唐王山反击战旧址	沂水县	圈里乡吉林村、上良门村
287	沭水集惨案纪念地	沂水县	高桥镇沭水村
288	李洪恩烈士墓	沂水县	高桥镇马家河村中李家林地
289	临沂大青山突围战遗址之大青山烈士陵园	沂南县	双堠镇东梭庄村
	临沂大青山突围战遗址之大青山胜利突围纪念馆	沂南县	双堠镇东梭庄村
	临沂大青山突围战遗址之抗大一分校旧址	沂南县	孙祖镇东高庄村
290	王德林故居	沂南县	双堠镇后崖子村
291	山东省战时工作委员会旧址	沂南县	青驼镇青驼东村
292	八路军山东纵队党员代表大会会议旧址	沂南县	青驼镇吉拉子村
293	抗大一分校旧址(山东抗日军政干部学校旧址)	沂南县	岸堤镇岸堤二村
294	《鲁中日报》创刊地旧址	沂南县	岸堤镇王山峪村

（续表）

序号	名称	地址	
295	南沂蒙联防办事处、沂南青年救国团、沂南推进社成立旧址	沂南县	岸堤镇塘子村
296	王兑一故居	沂南县	岸堤镇李家庄子村
297	九子峰战斗纪念地（孙祖战斗遗址）	沂南县	孙祖镇小山子后村
298	《大众日报》《战士报》一刷厂旧址，《前卫报》创刊地印刷厂旧址	沂南县	孙祖镇天水栈村
299	八路军第一纵队成立旧址	沂南县	孙祖镇栗林村
300	山东军政委员会成立，山东省青年抗日先锋队（青抗先）临时总队成立旧址	沂南县	孙祖镇代庄村
301	中共南沂蒙（沂南）县委成立旧址	沂南县	孙祖镇北瓦庄村
302	常山庄山东省青代会会址	沂南县	马牧池乡常山庄（现为红色影视基地）
303	王换于故居	沂南县	马牧池乡东辛庄村
304	火线桥遗址	沂南县	马牧池乡东辛庄村
305	北海银行总行印钞厂旧址	沂南县	马牧池乡万粮庄村
306	吉泰山围寨	沂南县	马牧池乡小洼村西南鸡太冤山上

（续表）

序号	名称	地址	
307	大众日报战时印刷所旧址	沂南县	马牧池乡小洼村
308	明德英故居	沂南县	马牧池乡横河村
309	山东战时邮局成立旧址	沂南县	马牧池乡双泉峪子村
310	省战邮旧址(纪念馆)	沂南县	马牧池乡牛王庙村
311	马牧池突围遗址	沂南县	马牧池乡马牧池村
312	沂东烈士陵园	沂南县	蒲汪镇陡沟村
313	刘鸣銮纪念碑	沂南县	苏村镇小杜家庄村
314	门家庵子家庭烈士陵园	沂南县	苏村镇门家庵子村
315	李子超故居	沂南县	苏村镇西李家庄村
316	王广基烈士墓	沂南县	苏村镇北良水村
317	留田突围纪念地	沂南县	张庄镇留田村一带，方圆几公里
318	山东省回民抗日协会成立旧址	沂南县	界湖街道大成庄村清真寺
319	铜井烈士墓	沂南县	铜井镇铜井村
320	鲁中革命烈士陵园(万松山烈士陵园)	沂南县	依汶镇五孔桥村
321	高克亭旧居	沂南县	依汶镇大松林村
322	胡奇才旧居	沂南县	依汶镇大松林村
323	鲁中区参议会，鲁中区行政主任公署成立旧址	沂南县	依汶镇大松林村
324	罗舜初旧居	沂南县	依汶镇大松林村

（续表）

序号	名称	地址	
325	山东省“双减”工作会议，薄板台会议旧址	沂南县	依汶镇薄板台村
326	中共沂蒙地委，中共（沂水）五区区委成立旧址	沂南县	依汶镇朱家里庄村
327	袁家口子大堤落成纪念碑	沂南县	砖埠镇袁家庄子村
328	秦鸿钧故居	沂南县	辛集镇世和庄村
329	沂东县战邮局成立旧址	沂南县	辛集镇张家八角汪村
330	中共沂东工委，沂东行署成立旧址	沂南县	辛集镇张家八角汪村
331	朱富胜故居	沂南县	大庄镇后交良村
332	歌曲《跟着共产党走》诞生地	沂南县	孙祖镇东高庄村
333	北海银行旧址	沂南县	依汶镇大梨峪村
334	刘震东故居、震东小学	沂南县	张庄镇张庄二村
335	兴旺庄村战斗堡垒村	沂南县	岸堤镇岸兴旺庄村
336	刘溥霖故居	沂南县	辛集镇城子庄村
337	王建安故居	沂南县	依汶镇大松林村

二、临沂市重点抗战遗址

在艰苦卓绝的抗日战争中，临沂人民与山东党政军水乳交融、浴血奋战，共同铸就了伟大的沂蒙精神，同时也留下一大批弥足珍贵的抗日战争遗址。这些遗址见证了抗日战争的惨烈和悲壮，见证了老区人民的英勇和顽强。

为加强对抗日战争遗址的保护和利用，经核定，临沂市政府先后于 2015 年 1 月、2017 年 6 月，将解放临沂城纪念地等 200 处抗日战争遗址列为临沂市第一批、第二批重点抗日战争遗址（表 25、26）。公布的抗战遗址，有很多是广大党员干部和普通市民耳熟能详的，既有战斗遗址、办公旧址，也有纪念碑、故居，还有重大历史事件的诞生地、发源地。如解放临沂城纪念地、山东省政府成立旧址、沂蒙母亲王换于故居、大青山烈士陵园、朱村战斗遗址，等等，都是近年来临沂市党员干部进行党的群众路线教育实践活动和红色革命教学的现场。

市政府要求全市各级各部门高度重视，扎实做好立碑保护和日常管理工作，深入挖掘整理遗址资料，不断加大宣传力度，切实提升革命遗址的管护和开发水平，充分发挥这些抗战遗址对于推进爱国主义、社会主义核心价值观和沂蒙精神教育的重要作用，为建设经济文化强市作出新的更大贡献。

表 25　临沂市第一批重点抗日战争遗址名单

所在县区及数量	遗址名称
兰山区（2 处）	解放临沂城纪念地、日军血洗临沂城遗址
罗庄区（1 处）	临郯青年救国团成立旧址
河东区（1 处）	临沂保卫战遗址
郯城县（4 处）	郯城大捷遗址、重坊战斗遗址、徐圩子保卫战遗址、国民革命军三捷庄会战遗址
兰陵县（7 处）	八路军第一一五师师部暨罗荣桓办公旧址、国民革命军兰陵抗日阻击战遗址、中共国民革命军第一一二师工作委员会旧址、兰陵国民抗日义勇军成立旧址、临郯费峄四县边区联庄办事处遗址、山东省农民抗日自卫团总团成立旧址、农救会烈士纪念碑

（续表）

所在县区及数量	遗址名称
沂水县(16处)	中共山东分局成立旧址、八路军山东纵队成立旧址、中共山东分局党校旧址、山东鲁迅艺术学校成立旧址、《大众日报》创刊纪念地、沂蒙红嫂祖秀莲救护伤员旧址、对崮山战斗遗址、葛庄伏击战遗址、抗日堡垒村西墙峪村旧址、解放沂水城纪念地、八路军山东纵队直属后方医院旧址、武善桐舍身救伤员遗址、沭水集惨案遗址、仙姑顶战斗遗址、唐王山战斗遗址、国民革命军苏鲁战区司令部旧址
沂南县(22处)	中共苏鲁豫皖边区省委旧址、山东省各界代表联合大会旧址、山东省战时工作推行委员会成立旧址、中共山东第一区党委成立旧址、山东姊妹剧团成立旧址、山东抗日军政干部学校旧址、八路军第一纵队成立旧址、抗大一分校旧址、山东公学成立旧址、中共鲁中区党委成立旧址、中共沂蒙地委成立旧址、北海银行旧址、留田突围遗址、孙祖战斗遗址、柳洪峪战斗遗址、沂蒙红嫂明德英故居、沂蒙母亲王换于故居、大青山烈士陵园、鲁中革命烈士陵园、山东战时邮局成立旧址、歌曲《跟着共产党走》诞生地、袁家口子大堤落成纪念碑
平邑县(8处)	八路军第一一五师挺进沂蒙纪念地、八路军第一一五师桃峪高干会议旧址、白彦争夺战遗址、中共鲁南区党委旧址、北海银行印钞厂旧址、苏家崮战斗遗址、太皇崮战斗遗址、苗庄庄户剧团旧址
费县(8处)	中共苏鲁豫皖边区特委旧址、东流村抗日自卫战遗址、八路军山东纵队后勤部被服厂旧址、《沂蒙山小调》诞生地、大青山突围战遗址、石岚伏击战遗址、黄草关大捷遗址、柱子山大捷遗址

（续表）

所在县区及数量	遗址名称
蒙阴县(5处)	蒙阴县抗日民主政府成立旧址、解放蒙阴城战斗遗址、南北岱崮保卫战遗址、大崮山保卫战遗址、民兵英雄纪念碑
莒南县(13处)	八路军第一一五师司令部旧址、山东省政府成立旧址、中共滨海区党委成立旧址、渊子崖抗日自卫战遗址、山东抗战建国学院、滨海中学旧址、山东新华书店诞生地、山东画报诞生地、庄户学诞生纪念地、郑信开荒纪念地、大鸡烟厂旧址、马棚官庄抗日烈士纪念塔、山东水库之母
临沭县(8处)	山东省“减租减息”运动试点驻地遗址、刘少奇办公旧址、八路军第一一五师司令部作战室旧址、新华社山东分社诞生地、西山前抗日自卫战遗址、朱村战斗遗址、八路军第一一五师兵工厂遗址、滨海二地委、二行署、二军分区旧址
临沂临港经济开发区(4处)	山东省战时行政委员会成立旧址、大山战斗遗址、国民革命军第一一一师忠烈祠、常恩多率国民革命军第一一一师举义遗址
蒙山管委会(1处)	中共山东省委旧址

表26　临沂市第二批重点抗日战争遗址名单

所在县区及数量	遗址名称
兰山区(1处)	中共临费县委旧址
罗庄区(4处)	中共临沂县委成立旧址、中共临西工委与临西办事处旧址、东为儿桥大刀会抗战遗址、八路军临郯独立团成立旧址

（续表）

所在县区及数量	遗址名称
郯城县(4 处)	八路军第一一五师东进支队解放马头战斗遗址、郯城县抗日民主政府旧址、鲁南第一行署旧址、中共郯马工委成立旧址
兰陵县(11 处)	兰陵国民抗敌义勇军成立旧址、中共鲁南特委成立旧址、中共兰陵县委与兰陵县抗日民主政府旧址、中共沂河地委旧址、车辋战斗遗址、中共赵镈县委与赵镈县抗日民主政府旧址、银厂惨案纪念地、临沂县抗日民主政府成立旧址、鲁南行政主任公署旧址、临郯费峄四县边区县抗日民主政府旧址、八路军临郯费峄四县边联支队成立旧址
沂水县(9 处)	八路军山东人民抗日游击第四支队第六大队成立旧址、中共沂北工委与沂北行署成立旧址、莒沂县抗日民主政府旧址、诸葛乡合作社成立旧址、上下峪子惨案遗址、岳庄小学抗日旧址、动参模范村朝阳官庄村、抗战模范村李家峪村、山东省临时参议会参议长范明枢旧居
沂南县(21 处)	南沂蒙(沂南县)抗日民主政府成立旧址、沂水县九区抗日民主政府成立旧址、泽东青年干校山东分校成立旧址、八路军第一纵队司令员徐向前旧居、铜井八角革命烈士公墓、八路军山东战地服务团成立旧址、山东省第二次青年代表大会会议旧址、中共苏鲁豫皖边区省委党校成立旧址、鲁中金矿总局成立旧址、鲁中兵工总厂旧址、沂蒙专员公署成立旧址、大青山战斗陈明与汉斯·希伯牺牲纪念地、高湖突围战刘子超牺牲纪念地、鲁中行政联合办事处成立旧址、战斗堡垒村兴旺庄、临费沂边联县抗日民主政府成立旧址、中共沂东工委与沂东县抗日民主政府成立旧址、八路军山东纵队党员代表大会会议旧址、生产模范村尤家埠子村、沂东革命烈士陵园、《前卫报》成立旧址

（续表）

所在县区及数量	遗址名称
平邑县(11处)	中共蒙山工委与蒙山各县联合办事处旧址、山东战时行政委员会岐古庄行政会议旧址、费县抗日民主政府成立旧址、中共费南县工委与费南县委成立旧址、八埠庄战斗遗址、塔佛山战斗遗址、费北行署与费北县抗日民主政府旧址、大平安庄战斗遗址、鲁南时报社成立旧址、武台烈士林、贯庄烈士陵园
费县(10处)	中共温河县委与温河县抗日民主政府旧址、八路军第一一五师司令部聂家庄旧址、鲁南中学旧址、中共费东工委与费东行署旧址、鲁南区抗日干部学校旧址、八路军费县抗日游击第八大队驻地旧址、八路军蒙山支队驻地旧址、鲁南军区直属兵工厂旧址、八路军鲁南军区直属卫生所旧址、东张庄抗日烈士公墓
蒙阴县(6处)	中共蒙阴县委成立旧址、燕翼堂革命遗址、山东省第四联合中学成立旧址、新蒙县抗日民主政府旧址、沂水县抗日民主政府成立旧址、上温村地雷战遗址
莒南县(12处)	十字路抗日游击大队成立旧址、刘庄集惨案遗址、中共鲁东南特委成立旧址、中共滨海地委与滨海专员公署旧址、中共莒南县委成立旧址、莒南县抗日民主政府成立旧址、中共沭水县委与沭水县抗日民主政府旧址、莒临县抗日民主政府旧址、山东抗日根据地八大剧团汇演旧址、八路军山东军区旧址、新一一一师成立旧址、沂蒙红嫂梁怀玉旧居

（续表）

所在县区及数量	遗址名称
临沭县（7处）	鲁南四地委与鲁南四行署与鲁南四军分区旧址、郯东北第一办事处成立旧址、中共临沭县委与临沭县抗日民主政府旧址、滨海军区四团驻地旧址、中共沭河工委旧址、八路军第一一五师被服厂旧址、醋大庄战斗遗址
临沂临港经济开发区（4处）	莒日临赣四县联合办事处（滨海各县行政联合办事处）成立旧址、八路军山东军区卫生学校与八路军山东军区战时医院成立旧址、山东军区首次战斗英雄民兵英雄代表大会旧址、甲子山战役遗址

表27　全市按照行政区划各县区抗战遗址分布情况

县区	第一批抗战遗址（处）	第二批抗战遗址（处）	合计（处）
兰山区	2	1	3
罗庄区	1	4	5
河东区	1	0	1
郯城县	4	4	8
兰陵县	7	11	18
沂水县	16	9	25
沂南县	22	21	43
平邑县	8	11	19
费县	8	10	18
蒙阴县	5+1（蒙山）	6	12

（续表）

县区	第一批抗战遗址(处)	第二批抗战遗址(处)	合计(处)
莒南县	13+4(临港)	12+4(临港)+1①	34
临沭县	8	7	15
合计	100	101	201

第二节　按政权、战争、拥军三个主题实行分类保护

根据山东省文化和旅游厅调查的临沂革命遗址名录和临沂市政府公布的革命遗址名录统计，战争类革命遗址占已公布革命遗址的27.8%；纪念地、纪念碑、故居遗址占已公布革命遗址的13.4%；沂蒙革命根据地党、政机构旧址占已公布革命遗址的32.4%，沂蒙革命根据地的各级军队驻扎旧址占已公布革命遗址的15.4%；沂蒙革命根据地银行、工厂、学校、医疗等生产服务类旧址占已公布革命遗址的12%。

一、沂蒙革命根据地政权建设类重要遗址

临沂境内虽有沂山、蒙山两大山系，但是地理上没有沂蒙山这个地名，“沂蒙”是革命战争年代形成的地理空间概念。沂蒙革命根据地，是中国革命的重要战略基地。抗日战争时期，山东省党政军领导机关和八路军山东纵队、八路军第一一五师长期驻扎在沂蒙山区，在这里直接领导创建了鲁南、鲁中、滨海三大

① 2020年，临沂市人民政府下发了《关于公布滨海建国学院办学旧址为临沂市重点抗日战争遗址的通知》。

抗日根据地,沂蒙革命根据地成为山东抗日根据地的中心。解放战争时期,新四军北撤沂蒙,中共华东中央局、华东野战军在沂蒙成立并长期活动于此,沂蒙是华东解放区的首府。解放战争后期,鲁南、鲁中、滨海三大战略区合并为鲁中南区。

沂蒙山区是建党较早的地区之一,有着广泛的组织基础和影响。1927 年 4 月,建立了临沂第一个党组织——中共沂水支部。1932 年,沂蒙各县都有了党的组织,并领导发动日照、沂水、苍山、龙须崮四次农民暴动。1938 年 12 月,山东省委在沂水王庄组建八路军山东纵队,共 2.5 万人,成为当时共产党领导下最强大的地方武装力量。

1939 年 7 月,中共山东分局第一区党委在沂南岸堤成立,具体领导津浦路以东、胶济路以南、陇海路以北、黄海以西这一区域的工作。由于日军在沂河两岸和临(沂)滋(阳)路一线设立密集的据点,把沂蒙山区分割为沂河以东、蒙山南北三大片,为有效地开展对敌斗争,山东分局决定撤销第一区党委,先后建立鲁中、鲁南、滨海三个区党委,形成了三个战略区。

1940 年 5 月,鲁南区党委在平邑天宝山区的油篓村成立,其辖区范围东至沂河,西界微山湖,南至陇海路,北至临(沂)滋(阳)路,即鲁南根据地区域。1940 年 10 月,鲁中区党委在沂南艾峪湖村成立,其辖区范围东至沂、沭河,西至津浦路,南至临滋路,北至胶济路,这是鲁中根据地的范围。1941 年 2 月,鲁中区党委在沂南县朱家里庄成立二地委,后来将序号改为地域称谓,即"沂蒙地委",其辖区正好是鲁中山区的沂水、沂南、蒙阴、蒙山等区县,也是沂蒙山区的腹地,"沂蒙"名称从此叫响。

1943 年 4 月,滨海区党委在沂蒙山区东部成立,其范围东至黄海,西界沂河,南至陇海路,北至胶济路,这一区域为滨海根据地。解放战争后期，为便于统一领导支前工作，先后撤销了鲁中、鲁南、滨海三个区党委。1948 年 7 月，鲁中南区党委在沂水武家洼成立，其辖区主要是原一区党委的范围。为了领导群众抗战，沂蒙各级党组织相继在鲁中、鲁南、滨海建立起行署、专署、县政府、区政府等抗日民主政权。1940 年 7 月，中共山东分局坚决贯彻中央指示，在驻地沂南县青驼寺召开了全省各界代表联合大会，选举产生了领导机构——山东省临时参议会和山东省战时工作推行委员会，独立自主领导团结各界群众坚持抗战。山东省战工会是省政府的前身，也是共产党建立的第一个省级政权组织，省战工会的成立，标志着以沂蒙山区为中心的山东抗日根据地正式形成并进入全盛时期。

各级抗日民主政权建立后，通过精兵简政、大生产运动、减租减息、市场管理、货币贸易斗争，实行合作、互助等多种措施，加强根据地经济建设，较好地解决了军需民生问题，改善了人民群众生活。实行土地改革后，根据地人民实现了几千年来“耕者有其田”梦想，极大地提高了农业生产和参军参战、拥军支前的积极性。共产党、八路军把人民的利益放在第一位，沂蒙人民也铁了心跟着党走，全力支前，以命换命，舍身抢救、掩护伤病员。

在艰难困苦的战争岁月里，沂蒙山区县以上各级党政军组织都开办党校、军政干校、艺术学校、财经学校等，为革命事业培育了大批人才。同时还创办了《大众日报》《鲁南时报》《鲁中大众》《战士报》《滨海农村》等十几种报刊，并组织起战士剧社、突进剧社、黎明剧社、文工团、姊妹剧团等 2000 多个文艺团体。根据地军民坚定的信念，昂扬的斗志，必胜的信心，系统的政权组织保障，强大的宣传动员，为统一认识、凝心聚力，发挥了不可替代的作用。

1. 中国工农红军鲁南游击总队成立旧址

1932 年 10 月,日照暴动时,曾确定暴动后建立一支以党团员为骨干的“中国工农红军鲁南游击纵队”。1933 年 7 月,苍山暴动时,暴动队伍宣布成立“中国工农红军鲁南游击总队”,同时还成立了苏维埃政府。在农民暴动中,沂蒙地区早期的共产党员表现出大无畏的革命精神,如苍山暴动主要负责人之一的刘之言,为掩护其他人突围,边跑边喊“共产党在这里”①,主动把敌人引向自己,被捕后英勇就义。苍山暴动队员张星,暴动前夕刚入党,只学会《国际歌》中“起来,饥寒交迫的奴隶”这一句,在被捕押往刑场的路上,他反复呼唱,留下一路血迹。苍山暴动负责人之一徐腾蛟,暴动失败后毫不气馁,留下八句誓言表达心志:“男儿立志比钢坚,革命不成誓不还;儿女寻生各自去,信仰马列天地宽。公仇不报目不瞑,私怨无偿心自甘;埋骨何须家园地,祖国到处是青山。”②沂蒙地区早期党的活动历经曲折、饱受磨难,锻造了沂蒙共产党人矢志不移、不惧困难、坚忍不拔的精神品格。

2. 中共鲁南第一支部旧址(原求是小学)

1929 年 10 月,中共鲁南第一支部成立,由刘之言同志在郯城县立第三小学开创并组织工作,是中共在临(沂)、郯(城)、费(县)、峄(县)地区建立的第一个支部,后被称为鲁南第一支部。1932 年 9 月,中共郯城县委改称中共临郯县委,管理郯城、临沂、

---

① 中共临沂市委党史资料征集研究委员会编:《临沂革命斗争史稿》,济南:山东人民出版社,1991 年,第 52 页。

② 山东省中共党史人物研究会编:《山东党史人物传(第二集)》,济南:山东人民出版社,1992 年,第 118 页。

峄县等地区,在上级党组织领导下,开展轰轰烈烈的革命活动,树起民主革命的鲜艳红旗,为传播革命思想、团结革命力量作出卓越贡献。

1933 年 7 月 6 日,成立中国工农红军鲁南游击总队,郭云舫担任司令员,刘之言任政委,发动了 300 余人参加的“苍山暴动”。7 月 9 日,被国民党第 81 师展书堂部唐邦植旅包围,郭云舫、刘之言率部与敌英勇搏斗,终因寡不敌众,不幸被俘。不久,两位烈士分别在向城西门外、卞庄英勇就义,时年分别为 24 岁、27 岁。

支部旧址现位于郯城县马头镇郯城三中院内西北角,东西长 28 米,南北宽 16 米,主屋 6 间,东西厢房各 3 间。2001 年对外开放,共有“中国共产党发展史”“鲁南革命的摇篮”“鲁南第一支部创始人”“中共鲁南第一支部斗争史”四个展室。①

3. 中共中央山东分局旧址(八路军山东纵队成立旧址)

1938 年 11 月,为更好地指导创建沂蒙抗日根据地工作,中共苏鲁豫皖边区省委迁至沂水县王庄。12 月,按照中央指示,边区省委改为中共中央山东分局。郭洪涛、张经武、黎玉为分局委员,郭洪涛任书记。中共中央山东分局统一领导山东大部、苏皖豫北部各战略区党组织的工作。中共山东分局成立后,认真执行党中央关于开展、建立和发展敌后抗日根据地的一系列方针政策,广泛发动群众,培养革命干部,建立人民武装,使山东的抗战局面大为改观,是全省的指挥中心和枢纽。1939 年 6 月,日

① 政协山东省郯城县委员会编:《郯城文物》,北京:长征出版社,2009 年,第 24 页。

军对沂蒙山区进行第一次大“扫荡”，中共山东分局主动撤离。这半年时间，被在这里工作战斗过的人们称为“王庄时期”。

分局办公室为民国中式建筑，面阔12间，进深1间。二层，硬山顶，前廊有方形立柱，室内楼梯直通二楼。有正脊、垂脊，布瓦筒瓦屋面。隔扇门窗刷栗色油饰，前廊柱、栏杆刷红色油饰。内墙有抹灰。院内青条石铺地，室内现代瓷砖。保存状况良好。室内布展，有一级文物油印盘一件。藏品40余件，定级的有8件文物。

当时作为办公地点的天主教教堂，始建于1893年，东西39.1米，南北17.1米，高26米，哥特式建筑风格，保存状况良好，目前仍作教堂使用。

4. 中共苏鲁豫皖边区特委旧址

1935年2月，中共苏鲁边区临时特别工作委员会为了创建山区根据地，派李韶九等人先行进入抱犊崮山区开展党的工作，并在高桥建立广德堂药店，作为特委秘密机关。1936年6月，特委机关由枣庄迁于此，特委书记郭子化以坐堂中医为掩护，领导边区党的工作，组建抗日武装，使党的力量大大增强。先后建立高桥党支部高桥区委、高桥党总支，特委还在这里创办了一所小学和夜校，同年12月，中共苏鲁豫皖临时特委改为中共苏鲁豫皖边区临时特别工作委员会。1937年2月，划归河南省委领导，同年11月，迁往徐州市。

苏鲁豫皖边区特委纪念馆，位于山东省费县石井镇高桥村，石井镇南临兰陵县，西接枣庄市山亭区，位于两市三县交界处。1936年6月至1937年10月，苏鲁豫皖边区特委曾在这里领导边区党的工作。2016年，石井镇党委政府将纪念馆按照“修旧如旧”原则，仿照20世纪30年代民居风格，恢复建设18间房屋，配套修建广场等设施。该馆共有5个展区：广德堂药店、高桥小学、农民夜校、展厅、乡村记忆图片展。

5. 山东战时工作推行委员会成立旧址

1940年7月26日至8月26日，山东省第一届各界人民代表联合大会在临沂市沂南县青驼镇青驼东村东召开。旧址原有一座古庙青驼寺，庙前有两株银杏树，会议期间，日寇进行“大扫荡”，只好转移会场，古寺被日寇毁掉。出席大会的有山东省初选国大代表，有各地区工、农、青、妇动委会和各群众团体代表，还有驻当地的党、政、军等各界代表共300余人。

大会在《救亡进行曲》和《大会会歌》的雄壮歌声中开始。大会主席团由范明枢、朱瑞、黎玉、李澄之、孙鸣岗、张伯秋、霍士廉、陈明、李竹如、朱则民、杨希文、牟宜之、张立吾、郭瑛、陈放、祁青若（女）和许光明等17人组成。会议听取了朱瑞、黎玉、李澄之、李竹如等同志的报告，以及工、农、青、妇、文各界群众团体的工作报告，选举成立了山东省战时工作推行委员会及各群众团体领导机构。会议颁布了《山东省临时参议会组织条例》，明确参议会是民意机关，也是立法机关，制定了《山东省战时工作推行委员会组织大纲》等法令和条例，选举产生了黎玉、张经武、李澄之等23人为委员的山东省战时工作推进委员会，黎玉为首席组长。

1967年，在旧址上修建了青驼医院。当年旧物尚存一株银杏树。1977年，公布为省级重点文物保护单位。1990年，山东省政府为纪念战工会成立50周年，建立了山东战工会纪念馆和纪念碑，纪念馆南北长13米，东西宽71米，碑高8.5米，碑名“山东抗日民主政权创建纪念碑”由徐向前元帅题写。馆内设置16间展厅，陈列着照片、会议文件、用过的桌椅板凳等珍贵文物。

6. 八路军第一纵队成立旧址

八路军第一纵队成立旧址，位于沂南县孙祖镇栗林村。1939年4月，为统一指挥山东、苏北、皖北和冀鲁边区的八路军第一一五师和山东纵队各部队，中共中央决定组建八路军第一纵队。1939年6月29日，八路军第一二九师副师长徐向前、中共中央北方局组织部长朱瑞率领新组建的八路军第一纵队司、政机关，抵达中共中央山东分局以及八路军山东纵队指挥部驻地——山东抗日根据地沂蒙山区的代庄，与八路军山东纵队指挥张经武、山东纵队政委黎玉、中共中央山东分局书记郭洪涛等会合。

8月1日，八路军第一纵队在沂南县孙祖镇栗林村宣告正式成立，徐向前任司令员，朱瑞任政委。在成立大会上，朱瑞作《目前政治形势与创造苏鲁皖区工作任务的报告》。为了便于开展对敌斗争，建立抗日民族统一战线，徐向前、朱瑞发表就职通电。因八路军第一纵队干部紧缺，根据总政指示，1939年10月13日，八路军第一纵队与山东纵队宣布合并，徐向前、朱瑞、张经武、黎玉合并在一起办公，朱瑞仍任政委兼政治部主任。1941年1月，八路军第一纵队撤销，八路军山东纵队领导机关仍使用山东纵队名义指挥所属各部队。

7. 抗大一分校旧址

抗大一分校，是中国人民抗日军事政治大学第一分校的简称，抗大是抗日战争时期由中国共产党创办的培养军事和政治干部的学校，其前身是“中国红军大学”。抗大一分校旧址，位于沂南县孙祖镇东高庄村。抗大一分校敌后办学共7年，有6年时间（1940年1月到1945年10月）是在沂蒙山区。1938年年底，中共中央为了巩固和扩大敌后抗日根据地，贯彻六届六中全会“有计划地培养大批的新干部”精神，决定成立两个抗大分校，担负敌后训练培养八路军、新四军和地方军政干部的战斗任务。

1939 年 1 月初，中央军委和八路军总部决定，抗大一分校东迁至山东抗日根据地办学。朱德总司令亲自宣布周纯全为校长，李培南任政委兼政治部主任。1939 年 11 月 15 日，从太行山区驻地出发，经冀南、鲁西、泰西，历时 45 天，行程 3000 余里，于 1940 年 1 月 5 日到达沂南孙祖、东高庄、张庄、邵家峪一带。3 月初，2670 名新学员在东高庄村举行了开学典礼。

抗大一分校设校部、政治部、训练部。校部设行政、队列、卫生、供给等科，还有被服厂、制药厂等。政治部由政治委员李培南兼任主任，刘浩天为副主任，下设组织、宣传、民运、锄奸等科，组建了文艺工作团和民运工作团，出版油印校报《战旗报》、校刊《共产党员》。训练部部长为袁也烈，副部长阎捷三，下设军事教育、政治教育等科。学员共编 4 个大队（团级建制），还有高干队、女生队等，每个大队有六七个中队，七八百人不等。抗大一分校不但是一个教育单位，还是一支战斗部队。在频繁的战争环境中，他们多次配合部队、地方武装作战，甚至单独执行攻打据点任务。他们先后参加了侍郎宅、甲子山反顽战斗，攻克了前程子日伪据点，两次参加铜井战斗，多次参加反“扫荡”作战。

1941 年秋反“扫荡”中，第三大队坚守西蒙山布袋峪地区，依托高山峡谷，以小部队分散控制要点纵深梯次配备，坚守通道两侧阵地，顽强抗击日伪军千余人的连续多次进攻。同年 11 月，在反击日伪军 5 万余人“铁壁合围”大“扫荡”的大青山突围战中，第二、第五大队配合蒙山支队以及中共中央山东分局、山东省战工会、山东省抗协的少量警卫部队，抗击日军 1 个旅团的进攻,掩护领导机关大部突围。血战中,第二大队政委刘惠东及第五大队第二中队指导员程克、第五中队中队长邱则民等300余人英勇牺牲。[①]

1943年3月,山东抗日根据地实行党的一元化领导,中央军委决定成立新的山东军区。7月,抗大一分校缩编为山东军区教导第一团,胶东支队改为山东军区教导第二团,抗大一分校番号继续保留。抗日战争胜利后,为贯彻执行中共中央"向北发展,向南防御"的战略方针,罗荣桓率八路军山东主力部队挺进东北,抗大一分校奉命率第8期学员于年底到达吉林省通化市。1946年2月,抗大总校奉命由校长何长工率领主要部分离开陕北绥德,挺进东北,改名为"东北军政大学",抗大一分校即编为该校第三大队。抗大从成立到1945年8月抗战胜利,共办8期,扩建分校12所,其中,一分校是所有分校中办学历时最长、规模最大、培养青年干部最多、参加战斗和流动最频繁、取得战果最大的一所分校。

抗大一分校在沂蒙的6年时间里,共培养党政军干部1.4万余人。这些干部不仅在坚持山东敌后抗战中起到了骨干作用,也在解放战争乃至新中国成立后的社会主义建设中作出了重要贡献。

8. 中共鲁中区党委成立旧址

位于沂南县双堠镇艾于湖村。1940年10月,中共鲁中区党委(中共山东第七区党委),在临费沂边联县艾于湖村成立,霍士廉任书记。鲁中区党委先后辖一地委(泰山地委)、二地委

---

① 邱民亭主编:《山东省政府诞生与红色莒南》,北京:新华出版社,2005年,第75页。

（沂蒙地委）、三地委（泰南地委）、四地委（沂山地委）、五地委（由鲁东南特委改称）、蒙山工委等。鲁中区党委在加强各级党组织建设的同时，不断加强抗日民主政权建设，1942 年 5 月，建立鲁中行政联合办事处，1945 年 7 月，改建为鲁中区行政主任公署。鲁中区大力加强抗日武装建设，成立八路军鲁中军区，建立健全各级群众抗日救亡团体，使鲁中抗日根据地不断巩固和发展。解放战争时期，鲁中区积极动员参军，组织浩浩荡荡的支前大军，全程支援华东野战军作战。1948 年 7 月，为统一领导鲁中南地区的斗争，中共华东中央局决定将鲁中区、鲁南区和滨海、泰西专区合并为鲁中南区，同时成立鲁中南党委、行署和军区，鲁中各地委改属鲁中南区党委领导。

9. 中共沂蒙地委成立旧址

位于沂南县依汶镇朱家里庄村。1939 年 7 月，山东一区党委成立后，以淄博特委所辖的大部分地区为主建立沂鲁地委，之后改称二地委，辖沂水、蒙阴、昌乐、临朐、安丘等县委，王子文任地委书记。因其所属地区处在胶济铁路中段，敌人控制很严，故地委主要活动在沂水、蒙阴一带。1940 年 10 月，鲁中区党委成立后，撤销原山东一区党委二地委，于 1941 年 2 月上旬，在沂南县朱家里庄成立鲁中区党委二地委，又称沂蒙地委，王涛、王一平先后任书记。沂蒙地委辖沂水（沂中）、沂南、蒙阴、费北、沂临边、费东、蒙山等县（工）委。1946 年 7 月，沂蒙地委辖沂北、莒沂、沂东、沂水（沂中）、沂南、沂源、蒙阴、费东、蒙山等县委。1948 年 7 月，鲁中南区党委成立后，原鲁中区党委二地委改为鲁中南区党委二地委。1949 年 7 月，更名为沂蒙地委。1950 年 4 月，沂蒙地委改为沂水地委，后合并到临沂地委。

10. 中共鲁南区党委旧址

位于平邑县郑城镇油篓村。为加强鲁南战略区的领导,协助八路军第一一五师共同建立和巩固鲁南抗日根据地,积极开展津浦路两侧的群众工作,贯通华中与延安的联系,发挥鲁南地区的战略枢纽作用,1940 年 4 月 13 日,山东分局、山东省军政委员会决定,将原山东第一区党委划分为鲁中、鲁南两个区党委,原一区党委三、四地委划归鲁南区,建立中共鲁南区党委、鲁南专署和鲁南军区。5 月下旬,区党委领导机构,在沂南县青驼寺组建。6 月,在天宝山区油篓村正式成立,赵镈任书记。鲁南区管辖范围东临沂河,西至微山湖,南隔陇海铁路,北靠蒙山。

鲁南区党委成立后,在油篓召开第一次会议,传达了中共中央《关于山东及苏鲁战区工作方针的指示》《关于在山东、华中发展武装建立根据地的指示》《第一一五师创建抱犊崮抗日根据地的战略计划》,会议决议之一,是筹备召开鲁南各界代表会议,选举产生鲁南参议会和鲁南专员公署。之后不久,鲁南区党委还召开了地、县委组织部长会议。会上,区党委书记赵镈传达了中共中央和中共山东分局关于巩固党的指示,确立了党委的主要任务:整顿党组织,教育审查干部党员。鲁南区党委在整顿党组织的同时,还对各地、县委的班子进行了充实调整,使党的领导得到进一步加强,党组织进一步健全。

鲁南参议会和鲁南专员公署成立了鲁南各界抗日救国联合会和工、农、青、妇等抗日群众团体。通过召开村民大会,走访群众家庭,个别交谈等方式,来宣传日军的暴行、中国面临亡国灭种的危机,和共产党八路军的政策主张,八路军是抗日的队伍、是老百姓自己的队伍,等等。这些深入群众的工作实践,让群众对共产党和八路军有了初步认识，积极拥护各项政策，对抗日事业表现出了热情。[①]

从1941年春开始，日军连续对鲁南根据地进行“扫荡”，10月，国民党顽固派张本枝部偷袭鲁南区党委驻地银厂村，杀害区党委书记赵镈等19人。赵镈牺牲后，张雨帆任区党委书记。1943年9月，王麓水任区党委书记。解放战争时期，鲁南区是华东解放区的前沿阵地，受到国民党军队的进攻最为严重，著名的鲁南战役就发生在这里。鲁南区为解放战争的胜利做出了巨大的牺牲。

11. 中共滨海区党委成立旧址

位于莒南县洙边镇三界首村。滨海区地处鲁东南，包括胶济铁路以南、陇海铁路以北、东临黄海、西界沂河的广大地区，涵盖现在的临沂、日照、青岛、潍坊、连云港的部分地区。抗日战争时期，滨海区面积3.6万平方公里，人口约500万。1941年以后，中共山东分局、八路军第一一五师师部、山东战工会、抗大一分校、大众日报社等山东党政军群领导机关相继进驻滨海地区的莒南县、临沭县活动。从此，滨海地区成为山东抗日根据地的中心区。

1943年3月，为适应山东抗日战争形势的需要，根据中共中央指示，中共山东分局决定撤销滨海地委，成立滨海区党委。4月，滨海区党委在莒南县洙边区三界首附近成立。符竹庭、唐亮先后任区党委书记，张晔任副书记，谢辉任行政公署主任，陈士榘任军区司令。先后下辖一地委（滨北地委）、二地委（滨南地

---

① 中共平邑县委组织部、平邑县委党性教育工作办公室编：《雄师东进战沂蒙》，济南：济南出版社，2019年，第195页。

委)、三地委(滨中地委)。滨海区党委成立后,在山东分局的直接领导下,建立健全了党政军群等区级组织,坚持敌后抗日武装斗争,开展精兵简政、整风运动,开展以“减租减息”为主要内容的群众运动,巩固和扩大了滨海抗日根据地。到1944年底,全区有3个地委,1个工委(青岛市工委),14个县委,119个分区委,1077个支部,党员20000多名。

1946年7月,中共华东中央局根据中共中央指示,决定撤销滨海区党委,在滨南、滨中的莒县、莒南、日照、临沂、临沭、郯城、东海、竹庭8个县委和新海连办事处辖区范围,建立滨海地委,直属中共华东中央局领导。之后,又由鲁中南区党委领导,曾改称鲁中南区六地委。1950年5月,滨海地委改为临沂地委,即现临沂市委的前身。

12. 山东省政府成立旧址

位于莒南县大店镇庄氏庄园。庄氏庄园,是大店庄氏家族自明朝万历年间到清末,依靠家族赫赫功名与雄厚资产而建立的众多地主庄园,每个庄园都冠以各自的堂号,有“七十二堂号”之称。自明初时候庄氏迁徙于此,世代耕读,名人辈出,成为鲁南苏北的名门望族。

1941年3月,中共山东分局、省战工会、八路军第一一五师司令部等党政军领导机关进驻莒南大店。党领导的抗日行为,不仅得到当地百姓欢迎,而且受到当地开明士绅地主的拥护。庄氏族长、居业堂堂主庄余珍就把庄园贡献出来,作为八路军一一五师驻地。此后,山东抗日根据地党政军领导机关长期驻扎在滨海区的莒南、临沭一带,滨海区成为山东抗日根据地的中心区。山东抗日根据地的许多重要会议、重大战略决策、重要政策法规、重要战斗都是在这里做出和进行的。

1943年8月12日,山东省临时参议会第一届第二次大会在莒南县李家桑园村召开,将"山东省战时工作推行委员会"更名为"山东省战时行政委员会"。同时,根据革命形势需要,在大店集合准备去延安出席全国解放区人民代表会议的38名山东代表,联名向省临参会和政委会写出申请,要求立即成立山东省政府。8月13日,省临时参议会和省行政委员会在大店召开第20次联席会议,一致决定成立山东省政府,推选黎玉为省政府主席。这是中国共产党在全国建立的第一个省政府。当天,山东省政府发出了黎玉签发的布告,昭告全省,山东省政府自即日起行使职权。《大众日报》报道了省政府正式成立的消息。① 8月17日,《大众日报》社论"庆祝山东省政府成立"②,精辟阐述了山东民主政权得以成立的历史条件、彼时任务以及为之奋斗的美好明天。

13. 中共山东省委旧址

位于蒙山南麓的万寿宫附近。1938年1月,中共山东省委直接领导了徂徕山起义。这次抗日武装起义,对唤起山东人民抗战信心,夺取胜利起了重要作用。3月3日,省委书记黎玉和赵杰、景晓村等率领二大队南下新泰、费县,来到蒙山前万寿宫、柘沟(今属平邑县),领导创建抗日根据地。山东省委到达蒙山后,一方面大力发展抗日武装,另一方面深入发动群众,宣传抗日主张,指导成立中共费县临时工委。5月,中共中央决定将山东省委改为苏鲁豫皖边区省委,郭洪涛任省委书记。原山东省

---

① 鲁戈编著:《中国抗日战争全景录·山东卷》,济南:山东人民出版社,2015年,第124-125页。

② 祝宏、所梦九、李栋春等编:《抗日烽火》,济南:齐鲁书社,1993年,第659-662页。

委所属党组织和河南省委所属苏鲁豫皖边区特委,都归属苏鲁豫皖边区省委领导。①

5月下旬,鲁南人民抗日义勇队第一总队(亦称苏鲁人民抗日义勇队第一总队)遭到国民党游击军第七纵队申从周部的围攻,处境危险。边区省委立即召开会议,研究决定郭洪涛率第二、三两个团南下滕县东部,支援苏鲁人民抗日义勇队反击国民党土顽势力的斗争;林浩率省委和四支队机关以及部分部队东去岸堤、坦埠一带,开辟沂蒙山根据地;第一团仍留在泰山区活动。之后,第四支队各路部队会师岸堤一带,集中力量创建以沂蒙山为中心的抗日根据地。随后,转战滕县,歼灭申从周的地主武装,威震鲁南。

6月,中共苏鲁豫皖边区省委制定了《发展和坚持山东游击战争的战略计划》,决定在鲁中创建以沂蒙山为中心的抗日根据地,以淄博山区为依托创建清河地区抗日根据地,向南开创以抱犊崮为中心的抗日根据地,向东开创鲁东南沿海抗日根据地。随后,中共山东分局和山东纵队领导机关在沂蒙山区成立,鲁中逐渐成为山东抗战的中心地区。1940年7月,山东省战时工作推行委员会正式成立,标志着山东抗日根据地正式建立。②

二、沂蒙革命根据地战争类重要革命遗址

1937年10月,日寇大举入侵山东,沂蒙党组织相继发动组织爱国民众成立游击队、抗日武装进行起义。抗日的烽火燃遍

---

① 吕东来:《台儿庄大战中的中共党员》,北京:团结出版社,2018年,第630页。

② 魏本权、汲广运:《沂蒙红色文化资源研究》,济南:山东人民出版社,2014年,第81页。

沂蒙大地，各种抗日组织、团体如雨后春笋般成立，沂水抗日救国联庄会、沂水抗日游击第一中队、兰陵国民抗日义勇军、十字路抗日游击大队、临郯费峄边区联庄会，八路军山东抗日游击第四支队第六中队、第十二中队，鲁苏人民抗日义勇军第一总队、第二总队等武装力量先后成立。他们尽管武器装备简陋，但无不抱定与敌人血战到底的信念，攻城守地，扒路炸桥，割线骚扰，消灭了许多日寇和伪军组织，有效地配合了正面战场作战。

1938 年 10 月，山东省委根据中共中央的决定，在沂水县王庄成立八路军山东纵队，对山东各地的抗日武装实行统一领导、统一指挥。1939 年初，中共中央决定派八路军一一五师主力挺进山东，以沂蒙抗日根据地为中心的山东抗日斗争局面为之一新。中国共产党领导的人民军队和沂蒙人民筑起了铜墙铁壁，为抗日战争的最后胜利，为沂蒙人民、中华民族的解放作出了巨大的贡献。在民族危难之际，中国共产党带领沂蒙人民同仇敌忾、共赴国难、铁骨铮铮、视死如归。沂蒙人民在党的领导下参军参战、拥军支前，不畏强暴、不惧生死，坚忍不拔、勇往直前，如罗荣桓指挥一一五师展开的三次白彦争夺战，消灭日伪军 800 多人；徐向前指挥山东纵队取得的孙祖大捷，消灭日军 120 多人，击伤日军 70 多人；陈光指挥的塔佛山战斗，毙、伤、俘日伪军 400 多人；鲁中军区进行的葛庄伏击战，消灭日伪军 1200 多人；鲁南武装开展的苏家崮阻击战，歼灭日军 300 多人；滨海武装发起的郯城攻坚战，毙、伤、俘日伪军 1000 多人。这样大的战斗有 100 多次，小的作战近 4 万次，共歼灭日伪军 25 万人。沂蒙党政军民生死与共、并肩作战，打出了中国人的凛然正气，书写了战争史上的空前奇观。

波澜壮阔的解放战争，是中国共产党领导全国人民推翻国民党反动统治，解放全中国而进行的决战。经历抗日战争磨砺的沂蒙革命根据地，是这场决战的重要战场之一。沂蒙革命根据地各级党组织，坚决彻底贯彻落实毛泽东人民战争军事指导思想，从争取和平民主到准备自卫反击。针对国民党内战的阴谋，沂蒙解放区在中国共产党的领导下，坚决贯彻执行“一面打仗，一面建设”方针，在尽力争取和平、民主、制止内战的同时，积极发展战时经济，把土改、生产、支前紧紧地结合起来，很好地解决了解放区经济的支柱“粮食问题”，为粉碎国民党对沂蒙山区的军事进攻做好了准备。

1946 年 6 月 26 日，国民党大举进攻中原解放区，全面内战从此爆发。在沂蒙解放区战场，按照中共中央、华东局的战略部署，陈毅、粟裕等灵活运用毛泽东军事思想，在地方党政军的全力支持下，率领华东野战军与国民党军队斗智斗勇、浴血奋战，连续粉碎了国民党的全面进攻和重点进攻。沂蒙党政军民一面加强解放区生产建设，一面开展攻势作战，解放区在战略反攻中不断壮大，有力地支持了其他战场，为夺取全国解放战争的胜利作出了巨大贡献。三年解放战争，沂蒙山区不仅是华东地区革命斗争的指挥中枢，而且一直是强有力的战略后方基地。正如毛泽东主席所说，“战争的伟力之最深厚的根源，存在于民众之中”①。在沂蒙革命根据地长达十二年血与火的伟大斗争中，党领导沂蒙军民谱写了一首首惊天地、泣鬼神，波澜壮阔、气势磅礴的壮丽诗篇，共同铸就了伟大的沂蒙精神。

---

① 本书编写组编著：《中国共产党简史》，北京：人民出版社、中共党史出版社，2021 年，第 77 页。

1. 沂蒙抗日战争

1938 年 2 月，日军的铁蹄踏进沂蒙山区，先后制造刘庄集、上下峪子惨案。4 月 21 日，日军攻占临沂城后，疯狂屠杀手无寸铁的平民 3000 多人，制造了震惊全国的“临沂惨案”。整个抗日战争期间，日寇对沂蒙地区进行疯狂的扫荡、蚕食、封锁，多地出现“无人区”，烧杀淫掠、人性灭绝、无恶不作。沂蒙地区人民自古以来，民风淳朴强悍、忠厚质朴正直，善恶明辨、是非分明，不畏强暴、抗御外侮，重情重义、爱家爱国，从日寇踏进沂蒙山区起，沂蒙山区仁人志士就舍身奋起反抗日本帝国主义，为生存和自由而战、为天下苍生而战。从沂蒙人民奋起抗争，到党和人民军队来到蒙山沂水建立党领导下的抗日武装，沂蒙根据地党政军民筑就铜墙铁壁。1941 年春到 1942 年底，日军对沂蒙山区千人以上的“扫荡”有 132 次，万人以上的“扫荡”有 27 次，千人以下的“扫荡”几乎天天有，抗战局面进入极端困难时期。

在残酷斗争面前，沂蒙军民同仇敌忾，凝聚起同侵略者血战到底的坚强意志和抗日救国的必胜信念，表现出崇高的民族气节和大无畏的英雄气概，涌现出无数可歌可泣的英雄事迹，谱写了气壮山河的英雄乐章。沂蒙大地历来不乏血性儿女，陈明、辛锐、刘子超、陈若克、李竹如、邱则民、赵镈、武善桐……一串串闪光的名字，是不惧生死、不畏强暴、以身报国的杰出代表。蒙山沂水自古就是英魂之地，大青山、岱崮山、仙姑顶、苏家崮、唐王山、对崮山、甲子山……一座座巍峨的山峰，铭刻着一个个英雄团体的威名。渊子崖、东流村、燕翼堂、徐圩子……一个个寻常的乡村名字，见证了沂蒙父老毁家纾难、血战到底的惊天豪气。临沂战役、郯城大捷、留田突围、大青山突围、孙祖战斗、岱崮保卫战、马鞍山战、葛庄伏击战、解放蒙阴城……一场场气吞山河的战斗,坚定了沂蒙人民跟党走的决心。日寇在沂蒙地区的"三光"政策、"扫荡"合围,没有击倒英雄的沂蒙军民,军民越战越勇,经济社会基础越困越强,根据地越打越大。

在最艰难的岁月里,党和人民军队始终紧紧依靠人民,为了人民,广泛发动群众参军参战,开展伏击战、地雷战、麻雀战、袭扰战,使日本侵略者葬身于人民群众的汪洋大海之中,共毙伤日伪军25万余人。沂蒙根据地人民武装发展到27万余人,以沂蒙为中心的山东根据地成为中国革命重要的战略基地之一。毛泽东主席在谈到山东抗日根据地的历史作用时说:"山东把所有的战略点线都抢占和包围了。只有山东全省是我们完整的、最重要的战略基地。北占东北,南下长江,都主要依靠山东。"①

(1)临沂战役

临沂交通便利,素有"齐鲁襟喉、徐淮锁钥"之称,是鲁南公路中心、徐州东北之屏障,西南通台儿庄,是日军西进会师台儿庄的必经之地,为陇海、津浦、胶济三大铁路线安危所系,得失牵动全局。1938年2月,日本最精锐的部队之一坂垣第五师团(号称"铁军")主力坂本支队及伪军刘桂堂部约两万人,自胶济铁路南犯诸城、沂水、莒县,直扑临沂,策应矶谷师团进攻台儿庄。②

面对日军的猛烈进攻,第五十九军军长张自忠、第三军团团长兼四十军军长庞炳勋两军,在当地地方武装和民众配合下,坚守临沂,以劣势装备阻击敌人数月之久。面对日伪先后发起的

① 鲁戈编著:《中国抗日战争全景录·山东卷》,济南:山东人民出版社,2015年,第353页。

② 朱铭、王宗廉主编,孙占元、杨明清卷主编:《山东重要历史事件(抗日战争时期)》,济南:山东人民出版社,2004年,第62页。

三次攻击,中国军队官兵前仆后继,喋血奋战,为争取胜利付出了惨重的牺牲。29 日,在战况白热化的情况下,张自忠电告第五战区长官司令李宗仁:“职军两日来伤亡两千余人,连前此伤亡达万余人。职一息尚存,决与敌奋战到底!”是日,第五十七军王肇治旅与汤恩伯兵团之骑兵团火速增援,张、庞两军士气大振,一举挫败当面之敌,迫使日军再度溃逃汤头。[①]

在保卫临沂的战役中,第四十军、第五十九军全体将士浴血奋战,毙、伤日寇 6000 余人,挫败了日军由津浦路和临沂两路夹击台儿庄的计划,奠定了台儿庄战役胜利的基础。[②]

(2)对崮山战斗

1942 年 10 月 27 日,临沂、沂水、蒙阴等县之敌 1.2 万余人,分 12 路“拉网合围”沂水县南墙峪一带,经过激烈战斗,山东军区一部及二军分区武装跳出敌人的合击圈。11 月 1 日,山东省战工会、山东军区等领导机关却被敌人围困在对崮峪,形势万分危急。我军刚刚占领南边的山崮,凶恶的敌人接着占领了北崮并随即向南崮开始猛烈的炮击。敌人从东、西、北三面形成包围之势。战斗打响后,沂水青年团部队、沂水县区队、抗大山东分校的部分人员,以及国民党五十一军六七七团九连等部,也加入了抗击日寇的行列。

敌人从上午 8 点在机枪、大炮的掩护下,向我山头阵地发起冲锋,面对数倍于我的强敌,我指战员巧妙地利用地形,给敌人以惨重的杀伤,连续击退了敌人的十几次冲锋。傍晚时分,领导

---

① 戚其章主编:《齐鲁百年风云录》,济南:山东人民出版社,1990 年,第 258 页。

② 朱铭、王宗廉主编,孙占元、杨明清卷主编:《山东重要历史事件(抗日战争时期)》,济南:山东人民出版社,2004 年,第 66 页。

机关在警卫部队的掩护下，冲出了敌人的包围圈。而落入敌人包围之中的特务营指战员们，拼死抗击，最后仅剩下 14 人。当敌人冲上崮顶时，14 名勇士在严雨霖营长的带领下，纵身跳下东边悬崖，6 人壮烈牺牲，8 人幸存，完成了掩护机关撤退的任务，谱写了一曲壮烈的英雄赞歌。

这次战斗共毙伤日伪军 600 余人，我军亦遭受重大损失。中共山东分局宣传部长、省战工会秘书长李竹如等壮烈牺牲。①

（3）仙姑顶战斗

1942 年 10 月下旬，以善于山地作战的日军 32 师团及津浦、胶济铁路沿线、台潍公路沿线的部分日伪军两万余人，对沂蒙山区中心抗日根据地进行大规模的拉网式“扫荡”。28 日，我鲁中军区后勤处和警卫排、山东抗大一分校上干队、铜井金矿警卫连、鲁中军区青年营和新一一一师师直、干校、警卫和独立团，以及沂南、沂水、蒙阴三县干部群众共 8000 余人，陷于敌人的合围圈。在敌人密集推进、突围困难的情况下，各部人员迅速行动，抢先占领了南墙峪附近制高点——仙姑顶。拂晓，敌人从四面八方合围上来，占领了仙姑顶周围的各个山头。

我部登上崮顶以后，鲁中军区后勤处政委张玉华与新一一一师等部首长迅速会商，按山势和敌人可能攻击的重点部位分配了防守力量。8 时左右，敌人首先对山顶进行密集炮击，然后如密密麻麻的蚂蚁一般从东、北方位向我阵地靠近。仅仅一个上午，我部就击退敌军的 5 次进攻。12 时许，敌军 7 架飞机从沂水机场出发，对我阵

---

① 山东省临沂地区民政局、山东省临沂地区出版办公室、华东革命烈士陵园管理处编：《光照千秋 · 华东革命烈士陵园》，北京：中共党史出版社，1990 年，第 64 页。

地进行投弹、扫射。我军一面组织对空射击，一面顽强抗击正在不断进攻的敌人。时至黄昏，战斗暂时停止。深夜，趁敌人疲惫之际，守崮各部开始组织突围。三县干部群众及上干队、鲁中青年营、军区后勤处等，由熟悉地形的群众带领，大部分先后突围，新一一一师指战员也分三路从西、南、东悄悄突围。在此次战斗中，我军共毙伤敌400余人，我抗日军民伤亡200余人。抗日军民浴血奋战，用坠网战术粉碎了敌人的拉网“扫荡”。①

(4)解放沂水城战斗

沂水城是鲁中山区重要县城之一，是沂青、沂临、沂蒙、沂博、沂莒5条公路的连接点。1939年6月9日，不幸陷于日军之手。1944年初，敌人收缩兵力，沂水城及其周围的几个据点陷于孤立，收复沂水城的条件已具备。战前鲁中军区通过新泰煤矿工人筹集了千余斤攻坚用的炸药和与之配套的雷管、导火索等，进行了紧张部署和准备。8月15日晚，参加收复沂水城作战的鲁中军区一团、四团，二军分区十一团，军区与军分区特务营，部分地方武装和支前民兵齐集城外，经过一天两夜的激战，一举攻克沂水城，击毙日本侵略军玉井小队长以下39人，俘虏20人，毙、伤、俘伪军1000余人，缴获大量枪支弹药和军用物资。②

(5)孙祖战斗

1940年3月中旬，日军300余人和伪军100余人从沂水城、朱位、东里店、莒县、铜井出动，“扫荡”南沂蒙山区，企图抢夺粮食，破坏抗日根据地。八路军山东纵队第2支队和第5支队交

① 《沂水英烈昭千秋》编委会编：《沂水英烈昭千秋》，北京：中共党史出版社，1998年，第245-247页。

② 山东省沂水县地方史志编纂委员会编：《沂水县志》，济南：齐鲁书社，1997年，第540-541页。

通营,在沂水县西南部孙祖(今属沂南县)的九子峰一带设伏。16 日 9 时左右,日伪军进至九子峰下,伏击部队突然猛烈开火,毙伤日伪军 30 余人。日伪军一部退向孙祖,另一部在炮火掩护下猛攻九子峰。黄昏,日伪军被压缩到孙祖外围,经过一夜激战,日伪军退入孙祖固守。17 日,日伪军焚烧尸体,准备逃走。伏击部队一部埋伏于肖家坪至仁寿庄路口,准备切断日伪军退路,另一部乘日军据点铜井镇守备空虚,轻装夜袭,一举攻占该镇。入夜,伏击部队再度向孙祖发起攻击,激战 3 小时,日伪军不支,向铜井方向突围,沿途又遭伏击部队和地方武装的多次袭击。此次战斗,第 2 支队等部共毙伤日伪军 190 余人,挫败了日军的抢粮企图。

(6)苏家崮战斗

1941 年 11 月 3 日开始,日军集中 5 万余人,在日本驻华派遣军总司令官畑俊六大将直接指挥下,对沂蒙山区实施"铁壁合围",进行规模空前的大"扫荡",妄图摧毁我鲁中、鲁南抗日根据地,消灭我领导机关和主力部队。12 月 7 日夜,分别由滕县、邹县、平邑、铜石、地方、费县等据点,集结 6000 余兵力(大部为日军),以宁家圈为目标对我军实施奔袭合击。当时,八路军山东纵队一旅三团正驻在山阴,担负着保卫抗大一分校 400 多名学员的艰巨任务。

8 日拂晓,进占山阴东岭的日军突袭西水沟。敌情来得突然,各部立即行动。第一连随团首长及机关部分人员从北面登上苏家崮,特务连(少一个排)、第四连及第五连的三排情急中也紧随其后登上苏家崮。团长王吉文、政委张玉华和政治处主任陈晓峰登上山顶后,发现苏家崮东北及东侧之郑城、崇圣庄一线布满了敌人。为杀开向南突围的血路,派参谋鲁军到第一连传达命令，要求该连坚决夺占小高地，驱逐敌人。一连受命后，即以二排发起冲击，用刺刀、手榴弹杀退敌人，冲向高地。日军遂以成倍的兵力反击，小高地再次丢失，突围下山的部分人员仅有 30 余人。三团仍留在山上的一连、四连和五连三排投入了更加激烈的战斗，最后，战士们与敌人展开了肉搏，一个个扭抱住敌人一起滚下山崖。

这场战役，八路军山纵一旅三团共毙敌少将旅团长河田春太郎以下 400 余人，参战干部战士有 118 人壮烈牺牲，他们用鲜血和生命掩护了学员们安全转移。1944 年 11 月，费南县各界人民在苏家崮下郑城镇西岭高地，为烈士们修建了烈士陵园，立起“抗日烈士纪念碑”。①

(7)柱子山战斗

柱子山，位于费县城南十余公里、许家崖水库东岸，海拔 426 米，山基呈圆形，上部耸立着高大的绝壁，整个形状如同立柱一般。1943 年 11 月，我鲁南区党委和八路军鲁南军区在此歼灭汉奸惯匪刘黑七，柱子山因此闻名。

刘黑七，正名刘桂堂，1892 年出生于费县铜石镇南锅泉村(今属平邑县)一个贫苦农民家。他先后担任过何应钦的“新四师”师长、阎锡山的“二十六军”军长、张学良的“第六混成旅”旅长、韩复榘的“山东警备副司令”、伪满的“第三路军总指挥”、冯玉祥的“第十七军”军长等多个地方军队的军官。② 1939 年，国民党鲁苏战区总部进入山东后，他又投靠国民党，将其队伍拉到

---

① 中共临沂市委党史编委会编：《历史的丰碑：沂蒙百处革命纪念地巡礼》，济南：山东文艺出版社，1999 年，第 249-253 页。

② 樊琦等编著：《赵镈　符竹庭　王麓水》，北京：中共党史出版社，2005 年，第 136 页。

沂蒙山区接收整编,成为第三十六师师长,如一颗钉子一般扎在鲁南根据地的中心地带,成为鲁南人民最凶残、最危险的敌人。

1943 年 10 月,为了麻痹刘匪,区中队、民兵轮番袭扰敌人,给敌人造成错觉,刘黑七误以为是“土八路”骚扰,没介意。11 月 13 日晚,王麓水等鲁南军区领导亲自率领第三团、五团、尼山独立营和费滕独立营各一部,长途奔袭刘黑七盘踞的村庄。20 时,五团首先在冀北崖发起进攻,一小时后,我军攻破大围子,将敌人缩小至小围子内。巷战中,刘黑七见我军攻势凶猛,料定大势已去,随即向东南方向柱子山逃跑,当逃至半山腰时,被我军击毙。经过一夜激烈战斗,于 14 日清晨,全歼柱子村守敌。

当刘黑七被我八路军击毙后,柱子山一带群众编唱歌谣《小五更》,来反映扬眉吐气的欢快心情:

一更里月儿刚出山,黑七正在房中吸大烟,洋洋得意暗盘算,那知今夜死在柱子前。

二更里月儿照得高,八路军突袭来到了,出奇兵围上东柱子,黑七正美梦黄粱睡大觉。

三更里月儿偏东南,黑七房中泪涟涟,又怨天来又怨地,吓得全身打颤颤。

四更里月儿照正南,火烧炮楼红满天,刘匪残兵全被歼,我军将士多喜欢。

五更里天大明,黑七的脑袋打个大窟窿,人民抬到根据地,黎民百姓都来看分明。①

---

① 政协费县文史资料研究委员会:《费县文史资料(第二辑)》,1987 年,第 359 页。

（8）岱崮保卫战

1943 年 11 月，八路军鲁中军区十一团八连 93 名战士，在当地群众的配合下，坚守南、北岱崮 18 个昼夜，以伤 7 人亡 2 人的代价，换取了毙伤日伪军 300 余人的胜利，完成了牵制 2000 余敌军的任务，为主力部队安全转移出敌人包围圈创造了有利条件。山东军区通令嘉奖八连，授予其“岱崮连”的光荣称号。①

1943 年 12 月 23 日，文艺工作者冠西以报告文学的形式记录了南、北岱崮保卫战的真实情况，并发表在《大众日报》。作品反映的是抗日战争时期，在战略要地山东南、北岱崮发生的一部“震惊敌寇的血与火的保卫战史诗”。作者描述了八路军 93 人，抗击着敌人数十倍的强大兵力和飞机大炮的轰炸，以及化学武器的摧残，在外围军民的支援下，克服重重困难，打退敌人多次疯狂进攻，坚守了半个月，胜利完成上级交给的任务，最后冲出重围的事迹，塑造了众多的硬攻不屈服、欺骗诱降不上当的战斗英雄形象。作品具有很强的真实性，充溢着深厚的革命感情，在当时引起广泛反响，鼓舞了全国军民的抗战热情，增强了斗争必胜的革命信念。②

（9）解放蒙阴城战斗

蒙阴城是日军在沂蒙山区的中心据点，县城及周围据点驻有 12 个中队，共计 12000 余人，还有日军一个加强小队 50 人。为了坚决拔除楔入我泰南地区和沂蒙山区的这一颗钉子，鲁中军区调用第一、四、九、十一团和地方武装 5000 余人发起蒙阴战

---

① 中国人民政治协商会议山东省临沂市委员会编：《临沂文史集粹（第一册）》，济南：山东人民出版社，1997 年，第 291-293 页。

② 车吉心等主编：《齐鲁文化大辞典》，济南：山东教育出版社，1989 年，第 114-115 页。

役,用强攻战法收复蒙阴城。1945 年 3 月 8 日,战斗打响。一团担任主攻负责消灭城内日伪军,四团负责阻击由新泰来援的日军,九团和蒙阴独立营负责消灭蒙阴城周围据点的伪军,十一团配合一团攻打城东门和南门。经过两天一夜的激烈战斗,9 日 18 时,攻城部队发起总攻,至 10 日凌晨 4 时,歼灭日军 3 个小队(包含援敌 2 个小队)104 人,击毙了日军中队长山博茎及小队长吉泽安道人等。活捉日军 9 人,俘伪县长唐耘三、伪队长石绍武等 956 人,毙伤伪军 255 人,缴获汽车 2 辆、小炮 11 门、重机枪 2 挺、步枪 981 支、子弹 1.3 万发,同时解放县城周围店子、汶南等 4 个据点,使沦陷近 6 年之久的县城重回人民手中。①

(10)解放临沂城战斗

临沂北屏蒙山,东傍沂河,交通便利,是陇海路以北的军事重镇,也是我滨海、鲁中、鲁南三大战略区联系的枢纽,战略地位十分重要。1945 年 8 月 15 日,日本帝国主义宣布无条件投降,次日,驻守临沂城的日本侵略军逃至枣庄。盘踞在临沂城的伪临沂第八保安大队许兰笙部、伪费县保安大队邵子厚部和伪沂州道皇协军王洪九部,拒绝投降,要与人民为敌到底。山东军区遵照毛泽东主席《抗日战争胜利后的时局和我们的方针》与朱德总司令向人民军队发布的命令,组建了临沂前线指挥部,着手解放临沂城。

8 月 20 日下午,临沂前线指挥部决定,老四团在城南一线,山东军区特务团在城东一线,鲁中军区十一团在城北和西北一线,临沭独立团在城西一线,对临沂同时发起第一次强攻。22

① 中共山东省委党史研究室编著,常连霆主编:《中共山东编年史(第五卷)》,济南:山东人民出版社,2015 年,第 290-292 页。

日，山东军区司令员兼政委罗荣桓决定，由军区参谋处长李作鹏、鲁中二军分区司令员吴瑞林、滨海二军分区司令员罗华生3人负责指挥。前线指挥部召开参战部队指挥员作战会议，研究制定坑道大爆破的作战方案。24日，指挥部决定由十一团负责，从城东方向发起主攻。次日凌晨3点半，该团九连的爆破手们开始用炸药炸开城墙。战斗进行了五六个小时，三次冲锋都未奏效，第二次总攻结束。28日，滨海军区司令员陈士榘参加前线指挥部的作战会议，研究战斗部署，决定由老四团的两个营、军区炮兵营和工兵营，再次发起总攻。9月11日凌晨，总攻从三面开始。7时许，我军占领临沂城，除少数伪军在破城时逃窜，歼灭大部分敌人。

这次战役俘虏2000多人，缴获步枪3000多支，轻、重机枪10多挺，手炮50多门，汽车11辆，以及大量武器弹药。临沂城的成功解放，使鲁南、鲁中和滨海三个地区连成一片。9月13日，临沂两万军民举行庆祝临沂解放大会，热烈欢迎参战部队入城。①

2. 沂蒙解放战争

土地问题一直是解决农民问题的关键，中国共产党积极响应农民这一诉求，全面实现了“耕者有其田”。抗战胜利后，广大沂蒙贫苦农民迫切要求土地还家。随着反奸诉苦运动和减租减息在沂蒙革命根据地的施行，沂蒙地区废除了封建制度的余孽，使长期遭受地主残酷压迫的农民翻身做了主人，广大农民迸发出生产的高度热情。沂蒙解放区各级党委始终坚持人民至

---

① 中共临沂市委党史资料征集研究委员会编：《临沂革命斗争史稿（1919—1949）》，济南：山东人民出版社，1991年，第203-209页。

上，为人民谋利益，不断满足人民群众的生产生活需求，教育、卫生、文化各行各业快速发展，千方百计为人民谋福祉，赢得了人民的支持，汇聚起革命的磅礴伟力，这是解放战争胜利的根本原因。

解放战争时期，山东作为国民党重点进攻地区之一，沂蒙解放区是解放军在山东作战的主要战场和大后方，是交战时间最长、交战次数最多、战争破坏最大的地区。从 1945 年 8 月至 1949 年 9 月，在中国共产党的领导下，沂蒙解放区的人民解放军，在地方武装、民兵和广大人民群众的支持下，集中优势兵力，歼灭敌人有生力量，在鲁南战役、莱芜战役、孟良崮战役、费县战役等战役中，担架队和支前的车轮，跟随着人民军队从沂蒙到淮海战役、一路南下至海南岛，为推翻国民党统治、解放全中国作出了巨大贡献。

(1)鲁南战役

1947 年 1 月，历时 18 天的鲁南战役是全国解放战争时期山东战场上的著名战役之一，是宿北战役后，山东野战军与华中野战军会合进行的第二场大歼灭战。

1946 年 6 月下旬，国民党在华东调集 58 个旅约 46 万多人的兵力，将其中 27 个旅约 19 万多人，分东台、淮阴、宿迁、峄县和枣庄四路，进攻苏北、鲁南解放区，妄想在苏北地区歼灭人民军队，或者将解放军压缩到山东，然后“聚而歼之”。1946 年 12 月，山东、华中野战军集中优势兵力，发起宿北战役，全歼国民党整编第六十九师师部和 3 个半旅共两万多人。28 日，陈毅、粟裕在刘家港口村主持召开由纵队司令员、师首长参加的鲁南作战会议。会议决定，山东、华中野战军协同作战，回师鲁南，歼灭国民党二十六师及快速纵队。参战部队包括山东野战军第一纵队、第八师，鲁南军区第十师，鲁中军区第九师、第四师第十团、军区炮兵团，滨海警备旅，华中野战军第一师等，共 27 个团。

战役分为两个阶段进行。第一阶段，围歼整编第二十六师及第一纵队。第二阶段，乘胜扩大战果，以右纵队进攻峄县城，以左纵队追歼整编第三十三军。1947 年 1 月 2 日，参战部队全线进攻国民党军，打响了鲁南战役。3 日拂晓，右纵队歼灭二十六师一个多团，4 日晨，二十六师师部及所属两个旅大部被歼灭。取得第一阶段作战胜利后，野战军指挥部决定发起第二阶段作战，攻取峄县、枣庄。9 日，右纵队向峄县国民党军发起猛烈进攻，至 11 日凌晨 2 时许，基本全歼城内守军。在右纵队发起进攻的同时，左纵队华中野战军一师也开始进攻驻守枣庄的国民党军。20 日下午，我军全歼国民党第五十一师师部与两个团，生俘 8000 多人，取得鲁南战役的胜利。

鲁南战役期间，山东解放区组织支前民工 60 余万人，大小车 1500 余辆，担架 6000 余副，有力保障了部队作战。此役历时 18 天，人民军队以伤亡 8000 余人的代价，全歼美式装备的国民党军共 5.3 万余人，缴获坦克 24 辆，各种火炮 200 余门，汽车 474 辆，轻重机枪 1000 多挺，电台 13 部，电话机 66 部。此役还开创了人民军队一次歼灭国民党军 2 个整编师 5 个旅和 1 个快速纵队的先例，打破了国民党军进犯山东解放区，准备以苏鲁两地为战略重地，集中兵力控制陇海铁路东段的美梦。①

（2）费县战役

抗日战争中，日本侵略军占领了费县城。1945 年 8 月 7 日，

---

① 朱铭、王宗廉主编，臧济红卷主编：《山东重要历史事件（解放战争时期）》，济南：山东人民出版社，2004 年，第 149-155 页。

费县城回到了人民手中。1947 年 3 月 27 日,国民党军队占领费县,加固了城墙和其他城防工事。费县城守敌原系西北军冯治安部的三十三军五十九师之三十八旅。城内有少将旅长翟紫封率旅部和两个团,另加四个营和一个侦察大队,共 5000 多人驻守;城外还以两个营的兵力设置了十几个外围据点,以及一个 1000 余人的还乡团大队驻守城南。我华野四纵队担任对费县城的主攻任务。1947 年 7 月 1 日,陶勇司令员作出部署,命令十二师从北、西、南三面全力攻城,二十九团肃清城东据点,三十团担任对临沂方向的警戒,十一师攻占地方镇、利沟村后,立即向文山以南方向警戒,确保十二师攻城时的侧翼安全。

经过七天激战,解放军全歼国民党第三十八旅、第三十七旅前卫团及还乡团,生俘第三十八旅旅长翟紫封以下官兵 3165 人,毙敌 2000 多人。费县战役,是华东野战军实施攻势作战以来的第一个大胜仗。

(3)南麻战役

南麻战役,是我华东野战军二纵六师经历的所有山地攻坚战中,最紧张、最激烈、最顽强的一次战役,此役不仅重创国民党王牌军整编第十一师,而且有力配合了中原野战军挺进中原和华东野战军主力转入战略反攻。

孟良崮战役后,国民党军虽遭受严重打击,但仍未放弃重点进攻山东解放区,以及与华东野战军决战的战争策略。自 1947 年 6 月 25 日起,国民党在莱芜至蒙阴线上,集中了 11 个整编师、32 个旅,共 24 万人,采取密集平推、稳扎稳打、步步为营的战法,重新进犯鲁中山区。6 月底,为调动分散国民党军的力量,创造在运动中歼灭敌人的机会,并配合晋冀鲁豫野战军作战,华东野战军根据中央军委"分兵出击"的指示,决定第一、四纵队向鲁南出击,第三、八、十纵队向津浦路泰安、兖州段出击，第二、六、七、九纵队和特种兵纵队继续留守内线牵制当面之敌。

此举迫使蒋介石不得不改变东攻西守的作战方针，只留下四个整编师在鲁中地区构筑工事，控制已占要点。此时，中央军委指示华东野战军抓住这一有利时机，首先进攻南麻地区守敌——整编第十一师。该师是国民党“五大主力”之一，全系美式装备，战斗力比较强。7 月 17 日，华东野战军各参战部队按照预定部署包围敌军，并发起攻击。经过四天四夜的激烈战斗，我军共歼灭敌军 9000 多人，缴获大量武器和军用物资，打乱了国民党在山东的战略部署，使其重点进攻被迫分散且陷于被动。7 月底，我军又发起临朐战役，历史上将这两次战役合称南临战役，在这之后，国民党军的重点进攻山东解放区战略，基本被粉碎。①

（4）莱芜战役

莱芜战役，是我华东野战军在解放战争战略防御阶段，胜利进行的一次规模较大的运动战、歼灭战。

1947 年 1 月，国民党军参谋总长陈诚、徐州绥靖公署主任薛岳指挥部署，以欧震指挥由陇海东线北进兵团，以济南绥靖区王耀武所部李仙洲指挥由胶济路南进兵团，共集结 23 个整编师，56 个旅，妄图以“鲁南会战计划”，逼我军主力决战于临沂地区。考虑到南线敌军密集，难以分割歼灭的实际情况，我军果断放弃山东解放区首府临沂，将主力部队隐蔽北上，在北线莱芜地区发起大规模歼灭战，全歼深入我鲁中解放区腹地的李仙洲集团。

---

① 中共淄博市委党史资料征集研究委员会：《中共淄博地方史（第一卷）》，济南：山东人民出版社，2001 年，第 446-451 页。

此役成功消灭了国民党一个“绥靖区”前方指挥所、两个军部、七个师共5.6万余人,创造了解放战争以来华东战场上的空前纪录。

莱芜战役的胜利,主要因素包括:第一,在以陈毅同志为书记的华东野战军前委统率指挥下,坚决贯彻执行党中央、中央军委的战略决策,从战役实际出发,运用灵活机动的战略战术;第二,依靠老解放区人民和党政机关的全力支援,发挥人民战争的巨大优势;第三,在战役过程中,坚持以歼灭敌人有生力量为主要目标的作战指导方针,和集中优势兵力、各个歼灭敌人并力求歼敌于运动中的作战原则和作战方法,从而取得空前胜利,积累了大兵团进行运动战的宝贵经验。①

三、沂蒙革命根据地拥军支前类重要革命遗址

在艰苦卓绝的抗战岁月里,沂蒙人民怀着对党的无比忠诚、对人民军队的无限深情,与党和人民军队团结一心,同敌人进行了不屈不挠的斗争。根据地的每个村庄都成为抗击日寇的坚强堡垒,男女老少齐上阵,建立了严密的侦察网和通讯网,掩护伤员、配合作战,让日军在沂蒙陷入了人民战争的汪洋大海之中。沂蒙人民的无私支援成为党领导的抗日战争的坚强靠山,为壮大抗日武装力量,母亲送儿打日寇,妻子送郎上战场。为支持抗日战争,沂蒙人民毁家纾难、勠力支前,为掩护抢救伤员,舍生忘死、乳汁相哺,为抚养革命后代,不惜舍弃自己人的子女。数不清的沂蒙红嫂、数不清的抗日模范村,沂蒙人民始终坚定跟党

---

① 钮生编著:《孙武与粟裕》,上海:上海社会科学出版社,2019年,第141-142页。

走，始终与子弟兵息息相通、生死与共。

一切为了前线、一切为了胜利，一口粮做军粮、一块布做军装，最后一个儿子送战场。在长期的革命实践中，沂蒙人民与山东党政军一起，水乳交融、生死与共，涌现出沂蒙母亲、沂蒙红嫂、沂蒙六姐妹、陈毅担架队等一大批英模人物和先进群体，共同创造了“爱党爱军、开拓奋进、艰苦创业、无私奉献”的沂蒙精神。在沂蒙革命纪念馆，有一张沂蒙人民支前统计表（表28）：

表28　沂蒙人民支前统计

项目	数量	备注
根据地总人口	420.23万人	
支前人数	120.56万人	
参军	20.15万人	
为国捐躯	10.04万人	
做军鞋	515.76万双	一只鞋底要纳120行线，一行要过30多针，每针都要经过锥眼、穿线、走线、拉紧等工序
做军衣	222.33万件	衣服多先纺成线，织成布，再做成衣
碾米磨面	111716.79万斤	全部人工碾磨

在战争年代，沂蒙地区“支前车队八百里，村村火火夜夜明”，这是沂蒙人民拥军支前的真实写照。为了战争的最终胜利，沂蒙山区到底有多少民工支援前线，至今也没有确切的数字统计，仅孟良崮战役，便有7.6万名随军常备民工，15.4万名二线民工，69万名临时民工，总人数超出我军参战部队三倍。当

时沂蒙人民提出的口号是“为了前线,毁家支前”。①

沂蒙六姐妹,是革命战争年代在沂蒙根据地涌现出的一个支前女英雄群体,她们居住在离孟良崮不远的烟庄村,分别是:张玉梅、伊廷珍、杨桂英、伊淑英、冀贞兰、公方莲。据不完全统计,在孟良崮战役期间,她们带领全村为部队烙煎饼15万斤,筹集军马草料3万斤,洗军衣8000多件,做军鞋500多双,捐赠鸡蛋450多个,运柴火1700多斤,缝补了不计其数的裤、褂。②

1947年6月10日,鲁中军区机关报以《妇女支前拥军样样好》为题,报道了她们积极支援孟良崮战役的模范事迹。“沂蒙六姐妹”这一称谓,是当年陈毅元帅亲自命名的。③ 1997年,在孟良崮战役胜利50周年之际,迟浩田将军再次回到久别的沂蒙山区,回到他当年曾经战斗生活过的土地,深情说道:“你们这六姐妹,当时在全山东省,全解放区都知道。你们做的好事,虽然是50年过去了,但是我们不会忘记的。没有你们,解放军不会打这么多的胜仗,没有你们,我们的伤员也不能救活这么多。”④

陈毅元帅曾经动情地说:“淮海战役是沂蒙老区人民用小推车推出来的”,同时又说:“我进了棺材也忘不了沂蒙人民,他们

① 李鹰、张林:《对垒:解放战争著名战役》,北京:现代出版社,2016年,第99页。

② 王春梅、方艳编著:《沂蒙红嫂故事选》,济南:济南出版社,2019年,第18页。

③ 王春梅、方艳编著:《沂蒙红嫂故事选》,济南:济南出版社,2019年,第16页。

④ 郭本敏、袁玉峰主编:《回望硝烟》,北京:中央文献出版社,2007年,第154页。

用小米养育了革命，用小推车把革命推过了长江。”[①]这种种话语，无不深切地表现出对沂蒙革命老区人民的无限感激。

1. 龙须崮革命遗址

1933 年 9 月 5 日，在中共新泰县委领导下，李阳谷、崔宪武、娄家驷等党员带领党员农民百余人，携枪 80 余支，在龙须崮举行武装暴动，宣布成立“工农革命军山东支队”，提出了“打倒土豪，分田地”“建立苏维埃”等口号，后被国民党蒙阴县县长张尊孟率领部队镇压。

此次暴动虽历时很短就失败了，但面对凶恶敌人的反动统治，党和革命群众以大无畏的革命精神向统治者发起武装斗争，是沂蒙山区最早的一次武装革命暴动，为后来徂徕山抗日武装起义和沂蒙山区根据地建立，奠定了一定的群众基础。[②]

2. 上温村地雷战旧址

抗日战争初期，蒙阴东北部的野店、坦埠、岱崮一带，驻有鲁中军区指挥机关、部队医院和兵工厂，是沂蒙山区重要抗日革命根据地，因而成为日寇“扫荡”的重点。

1943 年 5 月中旬，3000 多日伪军来“扫荡”我根据地。臧西山接到上级通知后，迅即带领 12 名飞行爆破队员，携带 30 枚地雷，在上温村设下 5 个雷区，炸死伤敌军 16 人，成功阻止了日军的“扫荡”。[③]

---

① 中共临沂市委宣传部编著：《光耀沂蒙——社会主义核心价值观践行在临沂》，济南：济南出版社，2017 年，第 45 页。

② 山东省中共党史学会：《山东省中共党史学会一九八二年年会论文选编》，1983 年，第 97-98 页。

③ 中共临沂市委党史编委会编：《历史的丰碑：沂蒙百处革命纪念地巡礼》，济南：山东文艺出版社，1999 年，第 291-292 页。

3. 沂蒙六姐妹支前拥军旧址

1947年6月10日,《鲁中大众报》以“妇女支前拥军样样好”为题,报道了蒙阴县野店区烟庄村青年妇女张玉梅、伊廷珍、公方莲、杨桂英、伊淑英、冀贞兰六姐妹在孟良崮战役期间支前拥军的模范事迹,并称赞了她们崇高的革命献身精神。刊载具体内容如下:

> 蒙阴县野店区烟庄村,在这次孟良崮战斗前后,村干有的病了,有的出了发。村里的工作就由六个妇女担当起来。张玉梅当村长,伊廷珍当副村长,其余四个当文书、财粮和公安员。她们每天都忙得头上是脚,常常一天只吃一顿饭。有一天,部队要找向导,伊廷珍亲自把同志们领到野店,来回三十多里路。她们还动员组织妇女、儿童抢运粮食和子弹。把五千斤粮食运来以后,烙成煎饼,又运回去一千七百多斤。子弹运了二十四箱,烧柴运了七百多斤,往返都是二十多里路,住下休息时还唱歌,一点不嫌累。她们在半月里,洗了八百多身衣服,做了三百多双拥军鞋。妇女们还带着针线给同志们缝补衣服,还动员募捐四百五十个鸡蛋,慰问伤员。①

新中国成立后,六姐妹把对人民子弟兵的深厚情谊,化为新时期爱党爱军的实际行动,积极投入到新时期双拥共建活动之中,谱写时代新篇章。2011年,蒙阴县野店镇镇政府建设了沂

① 中共蒙阴县委党史资料征集委员会编:《蒙阴党史资料(第4辑)》,1988年,第188页。

蒙六姐妹纪念馆，占地 6000 平方米，收藏展示沂蒙六姐妹事迹的藏品 300 余件。

4. 山东分局党校旧址

1938 年 10 月，中共苏鲁豫皖边区省委决定建立边区省委党校，由省委书记郭洪涛兼任校长。党校的公开名称是山东抗日军政干部学校分校，校址设在沂水县岸堤（今属沂南县）。11 月，中共苏鲁豫皖边区省委迁至王庄村，12 月改为中共中央山东分局，同样边区省委党校改为山东分局党校。

在郭洪涛任校长的一年半时间里，山东抗日军政干部学校共举办 5 期，训练军事、政治领导干部 3000 多人；省委党校共举办 3 期，培训党员领导干部 600 多人。这些经过培训的学员，陆续走出干校和党校，奔赴山东各地抗日前线，成为山东抗战的领导骨干。①

5. 沂蒙红嫂祖秀莲救护伤员旧址

该遗址位于沂水县院东头镇桃棵子村。抗日战争爆发后，桃棵子村一带成为八路军建立的一块根据地。村中群众组建了自卫团、儿童团、妇女救国会等群众组织。1941 年 11 月 6 日，八路军山东纵队司令部一位叫郭伍士的侦察员，在从抗大一分校学习的归来的途中被“扫荡”的日军包围。其时，他正为部队准备突围而去侦察情况，在被日军开枪打倒后，身上又被日军捅了几刀。

正在放羊的张衡兰大爷看见郭伍士肚子里的肠子都露在外面，急忙用自己的衣服把郭伍士的伤口包扎起来。郭伍士艰难

① 本书编委会编著：《光辉的印记——纪念郭洪涛百年诞辰》，北京：中共党史出版社，2009 年，第 105 页。

地朝桃棵子村走去,祖秀莲看见自家门口躺着血人一样的八路军,立刻将他扶进屋,看到伤员伤势很重,忙给他包扎伤口,喂他喝水。由于子弹打穿了郭伍士的两腮,打断的牙齿和血块把他的喉咙塞满了,咽不下去。祖秀莲小心用手抠出他嘴里的断牙和喉咙里的血块,然后用酒盅一滴一滴地往郭伍士口中送水,一连喂了三四碗水。这时,敌人就要进村了,情急中,祖秀莲连扶带拖把郭伍士藏到了屋后高粱秸堆里,万分危机时刻,她让三个侄子把郭伍士转移到北山一个看山屋里。

第二天,敌人走了,三人又将郭伍士抬到祖秀莲家,祖秀莲仔细清洗伤口,不分昼夜用心看护,郭伍士终于清醒了过来。看到郭伍士因伤身体十分虚弱,祖秀莲将家里仅有的一点面熬成面糊给他喝,自己一家人却吃糠咽菜,有上顿没有下顿。经过二十多天的精心护理,郭伍士的伤病一天天好起来。村干部听说八路军后方医院到了山后中峪村一带,决定把郭伍士送到医院继续治疗。郭伍士在部队医院养好伤后,重返了部队。

郭伍士是山西省辉同县人,1947 年复员,几年后他又回到沂蒙山区,千方百计寻找自己的救命恩人。辗转七八年的寻找,1958 年 3 月,郭伍士带着妻子和孩子来到了给他第二次生命的桃棵子村,认祖秀莲做母亲,孩子认她做奶奶。从此,郭伍士和祖秀莲这对没有血缘的母子一直生活在一起。二十世纪六十年代,小说《红嫂》即取材于祖秀莲的事迹。

6. 方兰亭鬻女筹军粮旧址

该遗址位于费县新庄镇。方兰亭,山东苍山县月庄村人。1940 年,她所在的边联县(今费县)遭受灾害,国民党军队、日军汉奸到处抢粮,人民生活极端困难。方兰亭家里驻着一一五师司令部一个班,没有粮食吃,战士们只能吃糠吃野菜,战士们都还年轻，而且要行军打仗，没有粮食吃怎么行？情急之下，方兰亭忍痛将自己的小女儿小兰卖掉，换回 20 斤粮食给八路军当军粮。战士们得知后纷纷捐款，把小兰赎了回来。方兰亭“爱兵胜子”的事迹，在部队广泛流传开来，战士们亲切地称她为“革命母亲”。

7. 火线桥遗址

1947 年 5 月 13 日晚，孟良崮战役已打响。负责围歼国民党整编第七十四师的华东野战军某团急需通过汶河，奔赴孟良崮战场。上级要求必须在崔家庄与万粮庄之间的汶河上架起一座浮桥。由于水流湍急，浮桥无法稳固，在大部队到来之前，李桂芳组织 32 名妇女带着七块门板，相继在大崔家庄东头河边聚齐。她们按照各自身高，将差不多身高的搭配成双，四个人扛起一块门板，依次排列起来，站在冰冷的河水中架起了一座“人桥”。在一个小时的时间里，部队顺利过桥，火速奔向孟良崮战场。这桥后来被人们称为“火线桥”。如今，在红嫂革命纪念馆中，展出着当时使用的一块门板。

8. 郑信开荒纪念地

该遗址位于莒南县大山前村。1943 年，莒南县一方面坚持开展对敌斗争，一方面加强抗日根据地建设，号召群众开荒种地，搞好生产，支援前线。郑信积极响应号召，开了 10 亩荒地。当年春天，山东分局确定莒南县为实验县，在县委副书记杨心培的指导下，郑信组织起一个 33 人的开荒队，秋天发展到 45 人，开荒 70 亩。11 月 23 日，莒南县政府在大山前村召开郑信生产总结大会，并宣布开荒政策：开公荒连续种三年以上者，地权归开荒者，三年不交公粮；开私荒者，三年不交地租，不交公粮，有永佃权。同时，鼓励郑信及其开荒队积极开荒，号召大家向郑信学习。1944 年春,村中成立变工队,郑信任队长,他将全村划分为 29 个互助组,带领全村群众开荒 120 余亩。①

其间,音乐家王杰曾谱写《郑信开荒》一歌,在滨海区广泛传唱。这首歌的具体内容如下:

(一)东方的太阳刚放亮,郑信他早起奔山冈,
嗨!扛着那个镢头他要呀去开荒。
(二)郑信的镢头好开荒,刨得深来刨得长,
嗨!天热那个不歇晌呀他干劲强。
(三)孟良山开荒一大片,整整齐齐四方田,
嗨!明年那个多打粮食呀喜洋洋。
(四)郑信开荒好榜样,党政军民都夸奖,
嗨!送他那个一头骡子呀和猪羊。
(五)开荒五年免负担,咱们为啥不去干,
嗨!民主那个政府好呀实在强。
(六)多开荒来多种田,好日子将来是咱的,
嗨!大家那个学郑信呀土变金。②

在学习郑信活动中,抗日根据地各村都涌现出大批劳动英雄和模范人物。从 1943 年底到 1945 年初,滨海区曾召开两次全区劳模大会,表彰英雄模范,选举出 28 位劳动英雄,178 位劳动模范,并举办了生产展览,展示大生产的劳动成果。

---

① 中共山东省委党史研究室编著,常连霆主编:《中共山东编年史(第四卷)》,济南:山东人民出版社,2015 年,第 497-499 页。

② 秦丕山、刘洁主编:《沂蒙红歌》,济南:山东人民出版社,2016 年,第 176 页。

9. 谁第一个当兵俺就嫁给谁——宋炳锋旧址

该旧址位于蒙阴县坦埠镇下东门村。宋炳锋，1930 年 11 月出生，1946 年 3 月加入中国共产党，在村里先后担任过识字班班长、妇救会会长。1947 年春，国民党军队大举进攻沂蒙山区，动员参军成为妇救会的一项重要任务，参军就意味着参战甚至牺牲。宋炳锋在动员会上喊出："谁第一个报名参军，俺就嫁给谁！"话音刚落，人群中一个青年举手喊道："俺去当兵！"说话的是阚世芝。送别时，宋炳锋叮嘱说："到了部队，要听党的话，为老百姓解放多出力！"阚世芝到部队后英勇作战，在孟良崮战役中两处负伤，因负伤成了终生残疾，荣立三等功。

1948 年春，阚世芝复员还乡，他担心自己残疾会连累宋炳锋，就说："我现在这个样儿会拖累你的，你要改变主意，俺不怨你！"但宋炳锋却两次上门，坚持要嫁给阚世芝，她说："我是一名共产党员，说话就得算数。嫁！"他们如约结婚，之后陆续把两个儿子、小叔、孙子、孙女等 5 人送去参军。

10. 莒南钢铁担运队

电影《车轮滚滚》里那些或赤脚或穿着草鞋、布鞋，在硝烟中推着木轮车、抬着担架，或者在战场上抢救伤员的纯朴憨厚的乡亲，他们就是沂蒙山人的代表。1947 年 3 月，为了支援前线，中共莒南县委根据上级党委指示，组织了一支由十一个区、六千多翻身农民参加的担架运输队，随华东野战军第二纵队开往前线参战服务。他们担负起抢救转运伤员、运送弹药、押解俘虏、与敌作战等重要任务。翻山越岭昼夜抢运，很多队员肩膀磨得红肿溃烂，光着的脚被嶙峋的石头磨出血来。下雨时，他们把自己身上披的蓑衣、衣服脱下来给伤员盖上，用自己的斗笠护着伤员的伤口,遇到敌机空袭来不及隐蔽,他们就用自己的身体保护伤员安全。这都极大地展现出翻身农民的阶级觉悟。

在八个月(1947 年 4 月到 11 月)的时间里,这支担运队,转战于滨海、鲁中、昌潍等地,经历了孟良崮、南麻、诸城、临朐、昌南等多次重大战役,光荣地完成了党交给的参战支前任务。通过严酷战争考验,广大担运队员思想觉悟和阶级觉悟有了很大提高,有 700 多名队员光荣加入了中国共产党,300 多人参加了共青团。在复员前,15 人被评为特等功,500 多人被评为一等功,1300 多人被评为二等功,还有三等功、四等功等,立功人数占总人数的 98%,纵队领导高度评价了担运队在服务期间的重大贡献,授予担运队“钢铁担运队”光荣称号。

他们的英勇事迹,也随着一首山东快书《运输大队长》,被更多人熟知:

> 蒋介石,你听着:
> 你的“功劳”真不小,
> 运来步枪、机枪和大炮。
> 这些武器咱们都收到,
> 也不用给你开个报销条。
> 希望你,再努力,
> 可不能躺在“功劳”簿上睡大觉。
> 解放区军民不忘你,
> 讨论着给你一顶乌纱帽,
> 名字叫“运输大队长”,

你说说这个官职小不小?①

11."一门五英"王步荣故居

该旧址位于沂水县沂水镇小滑石沟村。王步荣,1889 年出生在此,后嫁与彭纪忠,人们都叫她"彭大娘",34 岁时丈夫病故,自己千辛万苦拉扯着五个孩子。1938 年 1 月,她把二儿子送到沂水抗日游击十九中队当兵,时年她被选为妇救会会长,积极组织妇女开展生产、支援前线,并加入了中国共产党,她家成了党的秘密联络点她负责传送情报、救护伤员、站岗放哨。

1938 年秋,二儿子在战斗中牺牲,她接着将三儿子送到了二儿子所在的队伍。1942 年抗战最艰苦的时期,她又将刚满 14 岁的四儿子送到山东纵队当兵。1943 年,党组织号召动员部分女同志参加学习为部队培养医护人员,她又能说服女儿和本村两名姑娘参加了鲁中区青年干部学校学习。1945 年,为了动员更多人参军,她又将家里的顶梁柱——30 多岁才娶媳妇的大儿子,动员在村里第一个报名参军,带动全村 42 人报名参军。1945 年,彭大娘荣获鲁中军区模范军属称号,同年的某期《大众日报》则用一段秧歌,记录下彭大娘的模范事迹:朝阳官庄彭大娘,拥军工作做得强,母送子来,妻送郎,四儿一女上前方。②

---

① 本书编写组编:《忆沂蒙(下)》,济南:山东人民出版社,2014 年,第 428 页。

② 《沂水英烈昭千秋》编委会编:《沂水英烈昭千秋》,北京:中共党史出版社,1998 年,第 331-332 页。

12. 支前模范李自兰旧居

该旧居位于费县沾化庄。李自兰,1944 年加入中国共产党,先后担任了村妇救会会长、村长,她裹着一双小脚带领全村拥军支前,救伤员,纺线织布,做军衣、军鞋,送情报,事事跑在前面。为动员乡亲们参军,她把年仅 16 岁的独生子送上了战场。在她的带动下,全村符合条件的青年全部报名参军,该村被上级授予“拥军模范村”,李自兰则被授予“拥军模范”称号。

1948 年 11 月,淮海战役打响,李自兰响应上级号召,动员群众支援前线。当时全村 101 户人家,482 人,16 岁以上的男劳动力 120 人全部参加了担架队、运输队。她带领妇救会、儿童团和老人,承担起全村的生产、支前等任务。11 月 20 日,区里送来紧急任务,要她们组织人员到 6 里外的马庄把 8000 斤谷子运回来,碾米烙成煎饼后,第二天再送到 40 里外的流井。大雪封山,全村连病号和婴儿算上也只有 362 人,这么大的工作量难度可想而知。李自兰二话没说,找来村干部一起布置任务,分头组织群众顶风冒雪运粮、碾米、烙煎饼,按时完成了任务。这样“急难的大任务”在淮海战役期间就有 12 次,村里 97 名妇女为了赶军衣、做军鞋,连续十多天睡不上一个囫囵觉是常事。①

当时在前线流传着这样一段快板书:

沾化庄,不简单,
支前拥军是模范。
妇救会来儿童团,

① 王庆安、王明林、吕伟达编著:《山东根据地解放区民俗》,济南:济南出版社,2007 年,第 155-156 页。

美名响在蒙山前。
模范村里夸模范,
先进事迹说不完,
说英雄,道模范,
模范村的村长叫李自兰。①

1960 年,建设淮海战役纪念馆时,建设筹备组人员专程将李自兰她们当年淘米用的笊篱、烙煎饼用的尺板子等,作为革命文物,连同她们的模范事迹一起展出。

13. 民兵女英魂——侍振玉旧居

该旧居位于临沭县曹庄镇。1940 年,年仅 11 岁的侍振玉,便当上了村儿童团团长。1946 年,年仅 16 岁的她又光荣加入中国共产党,担任民兵自卫队队长、区联防队长、区武装部干事。到 1949 年年初,她先后参加了大大小小战斗 96 次,足迹遍布蒙山沂水,是电影《南征北战》中成功掩护军队强渡大沙河的女民兵连长的原型之一。

1949 年 4 月,侍振玉作为华东民兵代表里唯一的女性,出席在北京召开的中国新民主主义青年团第一次代表大会,被授予"女民兵战斗英雄"称号。毛泽东主席紧紧握住她的手说:"你们华东女子苦哟,淮海战役打得很苦,你们民兵立了大功哟!"②

① 中共临沂市委编:《沂蒙红嫂颂》,北京:中央文献出版社,2002 年,第 331 页。

② 中共临沂市委编:《沂蒙红嫂颂》,北京:中央文献出版社,2002 年,第 406 页。

第四章

红色堡垒镇、村片区化保护利用模式

在艰苦卓绝的抗日战争和解放战争中，沂蒙根据地涌现出了一大批红色堡垒镇（乡）和红色堡垒村，成为中国共产党和人民军队的坚强堡垒和主要依靠力量。在红色堡垒镇、村，不分男女、不分老幼，只要是党和军队的号召就义无反顾、全力以赴，只要是党和军队的需要就倾其所有、竭尽全力，只要是党和军队的要求就一往无前、奋不顾身，就是这样一个个打不倒、攻不破的红色堡垒镇村，为沂蒙根据地的创建、发展作出了巨大贡献。

为了深入挖掘红色堡垒镇、村的文化精神内涵、加强革命文物的连片保护，经临沂市党史研究院、临沂市文化和旅游局联合整理、核定，2019 年临沂市政府公布了第一批红色堡垒镇（乡）5 个，红色堡垒村 30 个。2020 年经市政府授权，由中共临沂市委党史研究院、临沂市文化和旅游联合，向社会公布了临沂市第二批沂蒙红色堡垒村 50 个。2022 年 8 月，上述两家单位，又向社会公布了临沂市第三批红色堡垒镇、村名单，包括 15 个红色堡垒镇、31 个红色堡垒村。（表 29）目的是进一步引起各级各有关部门对红色堡垒镇、村革命文物及精神文化内涵的高度重视，在推进城镇化建设的进程中，注重对沂蒙红色堡垒镇、村的保护研究、开发利用工作。

这项工作的开展在全国市地中是第一个，目的是进一步加强理沂蒙革命历史资料的挖掘整，不断加大红色文化研究宣传的力度、深度，充分发挥其在弘扬沂蒙精神、传承红色基因，助力乡村旅游发展、实现乡村振兴战略的重要作用。

表 29　临沂市第一、二、三批红色堡垒镇、村统计

所在县区	第一批(2019)		第二批(2020)		第三批(2022)	
	红色堡垒镇(5个)	红色堡垒村(30个)	红色堡垒镇	红色堡垒村(50个)	红色堡垒镇(15个)	红色堡垒村(31个)
兰山区				义堂镇周井铺村		半程镇下艾崮村
罗庄区				沂堂镇东为儿桥村、褚墩镇兰山村		褚墩镇碑住一村
河东区				朝阳街道醋庄		梅家埠街道张贺城村、八湖镇王疃村
郯城县		港上镇徐圩子村		新村银杏产业开发区黄村、马头镇驻地	重坊镇	胜利镇南刘宅子村
兰陵县		下村乡上大炉村、车辋镇银厂村		庄坞镇涌泉村、新兴镇下湖村、金岭街道东盘石沟村、卞庄街道代村、车辋镇东白山村		苍山街道大圩子村、大仲村镇陡沟庄、下村乡云峪、下村乡涧村

（续表）

所在县区	第一批（2019）		第二批（2020）		第三批（2022）	
	红色堡垒镇（5个）	红色堡垒村（30个）	红色堡垒镇	红色堡垒村（50个）	红色堡垒镇（15个）	红色堡垒村（31个）
沂水县	夏蔚镇	夏蔚镇王庄村、夏蔚镇云头峪村、泉庄镇尹家峪村、院东头镇桃棵子村		院东头镇西墙峪村、诸葛镇红石崖村、高庄镇桃花坪村、泉庄镇马头崖村、夏蔚镇柳树头村、沂城街道朝阳官庄	诸葛镇、院东头镇、泉庄镇	院东头镇南墙峪村、夏蔚镇双山村
沂南县	岸堤镇、马牧池乡	马牧池乡常山庄村、马牧池乡东辛庄村、马牧池乡双泉峪子村、岸堤镇岸堤村、岸堤镇兴旺庄村、孙祖镇东高庄村		依汶镇朱家里庄村、岸堤镇石旺庄、砖埠镇尤家埠子村、孙祖镇栗林村、双堠镇崖子村、双堠镇艾于湖村、青驼镇芦山西头村	孙祖镇、依汶镇、双堠镇	依汶镇薄板台村、岸堤镇李家庄子、孙祖镇代庄村、马牧池乡万粮庄、依汶镇松林村
平邑县		仲村镇马家峪村、郑城镇桃峪村		柏林镇柘沟村、卞桥镇岐古庄村、郑城镇油篓村、郑城镇巩家山村、地方镇王崮山村	郑城镇	郑城镇苗庄村、保太镇华家村、丰阳镇朱家村

（续表）

所在县区	第一批（2019）		第二批（2020）		第三批（2022）	
	红色堡垒镇（5个）	红色堡垒村（30个）	红色堡垒镇	红色堡垒村（50个）	红色堡垒镇（15个）	红色堡垒村（31个）
费县	薛庄镇	薛庄镇马头崖村、薛庄镇聂家庄村、薛庄镇白石屋村		马庄镇沾化庄村、新庄镇东流村、石井镇高桥村、薛庄镇青山峪村、大田庄乡五圣堂村		薛庄镇石岚村、薛庄镇大良村
蒙阴县		岱崮镇岱崮村、野店镇烟庄村		岱崮镇大崮村、坦埠镇故县村、垛庄镇垛庄居委、坦埠镇海龙万村、坦埠镇东坦埠村	垛庄镇、岱崮镇、野店镇、坦埠镇	野店镇梭庄村、岱崮镇坡里村、垛庄镇东孟良崮村、岱崮镇笊篱坪村、野店镇板崮崖村、坦埠镇诸夏村
莒南县	洙边镇	板泉镇渊子崖村、洙边镇后净埠子村、洙边镇三界首村、洙边镇刘家莲子坡村、洙边镇石门涧村、洙边镇环河崖村		十字路街道石泉湖村、十字路街道大山前村、十字路街道刘家扁山村、坊前镇聚将台村、洙边镇崖子村、岭泉镇马棚官庄村	大店镇、板泉镇	板泉镇后西村、坪上镇山底村、石莲子镇主家岭村

（续表）

所在县区	第一批（2019）		第二批（2020）		第三批（2022）	
	红色堡垒镇（5 个）	红色堡垒村（30 个）	红色堡垒镇	红色堡垒村（50 个）	红色堡垒镇（15 个）	红色堡垒村（31 个）
临沭县		曹庄镇朱村、店头镇陈巡会村		曹庄镇西山前村、曹庄镇黄庄村、蛟龙镇前利城村、蛟龙镇后蛟龙村、玉山镇东盘村	曹庄镇	郑山街道南古庄村
临港经济开发区		团林镇李家桑园村				
蒙山旅游度假区		柏林镇李家石屋村				

第一节　红色堡垒镇

首批公布的 5 个红色堡垒镇，是党和军队领导沂蒙人民在沂蒙革命根据地创建发展、壮大的重要见证。

一、沂水县

1. 夏蔚镇

夏蔚镇，位于山东省沂水县城西 30 公里处，新中国成立前，属于沂水县第四区，1950 年 6 月，改为第十三区。1958 年 9 月，夏蔚区改称卫星公社。1984 年 4 月，改为夏蔚区。1985 年 9 月，建夏蔚镇。2000 年，王庄镇并入夏蔚镇。

夏蔚镇有着光辉的革命历史，丰富的革命遗迹，完备的革命历史资料。1938 年 12 月，中共山东分局在王庄成立，同月，八路军山东纵队在王庄创建。山东分局党校青年干校、山东鲁迅艺术学校相继在这里诞生。1939 年 1 月 1 日，《大众日报》在王庄创刊，罗荣桓元帅、徐向前元帅在此工作生活过。1947 年 5 月，陈毅元帅在夏蔚双山村指挥了著名的孟良崮战役，当时的夏蔚是中央创建以沂蒙山区为核心的山东抗日根据地的指挥中心。

1.1 王庄天主教堂——中共中央山东分局、八路军山东纵队成立旧址

王庄天主教堂为 1893 年由德国神甫筹资所建的哥特式建筑，山东省重点文物保护单位。根据中共中央指示，1938 年 11 月，苏鲁豫皖边区省委为实施创建沂蒙抗日根据地的计划进入沂水王庄村。这里山势险要，地理位置优越，群众基础较好，天主教堂有上百间房屋，可容纳省委和部队机关驻扎，为革命根据地的开辟提供了有利条件。12 月上旬，中共中央山东分局在王庄正式成立。中共中央山东分局和八路军山东纵队在王庄的成立，使王庄一度成为创建山东抗日根据地、开展山东敌后游击战争的指挥中心。天主教堂也成为掩护上述两个机关以及当地群众的重要场所。

中共中央分局在王庄的半年多时间里，恢复了山东的党组织；创建了沂蒙山区为中心的抗日根据地；根据中共中央指示，创建了八路军山东纵队，统一整编了全省的抗日武装；选派干部充实健全了沂水、蒙阴两县委；建立党校，为各根据地培养了大

批党政军干部；指导全省各地建立、发展自卫团和各种群众抗日救亡团体，全省33个县相继建立抗日民主政权；在全省开创了胶东、鲁东南、鲁中、鲁南、清河、泰西、鲁西北、湖西、冀鲁边等九处抗日根据地。①

山东纵队的成立，标志山东人民起义武装已由分散的各自为战的游击队，变为在战略上统一指挥的游击兵团，成为发展与坚持山东抗日游击战争的重要力量。一支党领导的年轻军队，在抗日根据地的烽火中站立，以磅礴的气势所向无敌。一曲《山东纵队进行曲》，伴随着抗日战争的枪炮声，从沂蒙山区的王庄响起——

日寇侵入了山东，投降派挂起了免战牌。
投降派逃跑了，我们便从地下站起来。
徂徕山举义旗，誓死守土不离开。
土生土长，在农村，在民间。
三千八百万人民，和我们血肉相连；
中国共产党领导我们迈步向前。
年青的党军进行了无数血战。
我们用土炮，打下过飞机，击沉过兵舰。
在雷神庙、魏家堡、杨家横、刘家井、五井、孙祖、大青山、青驼寺，曾用我们的热血，写下辉煌的战史。
看吧！
敌人正在我们面前发抖，

---

① 沂水县政协文史资料委员会编：《沂水风物》，济南：山东省地图出版社，2001年，第147页。

只要我们战斗，战斗，不断地战斗，
胜利就在我们的前头。①

1.2 山东分局党校旧址

1938年10月，为适应党的事业发展和抗日战争的需要，中共苏鲁豫皖边区省委决定建立边区省委党校，省委书记郭洪涛兼任校长，同时委派潘维周、陈侠、孙鹏等人负责筹建。最初，党校的公开名称为“山东抗日军政干部学校分校”，简称岸堤干校，校址设在岸堤西北方向7里处的白佛寺。1938年12月，根据中央决定，区省委改为中共山东分局，党校也随之改为山东分局党校，校址迁到沂水县朱位和夏蔚。1939年初，从培训的学员中遴选了一批人员留校，建立校政治部，潘维周兼任政治部主任，并设教育科、总务科、组织科。同年夏，以上三科改为教务处、总务处、政治处。

1940年2月，中共中央发出《关于办理党校的指示》，要求各地党的领导机关均应办理党校，以加强对党的干部马列主义教育。4月，党校再次调整机构设置，在校长领导下设教务处、管理处，党的组织设总支委员会。10月，鲁中区党委成立，山东分局决定将分局党校改为鲁中区党委党校。12月，建立分局高级党校。1941年11月，日军对沂蒙山区进行大“扫荡”，在鲁中一旅三团掩护下，党校转移到鲁南抱犊崮山区小辛庄。1942年1、2月间，又转移到滨海临沭县朱樊村和赣榆县黑林村一带。3月，刘少奇同志来山东指导工作，指示山东分局要办一个好党

① 中国延安鲁艺校友会编著：《延安鲁艺师生歌曲集·抗战篇（上册）》，北京：中国社会出版社，2019年，第347-348页。

校,提高干部的思想、政策水平;办一个好党报,宣传党的统一战线政策,发动群众减租减息,巩固抗日根据地。

从1938年11月至1942年5月,党校共举办了七期短训班,培养党员干部1400余人。这七期短训班,提高了党员、干部的马列主义基础理论、党的知识和政策水平,取得了良好效果。

1943年9月,朱瑞去延安,罗荣桓任山东分局书记兼党校校长,分局高级党校复改为分局党校。1945年8月,抗战进入全面反攻阶段后,党校学员离校,奔赴反攻前线。抗战胜利后,分局党校因形势变化停办。1949年4月,中共中央山东分局开办山东分局党校,内设组织科、教育科、行政科和秘书室。1951年8月,山东分局党校将"科"改为"处",即设教务处、组织处、校务处,增设教学研究室。1955年1月,山东分局党校改为中共山东省委党校。①

1.3 山东鲁迅艺术学校旧址

该旧址位于沂水县高庄镇朱位村。1939年4月4日,山东鲁迅艺术学校在沂水县朱位村举行了开学典礼。学员主要来自三个方面:(1)山东纵队宣传队队员;(2)从山东纵队所属各部队选调的文化教员、宣传干事、文艺爱好者;(3)从根据地和边缘地区的青年学生中考试录取的,共计150余人。②

中共山东分局委员、八路军山东纵队政委黎玉出席开学典礼,并作报告《鲁迅艺术学校诞生的三个历史环境与它的三个任务》,指出该校产生的三个历史环境:产生在全民族的解放战争

---

① 朱铭、王宗廉主编,孙占元、杨明清卷主编:《山东重要历史事件(抗日战争时期)》,济南:山东人民出版社,2004年,第112-119页。

② 中共山东省委党史研究室编著,常连霆主编:《中共山东编年史(第三卷)》,济南:山东人民出版社,2015年,第100页。

中，产生在游击战争的发展里，在山东还是空前的产物。同时其任务是：艺术学校要服从整个的抗战活动，要创造出抗战中艺术堡垒；把如何坚持游击战争充分表现在艺术作品里；不仅要造就一批担任文化娱乐工作的干部，还要造就许多新的艺术家。①

该校校长为王绍洛，教务主任为杨荆石，政治协理员为华楠，总务主任为尚奎斋，并有十几位教员。该校以延安鲁迅艺术学院为榜样，以培养国防艺术人才、提高群众抗战热情、加强部队文化娱乐工作为宗旨，以“团结、紧张、严肃、活泼”为校风。1940 年元旦，该校与山东战地服务团合并为八路军第一纵队鲁迅艺术宣传大队，至此，山东鲁迅艺术学校停办。仅仅存在了个把月的山东鲁迅艺术学校，是一座革命的大熔炉，它不仅为党培养了大批文艺宣传干部，而且也造就了许多艺术家。

1. 4《大众日报》创刊纪念地

该旧址位于沂水夏蔚镇王庄。1938 年 11 月，苏鲁豫皖边区省委迁驻沂水县王庄，12 月，中共苏鲁豫皖边区省委改为中共中央山东分局。为宣传党的抗日主张和政策，动员和组织群众积极抗日，边区省委开始领导《大众日报》筹备工作，之后不久，《大众日报》成为中共中央山东分局的机关报。刘导生、匡亚明、于寄愚三位同志，先后出任该报社长、总编辑。当时报社工作人员主要来自三个方面：(1)山东八路军沂水岸堤抗日军政干部学校的学员；(2)山东分局通讯队无线电报务人员；(3)沂水县《青年报》的成员。创刊初期，人员、设备等各方面条件十分简陋，编辑部大都缺乏办报知识和经验，当时信息主要来源是：(1)抄收国民党“中央通讯社”的口播记

① 山东省文化厅《文化艺术志》编辑办公室：《文化艺术志资料汇编(第一辑)》，1984 年，第 1–5 页。

录新闻;(2)八路军山东纵队的战报。

《大众日报》的诞生,开创了山东新闻事业史上的新纪元。山东人民在中国共产党的领导下,第一次有了自己的全省性报纸,发出了抗战图存的战斗怒吼。① 其办报宗旨,是“为大众服务,成为他们精神上的必要因素之一,成为他们自己的喉舌,更成为他们所热烈支持的最公正的舆论机关”。

1940 年 1 月 1 日,《大众日报》创刊一周年之际,中共中央主席毛泽东从延安发来题词:“动员报纸,刊物,学校,宣传团体,文化艺术团体,军队政治机关,民众团体,及其他一切可能力量,以提高民族觉悟,发扬民族自信心与自尊心,反对任何投降妥协的企图,坚持抗战到底,不怕困难,不怕牺牲,我们一定要自由,我们一定要胜利。”②

大众日报社不仅是山东抗日根据地主要的新闻单位,而且是重要的出版单位。1940 年 12 月,成立大众印书馆,这是我党在山东抗日根据地最早创办的一个比较完备、有相当规模的出版印刷单位。1941 年 4 月 1 日,经中共中央批准,中共中央山东分局在大众通讯社基础上,成立新华社山东总分社,由大众日报社管理,合署办公。1943 年 7 月,大众日报社出版股改为出版科(出版部),对外称山东新华书店。1944 年 7 月,山东新华书店作为集编辑、印刷和发行三位一体的出版机构,在莒南县后净埠子村正式成立,隶属报社。1945 年 1 月,山东新华书店改称山东新华书店总店,1945 年 8 月,中共华东中央局成立,《大众日报》

---

① 朱民编著:《大众日报五十年(1939—1989)(上)(初稿)》,1988 年,第 9 页。

② 赵维东等编著:《山东抗战纪事》,济南:山东人民出版社,2015 年,第 341 页。

改为中共华东中央局机关报。1949年3月，中共华东中央局南下，《大众日报》改为中共中央山东分局机关报，1949年4月1日，由解放区农村迁至济南出版。1954年8月，中共中央山东分局撤销，成立中共山东省委，《大众日报》改为山东省委机关报至今。

2018年12月31日，习近平总书记就《大众日报》创刊80周年作出重要批示，强调：80年来，大众日报不懈践行"党的立场，群众的报纸"办报宗旨，是一份有着光荣传统、广泛影响的党报。希望大众日报始终把坚持党性原则、坚持正确政治方向放在第一位，弘扬沂蒙精神，加强改革创新，为鼓舞大众、团结大众、服务大众作出新的贡献。①

2. 诸葛镇

抗日战争期间，歪头崮战斗、葛庄战斗等战斗曾发生在此。歪头崮战斗中，除一人跳崖侥幸生存，其余81人全部壮烈牺牲。② 这次战役纪念碑上清楚记述了战争经过："民国三十二年二月二十六日，敌伪三千余人，大举'扫荡'沂水，路经歪头崮，鲁中军区二团二连，据崮抵抗，敌三次冲锋迄未得逞，继以飞机大炮配合猛攻，并施放毒气。激战终日，毙伤敌伪旅团长以下二百余人。我指战员八十一人亦壮烈牺牲。沂北党政人民，对之深情哀悼，谨树志碑碣，出列姓名，以资纪念。"③

---

① 《中国新闻年鉴》编辑部编：《中国新闻年鉴（2019）》，北京：中国新闻年鉴社，2019年，第825页。

② 三位烈士因未找到遗体而没有坟茔。

③ 中共临沂市委编：《沂蒙将军颂》，济南：山东文艺出版社，1998年，第498页。

3. 院东头镇

这里是沂蒙红嫂祖秀莲的故乡。抗日战争时期,祖秀莲冒着生命危险救助八路军战士、被救战士郭伍士退伍后寻亲八年落户山村认母养老奉终的感人事迹,激励着一代又一代人。这里也是社会主义建设时期“南茶北引”的试验区。沂蒙地区作为“南茶北引”的主试区和主战场,为北方茶的发展作出了巨大贡献。沂水县地处沂蒙山区腹地、沂河上游,是适宜种植茶树的最北地区之一,其中,院东头镇则是最早开始种植茶树并持续发展的先行区。①

4. 泉庄镇

泉庄镇马头崖村刘洪秀保存了50年的党旗,是全省最早的党旗。革命战争年代,泉庄是沂蒙革命根据地党政军机关的主要活动地区之一。里庄村的张肃甫,1923年经王尽美、邓恩铭介绍加入共青团,成为沂水县最早的团员。土地革命时期加入共产党的张绍武(张庄村)、耿迪福(张耿村)、孙学武(沙地村)是沂水早期革命者。抗日战争期间,泉庄村村都有党支部,仅马头崖村就有1938年入党的20余名老党员。泉庄马头崖革命烈士张鏑和沙地村孙学期的事迹都被广为传颂。

二、沂南县

1. 岸堤镇

岸堤,唐代就有其名,因南临汶河,河堤甚高,自明代改称

---

① 费聿辉、徐东升主编:《沂蒙精神》,北京:中共党史出版社,2018年,第131页。

为岸堤。新中国成立初期为岸堤区，1958 年 8 月，改称岸堤乡，同年 10 月，成立岸堤人民公社，11 月划归蒙阴县，1961 年 8 月划归沂南县，1985 年 9 月改设岸堤镇。抗日战争期间，该镇是沂蒙山区革命根据地的中心，是中共苏鲁豫皖边区省委和山东分局所在地，山东抗日军政干部学校、八路军第一纵队随营学校和抗大一分校都曾设在这里。此镇素有“小延安”之称。①

1.1 中共苏鲁豫皖边区省委和中共山东分局所在地旧址

该旧址位于沂南县岸堤镇岸堤村。1938 年 8 月 25 日，郭洪涛率部队返回鲁中沂蒙山区到达岸堤村，与先期到达的林浩、廖容标所率部队会合。中共苏鲁豫皖边区省委机关进驻刘姓地主的光裕堂，随边区省委一同前来的山东抗日军政干部学校进驻紧邻光裕堂的岸堤南庙。9 月，边区省委在岸堤村召开会议，进一步确立了在沂蒙山区建立根据地的方针。随后开展了三项工作：第一，大力加强各地党组织和群众团体的组织建设。将岸堤区确定为边区省委直属区，区农救会、青救会、妇救会、自卫团、儿童团等群众团体相继建立起来。在边区省委和八路军第四支队的直接领导下，沂南县岸堤、马牧池一带的抗日救亡活动开展得如火如荼。第二，大力发展抗日武装力量。边区省委在陆续抽调清河、胶东抗日武装进入沂蒙山区抗日根据地的同时，在鲁中各地大力组建抗日武装。第三，认真执行党的抗日民族统一战线政策，争取国民党石友三部及张里元部共同抗日。

---

① 孙孝建主编：《临沂行政区划》，济南：山东人民出版社，2000 年，第 87-88 页。

边区省委进驻岸堤后，组建八路军山东战地服务团，创办边区省委党校，发展壮大山东抗日军政干部学校，抽调干部南下，成立陇海游击支队，开辟苏皖边区。11 月下旬，黎玉、张经武率领中央派来山东工作的第三批干部共 200 多人到达岸堤村。12 月，根据抗战形势的发展变化，中共中央决定将中共苏鲁豫皖边区省委改为中共中央山东分局。

1.2 山东省各界代表联合大会旧址

该旧址位于沂南县青驼镇青驼寺。山东省人民民主政权，按照政权名称不同分为四个时期：(1) 山东省临时参议会和山东省战时工作推行委员会时期。1940 年 7 月 26 日至 8 月 26 日，山东省各界代表联合大会召开，通过了《山东省临时参议会组织条例》，选举成立山东省临时参议会，选举成立山东省战时工作推行委员会。前者是省级民意机关，后者是山东军政委员会与中共山东分局直接领导下的全省最高行政机关。(2) 山东省临时参议会和山东省战时行政委员会时期。1943 年 8 月 12 日至 9 月 8 日，省临参会召开第一届第二次大会，决定将山东省战时工作推行委员会改称为山东省战时行政委员会。(3) 山东省参议会和山东省政府时期。1945 年 8 月 13 日，山东省临时参议会驻会委员会与省战时行政委员会第二十次联席会议决定将省政委会改为山东省政府，省临时参议会改为省参议会。(4) 山东省参议会和山东省人民政府时期。1949 年 3 月 30 日，山东省政府委员会暨山东省参议会驻会委员会举行联席会议，决定将山东省政府改称山东省人民政府。①

---

① 山东省地方史志编纂委员会：《山东省志 · 政权志》，济南：山东人民出版社，1995 年，第 6-7 页。

1937 年 12 月，日军侵占了济南。1938 年初，中共山东省委领导各地党组织开始建立抗日民主政权的工作。1940 年 7 月，召开山东省各界代表联合大会，这次会议的召开，是为了统一领导各根据地的民主政权。其中，选举产生的省战工会，主要职权是领导与推动全省各级抗日民主政权之行政工作与地方性武装、财政、经济建设、教育及群众战时动员等工作。该委员会内设战时政治组、战时武装动员组、财政经济建设组、战时国民教育组、战时民众动员组。随着战工会工作的开展，全省各地民主政权建设从“人治”转向“法治”，由不统一到统一，形成了“省战工会——主任公署——专员公署——县政府——区公所”的政权领导体系。[①]

1.3 山东省战时工作推行委员会成立旧址

该旧址位于沂南县青驼镇青驼寺，为山东省重点文物保护单位。1939 年 4 月，中共中央在《中央对山东问题之处置办法》中，指出山东党组织未能及时建立抗日民主政权的问题，强调“如上述情形不加改变，山东创建根据地与坚持抗战是要受挫折的”[②]。5 月 19 日，中共中央在《中央关于山东工作方针的指示》中再次强调：“山东今后摩擦会更多，更厉害，我们应准备长期摩擦，坚持我们在敌后抗战的路线与政策，反对顽固分子的错误路线，不要设想让步可以解决问题。在我各支队活动区域问题上，应尽力争取有利地区，决不放弃已得地区。在政权问题上，应认识无论八路军部队或地方游击队，如无政权则决不能发展巩固

① 山东省档案馆编：《山东省档案馆指南》，济南：山东人民出版社，1995 年，第 40-41 页。

② 中共淄博市委党史资料征集研究委员会：《难忘的八年抗战》，1985 年，第 50 页。

与建立根据地。因此,已得的政权决不应放弃,并还应努力争取新的县区政权。”①

5月24日,中共山东分局作出《关于山东工作方针原则的决定》,指出:“我们要改正忽视根据地之错误,积极经营战略基地,并加紧建立专署、县、区抗日民主政权;积极扩大山东纵队与地方武装;巩固发展地方党;改正分局及各地对顽固分子的退让、防守与被动。”②1940年3月6日,为认真贯彻中共中央发出的《抗日根据地政权问题》重要指示,中共山东分局做出《关于政权问题的新决定》,推动全省各地抗日民主政权迅速发展。7月26日,山东省国大代表复选大会,山东省民众总动员委员会成立会,山东省工、农、青、妇、文化各界总会成立会,山东省各界救国联合会成立大会的联合大会开幕,选举产生行使政府职能的全省统一的行政机构——省战工会。1940年底,山东抗日民主政权已有2个行政主任公署、10个专员公署、79个县政府,下辖鲁中、鲁南、滨海、胶东、清河、湖西、鲁西、冀鲁边和苏皖边等地区,人口约1200万,管辖范围3.6万平方公里。山东省战工会,是当时全国十九块抗日根据地中唯一的以一省的行政区划为主体的根据地,是全国民主政权建设的创举,标志以沂蒙山区为中心的山东抗日根据地的形成,昭示山东抗日根据地建设进入新的阶段。③

---

① 中共淄博市委党史资料征集研究委员会:《难忘的八年抗战》,1985年,第85页。

② 朱铭、王宗廉主编,孙占元、杨明清卷主编:《山东重要历史事件(抗日战争时期)》,济南:山东人民出版社,2004年,第161页。

③ 李晨玉编著:《情系山东——毛泽东对山东革命斗争的关怀》,北京:中共党史出版社,2005年,第43-44页。

1.4 中共山东第一区委成立旧址

位于沂南县岸堤镇。1939 年 7 月，中共山东第一区（习惯上称大鲁南区）党委在岸堤成立，林浩任书记，内设组织部、宣传部、社会部、民运部、军事部、政府工作部、统战部、工委、青委、妇委、党校。1939 年 10 月 11 日至 17 日，中共第一区党委在岸堤召开第一次党员代表大会，泰山、淄博、尼山、鲁南、鲁东南等 5 个特委，八路军第一纵队随营学校以及直属县的代表 110 多人参加了会议。① 第一区党委管辖北起胶济铁路，南至陇海铁路，东临黄海，西接津浦铁路区域内党的工作。1940 年 4 月，山东分局决定撤销第一区党委，建立鲁南、鲁中两个区党委。

1.5 山东抗日军政干部学校旧址

该旧址位于沂南县岸堤镇岸堤村，为山东省重点文物保护单位。1938 年 8 月，中共苏鲁豫皖边区省委决定，建立山东抗日军政干部学校干校，并随边区省委来到岸堤。在当地开明士绅、岸堤区区长马月如帮助下，经与边区省委宣传部长、干校校长孙陶林商讨，将岸堤南庙（原叫玉皇庙）选作办学地点。1939 年 9 月，山东抗日军政干部学校改建为八路军第一纵队随营学校，八路军第一纵队司令员徐向前兼任校长，第一纵队政委朱瑞兼任政治委员。山东抗日军政干部学校（也称岸堤干校），从建校起，就以“抗大”为榜样，始终坚持“坚定正确的政治方向，艰苦朴素的工作作风，灵活机动的战略战术”和“团结、紧张、严肃、活泼”的战斗作风。干校共举办了 5 期，培养军政干部 3000 余

---

① 中共山东省委组织部、中共山东省委党史资料征集研究委员会、山东省档案馆：《中国共产党山东省组织史资料（1921—1987）》，北京：中共党史出版社，1991 年，第 107-108 页。

人，毕业后分布苏鲁豫皖四省。三千壮士，一代精英。①

在抗战的艰苦岁月里，他们在发动组织群众，壮大共产党、八路军力量，扩大和巩固抗日根据地，发挥了重大作用。新中国成立后，徐向前元帅曾为岸堤干校题词“为抗日战争培养骨干力量，对革命作出了贡献”，郭洪涛同志曾为岸堤干校题词“岸堤军政干部学校培养大批优秀领导干部，对创建发展山东抗日根据地发挥了重大作用”。在学校旧址“弓”字形门楼的两侧，至今保留着“巩固统一战线，争取最后胜利”的标语。

2. 马牧池乡

马牧池乡处于沂蒙山区的核心地带，原属沂水县。1941年，从岸堤、依汶划出部分村庄成立常山区，辖 48 个行政村，区机关驻东南官庄。1949 年，改为沂南县第三区。1958 年 3 月，迁驻马牧池，改名马牧池区。同年秋，成立人民公社，11 月，沂南县撤销建制，划归蒙阴县。1961 年 8 月，沂南县恢复时划回沂南，称马牧池区。1968 年，改称马牧池公社，后称马牧池区。1984 年，改称马牧池乡。马牧池乡是著名革命老区，“沂蒙红嫂”明德英、“沂蒙母亲”王换于都出自这里。

2. 1“沂蒙母亲”王换于

王换于（尊称“于大娘”），沂南县圈里村（今属蒙阴县）人。19 岁嫁到本县东辛庄于家。1938 年 12 月，在本村第一个加入中国共产党。其后，被任命为艾山乡副乡长兼村妇救会会长。她积极开展工作，在附近十几个村子建立妇救会、识字班、秧歌队，组织村里妇女募捐慰劳、筹集军粮、做军鞋，全力支援抗日，

① 崔维志、唐秀娥：《山东抗日战争纪实》，北京：新华出版社，1999 年，第 348 页。

亲自介绍近百人加入中国共产党。

1939 年春以后，日军开始夏季“扫荡”，中共山东省委、山东分局和八路军第一纵队机关等先后来到沂蒙山根据地。王换于家成为省委机关和山东纵队首长办公、食宿活动的地点，又是地下情报联络站。王换于率领全家竭尽全力照顾好领导的生活起居，并成立战时托儿所，抚养革命后代，最多时达 42 人。她抚养的革命后代一个也未损失，其中就有罗荣桓的女儿罗琳和儿子罗东进、陈沂的女儿陈小聪等。①

1989 年 1 月 31 日，101 岁高龄的王换于去世了，走完了她伟大传奇的一生。2011 年 12 月 3 日，时任中共中央政治局委员、中共中央组织部部长的李源潮，来到王换于儿媳张淑贞家，感谢她们为中国革命作出的杰出贡献。② 2013 年 11 月 25 日，中共中央总书记习近平在临沂调研时，会见了王换于孙女于爱梅，深情地说：“我一来到这里就想起了革命战争年代可歌可泣的峥嵘岁月。在沂蒙这片红色土地上，诞生了无数可歌可泣的英雄儿女，沂蒙六姐妹、沂蒙母亲、沂蒙红嫂的事迹十分感人。”③

2. 2“沂蒙红嫂”明德英

明德英，1911 年出生在马牧池乡的王家河边的横河村。两岁时因病致哑，常遭到打骂、欺凌，以讨饭为生。21 岁时，嫁给

---

① 黄忠、韩忠勤主编：《沂蒙大观》，济南：山东大学出版社，2007 年，第 1025-1026 页。

② 王春梅、方艳编著：《沂蒙红嫂故事选》，济南：济南出版社，2019 年，第 8-9 页。

③ 习近平：《论党的宣传思想工作》，北京：中央文献出版社，2020 年，第 25 页。

了无土地、无房屋的同村村民李开田。他们在村西墓地搭建了一个窝棚,靠看护墓林和耕种林边零星地块为生。全国抗战爆发后,横河村及周围村子都驻扎了八路军和党的组织,明德英目睹日寇残暴行径,深刻了解了共产党八路军为了国家、为了人民的团结抗战行为。为此,她才能够打破传统伦理观念,书写用乳汁挽救八路军伤员生命的人间大爱,全力拯救受伤的战士。1985 年,75 岁高龄的明德英,又拿起针线,带着儿媳、孙女、孙媳一起为前线将士赶制鞋垫,每双都绣着"勇敢杀敌""为国争光"的字样,以一名老"红嫂"的身份激励战士勇敢战斗。

1995 年 4 月 21 日,明德英去世,终年 84 岁。对于她的不凡一生,《开国元勋英模颂》书中评价说:

两岁变哑眼泪盈,
目睹抗战怀深情。
足智诱骗东洋狼,
多谋掩护子弟兵。
滴滴乳汁救伤员,
拳拳爱心愈疾病。
蒙山高耸沂水长,
红嫂化作天上星。①

2.3 山东省青年抗日先锋队临时总队成立旧址

1941 年 9 月 4 日,山东省青年抗日先锋队(简称青抗先)临时总队在沂南县岱庄成立,王照华任总队长,陈先任副总队长,

---

① 韩英伟:《开国元勋英模颂》,北京:团结出版社,2016 年,第 173 页。

陈放任总教导主任。[①] 25 日，山东省青年救国联合总会公布了《山东省青抗先章程草案》，规定山东省青年抗日先锋队是山东省青年救国联合总会的组成部分，是青年自己的不脱离生产之半武装组织，为民兵之坚强骨干。其宗旨是锻炼体格，学习军事，发扬青年英勇卫国精神，成为抗日的坚强后备队伍。其主要任务是加强军事知识与军事技术学习，戒备锄奸，担任后方勤务及战时服务工作，积极袭扰敌人，瓦解日伪军，保卫家乡，保卫抗日根据地，驱逐日寇出中国。凡符合条件之 16 至 23 岁青年男子，赞成本队宗旨，遵守本队纪律，体格健康者，均可加入本队。[②] 此后，沂蒙各县都建立起青抗先组织。

2.4 北海银行旧址

北海银行总行旧址位于沂南县艾于湖村。北海银行总行，是在抗日战争期间建立与发展起来的地方国家银行，是山东解放区地方银行之最高机关。[③] 1940 年 8 月，北海银行总行在鲁中地区的临沂县青驼寺成立，归属战工会财政处领导，二者合署办公，艾楚南任处长兼行长，洒海秋任副行长，主持日常工作。下设营业科、会计科、发行科，后又增设出纳科。1941 年 4 月 28 日，省战工会主持的全省财经文教大会在莒南县板泉崖召开，7 月，大会确定全省统一建立北海银行，战工会的北海银行设为总行，各大区的北海银行设为分行。决定加强北海银行工作，扩大

---

① 中共临沂地委党史资料征集委员会编：《中共沂蒙党史大事记(1923—1949.9)》，济南：山东人民出版社，1992 年，第 154 页。

② 共青团山东省委、山东省档案馆编：《山东青年运动档案史料选编(第二辑)》，1984 年，第 115-116 页。

③ 山东省档案馆编：《山东省档案馆指南》，北京：方志出版社，2018 年，第 114 页。

北海币的发行，推行北海票，加强货币斗争，扩充银行机构。会议期间，山东分局发出关于开展根据地十项建设运动的口号，要求建立独立的银行业务，使银行成为调剂金融、巩固法币、投资生产的经济命脉的中心系统。①

北海银行在斗争中建起的北海币货币体系，在群众中广泛流通，成为宣传中国共产党的一张“明信片”，让党组织更深入地走进群众。北海银行，从初创期的不受重视，到陆续开办分行、支行、办事处等遍及全省的分支机构，逐渐发展壮大，成为中国人民银行组建的基础银行，为新中国金融事业的发展奠定了基础。②

2.5 山东省战邮纪念馆

山东战时邮局成立旧址位于沂南县马牧池乡双泉峪子村。1942 年 2 月 7 日，为适应敌后战争环境，便利敌后抗日军民之间的相互联系，山东省战时工作推行委员会发布了《关于建立战时邮局的决定》，决定建立各级战时邮局，并正式实施《山东省战时邮局建设方案》。同时，山东省战时邮政总局在双泉峪子村成立，赵志刚任局长，受省战工会领导，主要职责是加强抗战时期的交通与党报发行工作，下设秘书科、邮务科、交通科、发行科等机构。1943 年 3 月 20 日，中共中央山东分局作出《关于党政交通发行工作统一的决定》。次日，省战工会作出《关于战时邮局组织机构及人员编制的新规定》，决定山东省战时邮政总局即《大众日报》社发行部、山东分局交通科，内设发行科、交通科、

---

① 山东省钱币学会、临沂市钱币学会主编：《北海银行在沂蒙》，北京：中国金融出版社，2014 年，第 56-58 页。

② 张建军主编：《日本侵华史研究 2017 · 第 4 卷》，南京：南京出版社，2017 年，第 94 页。

会计科等。1946 年 2 月，山东省战时邮政总局改为山东省邮政管理局。①

从 1940 年 10 月，清河区发行山东解放区印刷的最早的“五角星图”邮票，到 1946 年 3 月，山东省战时邮政总局共印制发行 22 套邮票。其中，1942 年 7 月 1 日，发行首版“山东地图”邮票。1944 年，发行毛泽东主席肖像邮票，这是抗日根据地首次用毛主席像作图案的邮票。1945 年 9 月，印制发行我国第一套建军节邮票——“八一”建军纪念邮票。② 这些邮资票品，从设计到发行都紧跟当时革命战争形势的需要，除了作为邮资凭证，还起到积极的宣传和鼓舞作用。

3. 孙祖镇

孙祖镇地处沂蒙山区腹地，沂蒙抗日根据地的首次大胜利——孙祖战斗，即发生在此地。八路军抗战总指挥部、徐向前故居、大众日报社旧址、抗大一分校成立旧址、《跟着共产党党走》歌曲诞生地等十几处革命遗址分布在这片红色热土上。

4. 依汶镇

1928 年 9 月，在山东省委特派员孙兆彭的指导下，共产党员朱寿年在其家乡朱家里庄一带，发展了一批党员，如朱献如、朱春廷、邵世堂等，并成立沂南县第一个党组织——朱家里庄党小组。其主要任务是发展党员，组织发动农民同官府和封建势力

---

① 山东省档案馆编：《山东省档案馆指南》，济南：山东人民出版社，1995 年，第 90 页。

② 人民邮电出版社编：《中国集邮年鉴（1991）》，北京：人民邮电出版社，1992 年，第 142-143 页。

做斗争。[①] 中共沂水五区区委、山东分局二地委(沂蒙地委)、沂蒙参议会、专员公署等先后在此成立。抗日战争期间,中共山东分局、山东省战工会、鲁中军区机关等,都较长时间驻扎在此。抗日战争和解放战争期间,全镇先后有2万多人参军支前。[②]

5. 双堠镇

1939年6月,日军大“扫荡”后,沂水县的国民党县、区、乡政权纷纷垮台,唯一维护治安和对外联系的只有八路军南沂蒙大队。为了更好地开展地方工作,在日军“扫荡”暂停的间隙中,岸堤干校政治部主任徐元泉提议,成立一个乡政府主持地方工作。此提议首先得到南沂蒙大队全体人员的赞同,于是邀请部分地方知名人士和开明士绅在岸堤南乡崖子村的一个小学里召开民主选举大会。刘心甫、刘干如、李冠三、徐元泉等5人被选为乡委员,由徐元泉提议请知名人士刘心甫老先生担任岸堤乡乡长。从此,在沂蒙抗日根据地由共产党直接领导的、民主选举的第一个乡政权正式诞生了。

抗日爱国将领王德林故居位于沂南县双堠镇后崖子村。“九一八”事变后,王德林组建“中国国民救国军”,人数多时达11万余人,不断给日军以重创。1938年12月20日,王德林因病去世。1939年2月4日,中国共产党机关刊物《解放》发表了悼念文章,指出“在此抗战进入有利于我,不利于敌的相持阶段,丧失这位民族老英雄,实乃我中华民族的一个损失”。悼文号召

---

① 山东省沂南县地方史志编纂委员会编:《沂南县志》,济南:齐鲁书社,1997年,第107页。

② 董珂、郭晓琳主编:《山东古镇古村》,济南:山东友谊出版社,2016年,第544页。

人民学习王德林为国奋斗的精神。新中国成立后，山东省人民政府追认王德林为革命烈士。①

三、费县

1. 薛庄镇

根据镇驻地村命名，唐代为“薛家庄”，明代简称“薛庄”，清代设为城阳社，民国初年设置薛庄乡，2013年入选山东省历史文化名镇。抗战期间，气壮山河的大青山突围战发生在这里，省战工会副主任兼秘书长陈明，一一五师敌工部部长王立人，姊妹剧团团长辛锐，德国友人、太平洋国际学会记者汉斯·希伯等近千名英雄儿女血洒东蒙。蜚声国内外的民歌《沂蒙山小调》在这里诞生，八路军山东纵队后勤总被服厂旧址、石岚伏击战等都在这里。

1.1 大青山突围战斗遗址

该遗址主要内容，除了参见“大青山胜利突围纪念馆”以外，还应进一步指出，大青山突围战斗的宝贵革命文化遗产，首先是新中国成立后，曾经在此战斗过的老同志，没有忘记养育、救护过他们的沂蒙人民，以及长眠于此的战友。为此，他们以革命回忆录等形式，如《在敌后的抗大一分校》《八路军第115师及山东军区战史》等，为该革命遗址建设提供了有力依据。

其次，1992年，费县县委、县政府在马头崖乡李行沟村建立“大青山突围战斗旧址”纪念碑。1993年，该乡党委、乡人民政府分别在程克、辛锐烈士牺牲地，山东纵队医疗所、被服厂旧址建立多处永久性纪念设施。1997年，中共临沂市委、市政府，费

---

① 沂水县政协文史资料委员会编：《沂水人物》，济南：山东省地图出版社，2003年，第128页。

县县委、县政府,山东抗大一分校校史研究会在该旧址上,建起“大青山胜利突围纪念碑”及碑亭。1999 年 9 月,费县县委、县政府为纪念新中国成立 50 周年,在大青山以西的白石屋村(抗大一分校文工团驻地原址),建立“沂蒙山小调诞生地”纪念碑、纪念亭。2005 年,为纪念抗日战争胜利 60 周年,此处建成大青山纪念广场。2011 年 8 月,建成“大青山胜利突围纪念馆”。①

1.2 八路军山东纵队后勤部被服厂旧址

山东纵队成立后为了逐步统一着装,供给部门开始了建厂的筹备工作。军需工厂对产品质量的要求非常严格,产品制成后,要安排人按照质量标准进行验收,如规定军衣的缝制每寸 16 至 18 针,做到不漏缝,不断码,缝头小,无褶子;布鞋底规定纳 1000 针左右,绱鞋针码是前头 7 针,后跟 8 针,总针码 58 针。军衣的颜色、制式和尺码,在一个军区(旅)范围内大体一致,山东纵队各部队的夏装为草绿色,棉衣为土黄色;制式统一为制服式,并有干部服与战士服的区别。

1941 年,沂蒙抗日根据地进入最困难时期,为冲破敌伪顽对根据地实行的军事夹攻和经济封锁,中共山东分局、省战工会、省各救会、第一一五师、山东纵队联合发出号召,要求全省党政军民领导机关积极搞好生产,自力更生,共渡难关。费东、费北、费南及边联各县积极响应号召,掀起大生产运动,相继建立起一定规模的小工厂和生产基地。1941 年 10 月,八路军山东纵队后勤部(供给部)被服厂在费县薛庄镇大古台村建立,生产部队急需的各种衣被、服装。工厂建在该村农民家里,在他们的帮

---

① 山东省沂蒙文化研究会编:《沂蒙文化研究(第一辑)》,济南:山东人民出版社,2015 年,第 357-358 页。

助下完成生产工作。村里擅长针线活的妇女，成了被服厂的重要辅助力量。她们帮着工厂工人钉扣、锁眼、絮棉，大大提高了工厂的生产效率。

1.3《沂蒙山小调》诞生地

该遗址位于费县薛庄镇白石屋村。1940 年 10 月，沂蒙抗日根据地建立不久，在日军疯狂“扫荡”之际，国民党顽固势力利用当地反动道会门组织“黄沙会”对抗我方抗日军民，以封建迷信阻挠群众参军。对此，抗大一分校文工团以文艺宣传为抗争武器，校文工团编审股长李林和团员阮若珊，通过精心构思收集到的当地素材，创作出歌曲《反对黄沙会》。具体歌词如下：

人人都说沂蒙山好，沂蒙山上好风光。
青山绿水多好看，风吹草地见牛羊。
自从起了黄沙会，大家小户遭了殃。
牛鼻子一吹嘟嘟响，拿起梭镖上战场。
硬说俺身子能挡枪炮，谁知子弹穿过见阎王。
装神弄鬼把人害，烧香磕头骗钱财。
八路神兵从天降，要把害人虫消灭光。
沂蒙山的人民得解放，男女老少喜洋洋。①

这首歌通过描绘沂蒙山迷人的自然风光，揭露国民党反动派的险恶阴谋和黄沙会的罪行，激励群众为了美好明天积极参军参战。通俗、易懂、生动的歌词和优美的曲调一经传出，便受

① 牟文正编著：《中国百首经典歌曲及其背后的故事》，北京：金盾出版社，2008 年，第 70 页。

到了广大军民的普遍喜爱，并很快传遍了鲁中、鲁南、滨海、胶东等山东抗日根据地，甚至流传到华北、东北等国内各大抗日根据地。1953年秋，山东军区政治部文工团的李锐云、李广宗、王印泉，因本团工作需要，续写原有歌词并重新记谱，定名为《沂蒙山小调》，即“高粱那个红来哎豆花香，万担那个谷子哎堆满仓。咱们的共产党领导好，沂蒙山的人民哎喜洋洋”。①

《沂蒙山小调》，孕生于战火纷飞的革命动荡年代，植根于沂蒙山区的乡间沃土，歌颂共产党的伟大领导，歌颂沂蒙人民的美好生活，以其极强的艺术生命力和共情感染力，使人每每唱起无不倍感亲切，给予人民无限信心与力量。这首满载沂蒙乡土气息的妙音，已进入《南征北战》《长津湖》等电影和戏剧、舞蹈、曲艺等诸多艺术领域，不仅传唱到全国各地，更是蜚声在外，享有“南有《茉莉花》，北有《沂蒙山小调》”的美誉。

1.4 血染沂蒙的“洋八路”——汉斯·希伯

1897年，汉斯·希伯出生于波兰克拉科夫，曾到德国求学并加入德国共产党。1925年，他第一次来到中国，同年在北伐军总政治编译处工作。当时，他目睹了帝国主义在中国领土上制造的“五卅惨案”。1927年，“四一二”反革命政变发生后，他愤然辞去国民党的工作，回到欧洲，并将其在中国所见所闻，写成书籍《从广州到上海：1925—1927》。1932年秋，他告别新婚妻子秋迪·卢森堡，再次来到上海，其后不久，他妻子也来到上海与他团聚。在沪期间，他以笔名“亚细亚人”在美国《太平洋事务》《亚细亚杂志》和德国《世界舞台》等报刊上，发表大量关于中国和远东问题的文章，成为著名反法西斯政论家。

① 苏进主编：《红色故事100篇》，济南：济南出版社，2019年，第1-2页。

1938 年春，在八路军武汉办事处的安排下，希伯来到延安，先后采访了毛泽东、周恩来、叶挺、项英、刘少奇、陈毅等革命人物，获得了中国共产党抗日斗争的真实情况。1941 年，在苏北，他完成了《中国团结抗战中的八路军和新四军》书稿。9 月 12 日，他顺利到达临沂市莒南县。11 月 30 日，我军一个特务连和抗大一分校学员被日军一个混成旅团的兵力围困。部队首长决定将所有人员组成三个分队，分批向南突围。希伯拒绝跟随第一、二分队先行撤离，毅然加入担任最后突围的第三分队。在悲壮的大青山突围战役中，他不幸身中数枪，献出了宝贵的生命。1942 年，山东军民纪念希伯烈士，建立了一座白色圆锥形纪念碑，墓碑上刻着罗荣桓元帅、聂荣臻元帅等人的题词。2014 年 8 月 29 日，希伯被列入国家民政部公布的第一批在抗日战争中顽强奋战、为国捐躯的 300 名著名抗日英烈名录。①

四、莒南县

1. 洙边镇

1941 年，设洙边区；1958 年，撤区改称洙边乡，同年撤乡建洙边公社；1984 年，改为洙边乡；1994 年撤乡建洙边镇。中共滨海区党委旧址、滨海中学旧址、滨海建国学院、山东新华书店诞生地、庄户学诞生纪念地等多处重要革命遗址分布在此。

1.1 中共滨海区党委旧址

该旧址位于莒南县洙边镇三界首村。滨海区是抗日战争时

---

① 中国人民抗日战争纪念馆编著：《抗战英烈谱》，北京：团结出版社，2016 年，第 192-193 页；中共临沂市委党史研究室、沂蒙革命纪念馆、临沂大学沂蒙文化研究院编：《沂蒙抗日英烈传》，济南：山东人民出版社，2015 年，第 134-137 页。

期抗日根据地的六大战略区之一。1942 年 3 月，中共中央山东分局决定将鲁中区党委的五地委与鲁南区党委的四地委合并，成立滨海地委（直属分局领导），王众音任书记。一年后，撤销滨海地委，建立滨海区党委，下辖 12 个县（工）委。符竹庭、唐亮先后任区党委书记，张晔任副书记，谢辉任行政公署主任，陈士榘任军区司令，高赞非任参议长。区党委内部先后设立秘书处、组织部、宣传部、城工部、人武部、财委会、锄奸委员会、党报委员会、群委会等。1943 至 1944 年间，先后设立一地委（滨北地委）、二地委（滨南地委）、三地委（滨中地委）和青岛市工作委员会（青岛市工委）。滨海区位于鲁东南，东到黄海，西至沂河，南起陇海线，北至胶济路，总面积约 3.6 万平方公里，人口 500 万左右，曾是中共山东省党政军群领导机关的驻地，战略地位十分重要。

到 1944 年底，全区共有 14 个县委，119 个分区委，1077 个支部，党员 20000 多名。① 1945 年 8 月，中国共产党领导下的第一个省政府——山东省政府，在滨海区莒南县大店宣告成立。滨海区党委成立后，在山东分局的直接领导下，建立健全了党政军群等区级组织，坚持敌后抗日武装斗争，开展精兵简政、整风运动，开展以“减租减息”为主要内容的群众运动，巩固和扩大了滨海抗日根据地。

1946 年 7 月，中共华东局发出“关于滨海区组织机构变动及干部配备的决定”，将滨海区党委、滨海军区一级组织撤销，将滨北地委 5 个县划入胶东区党委领导，将滨南、滨中两

---

① 中共山东省委组织部、中共山东省委党史资料征集研究委员会、山东省档案馆：《中国共产党山东省组织史资料（1921—1987）》，北京：中共党史出版社，1991 年，第 154 页。

个地委的 8 个县、1 个办事处（即莒南、莒县、日照、临沭、东海、竹庭、新海等），合并为滨海地委，直属华东局领导，也称鲁中南区委六地委。其内部组织包括组织部、宣传部、民运部、群委会、城工部、国军部、社会部、支前司令部、《滨海农村报》社等机构。① 1950 年 5 月，滨海地委改为临沂地委，即现临沂市委的前身。

1.2 滨海中学旧址

该旧址位于莒南县洙边镇石门涧村。1940 年末，由中共鲁南区党委所属五地委和莒县、日照、赣榆、临东四县联合办事处筹建的滨海中学，于 1941 年 3 月，在此处宣告成立。② 滨海专署副专员崔介兼任校长，滨海参议长高夑宸任副校长，管戈任教导主任。学校先设师范部，后设中学部，共有教师 12 人。1942 年 6 月，滨海专署将沭海中学并入滨海中学，高夑宸任校长，郇华民任副校长，教职工 50 余人。1942 年 10 月下旬，日伪军对鲁中进行第三次大"扫荡"，学校立即动员疏散。不久，滨海中学的中学部停止招生，师范部移驻到筵宾区集西村。1943 年 3 月至 12 月，师范部招收 3 期学生，共 252 人，和 1 个艺术班 30 人。1944 年夏，刘导生任校长，此后，学校经过调整，在原有 2 个师范队、2 个中学队基础上，增加行政干部队、群众工作队、战宣队、青年队、工矿队、会计队和卫生队，共计 654 人。

1945 年 8 月，滨海区党委将滨海中学改为滨海建国学院，刘导生任院长，李葵元任教育长，学校设行政队、群众工

① 山东省档案馆编：《山东省档案馆指南》，济南：山东人民出版社，1995 年，第 33-36 页。

② 《莒南县教育志》编纂委员会编：《莒南县教育志（1840—1997）》，济南：山东人民出版社，1999 年，第 240 页。

作队、教育队、会计队、电话队、卫生队、普通队，并附设研究生班，后又增设文化合作科，共计1000余人。1947年2月，滨海建国学院与滨海师范合并，成立滨海公学，同年秋，公学大部迁入日照县，滨南中学和滨中中学合并另成立滨海中学。1948年10月，滨海地委、行署决定恢复滨海中学，改名为滨海乡村师范学校。1950年2月，从莒南迁到临沂，更名为临沂师范学校。①

1.3 滨海建国学院

为适应滨海区对敌斗争和以查减为主的群众运动迅猛开展以及抗战形势需要，1945年8月，滨海区党委将滨海中学改为滨海建国学院，指导方针是在职干部的提高重于未来干部的培养，工作重心是在职干部训练，课程设置坚持在职干部政治学习与业务学习并重。

由于战争年代的特殊环境，滨海建国学院实行流动办学方式，莒南县王家坊前村一带是当年的主要办学点之一。滨海建国学院曾开办宣传队、卫生队、行政队、教育队、普通队、艺术队、电话队和会计队等，为沂蒙根据地培养输送了大批军地两用人才。

1945年7月至1946年7月，滨海建国学院共招收并培养800余人。1946年3月，滨海专署发出《关于干部学校工作指示》，规定：建国学院行政队学员为区级主要干部及县科员，师范队学员主要是在职较好的教员。1947年2月，滨海建国学院与滨海师范合并成滨海公学，在建国学院建制基础上，增加中学、

① 山东省莒南县地方史志编纂委员会编：《莒南县志》，济南：齐鲁书社，1998年，第620-621页。

师范两队，学生 1000 余人。1948 年，滨海公学停办。①

1.4 山东新华书店诞生地

该旧址位于莒南县洙边镇后净埠子村。抗日战争时期，根据形势需要，山东分局宣传部先后在莒南、日照、苍山分别开办了滨海书局、滨北分局、大众书店。这些书店由当时《大众日报》社出版部领导。实际上，这个出版部就是山东新华书店的雏形。出版部由刘力子负责，下设出版科、营业科。一开始，主要出版《斗争生活》等党刊，以及马列主义理论书籍，外加大量发行的《在延安文艺座谈会上的讲话》《山东文化》《整风参考资料》等。由于抗战根据地物资匮乏，书刊印刷不得不选用"土纸"。这种土纸是用乱麻、稻草、麦秸、豆荚皮为原料，经过土法加工制作而成，质地粗糙，色泽灰黄。即便如此，山东新华书店的图书发行量，每种都达 1000 册到 3000 册。

1943 年，随着鲁南和鲁中抗日根据地大部分都连成一片，抗日小学、识字班、青年夜校等学习组织相继恢复和创办，群众对各种书刊数量需求日益增长，这为山东新华书店的诞生提供了有利条件。1944 年 7 月，山东新华书店在莒南县净埠子成立。它的主要任务是"传播新民主主义文化，供应全山东以精神食粮"②。1945 年 9 月，抗日战争胜利后，山东新华书店迁至临沂城东西大街。解放战争开始后，山东新华书店撤离临沂，随军转战于鲁南、鲁中、渤海等地区。1948 年 9 月，济南解放后，山东新

① 临沂地区人事局编：《临沂地区人事志》，北京：中国广播电视出版社，1992 年，第 530-531 页。

② 叶再生：《中国近代现代出版通史（第四卷）》，北京：华文出版社，2002 年，第 618 页。

华书店进驻到这座山东解放区的最大城市。①

1.5 庄户学诞生纪念地

该旧址位于莒南县洙边镇刘家莲子坡村。1943 年秋，年仅 18 岁的青年教师张建华来到洙边区刘家莲子坡村创建小学。起初，他按照正规小学教育的做法管理学生，结果最后班里只剩下四五位学生。经过跟踪调查，他发现学生学习时间与他们的家庭生产劳动时间发生了矛盾。于是，他决定在天气好时，到田间地头、山坡上给孩子上课，天气不好时，则回到教室去上课。村干部和学生家长非常赞赏这种做法，认为这种教学方式很合庄户人的心意，像个庄户学堂。

随后，在张建华的帮助下，该村又成立了妇女学习班、民兵学习班、干部学习班等，都根据学员的需要和习惯，确定学习时间、学习内容和学习形式。1944 年 4 月 21 日，《大众日报》发表文章《莲子坡的"庄户学"，老百姓人人拥护》，介绍莲子坡庄户学的有效经验。同年 11 月，张建华被授予"山东省教育英雄"称号。到 1945 年 6 月，莒南县 95%的村庄开办庄户学，学龄儿童入学率达到 90%，约 10 万青年参加学习，使莒南县走向文化大翻身的道路。②

有一首快板道出了庄户学的主要特点：

庄户学，真正好；群众办，党领导。
边识字，边拾草；庄户活，误不了。

---

① 中国人民政治协商会议临沂市委员会编：《临沂文史集粹（第三册）》，济南：山东人民出版社，1997 年，第 36-38 页。

② 山东省莒南县地方史志编纂委员会编：《莒南县志》，济南：齐鲁书社，1998 年，第 630-631 页。

又写算，又读报；天下事，都知道。
大组大，小组小；看忙闲，看老少。
子教母，姑帮嫂；自动学，互相教。
要自愿，随需要；人人夸，都说妙。①

2. 大店镇

抗日战争时期，大店镇是山东省和滨海区革命根据地中心。八路军一一五师司令部曾长期设于这里，罗荣桓、朱瑞、陈光、黎玉、肖华、陈士榘、谷牧等老一辈革命家长期在这里生活、战斗、工作。1938 年 10 月，中共鲁东南特委在此成立。1945 年，大店查减工作经验在全省推广。1945 年 8 月，中国共产党建立的第一个省级政府——山东省政府在此成立。八路军一一五师司令部旧址和山东省政府旧址是全国重点文物保护单位、革命传统教育和爱国主义教育基地。

3. 板泉镇

1932 年 8 月，中共党员刘谐和受临郯县委指示到板泉镇小学任教，在进步学生中培养入党对象，先后发展王任之、薛汉鼎、李伴农、夏林、王汉侯等人入党。12 月，建立中共板泉小学党支部。从此以后，莒南县的民主革命斗争有了中国共产党的领导。截至卢沟桥事变发生时，该党支部已秘密发展党员 33 名。党支部的成立和党员队伍的发展壮大，为该地的民主革命斗争提供了坚强的政治领导。

1940 年 3 月，八路军入驻渊子崖村，同年年底，在中国共产

---

① 本社编：《老解放区教育工作回忆录》，上海：上海教育出版社，1979 年，第 78 页。

党的领导下，渊子崖村建立了抗日民主政权，妇救会、儿童团、武工队等一系列群团组织相继建立，其中渊子崖村的武工队发展到300多人，分24个排。中国共产党领导下的抗日民主政权，为渊子崖的民主革命斗争提供了坚实的组织基础。

五、郯城县

1. 重坊镇

1941年2月初，为粉碎日军对我鲁南抗日根据地的“扫荡”，八路军一一五师教导第二旅在重坊与敌展开激战，粉碎了日寇的进攻，保卫了根据地。重坊战斗是抗日战争进入相持阶段后，我党我军在极为困难的情况下进行的，这次战斗沉重打击了郯马地区日伪军的嚣张气焰，极大地鼓舞了郯城人民抗日救国的革命热情。

罗荣桓政委在总结重坊战斗时指出：“在日寇不断侵入我国内地、敌我双方已进入相持阶段的时期，我们的原则仍然是广泛地开展游击战争，机动灵活地打击敌人，只有这样，才能达到消灭敌人、保存自己的目的，才能够积蓄力量迎接必将到来的大反攻，夺取抗日战争的最后胜利。”①

六、平邑县

1. 郑城镇

1941年，敌后抗日根据地进入最困难时期，日军疯狂“扫荡”，使沂蒙山根据地越来越小，军队给养难以筹集，抗日军民的

---

① 中国人民政治协商会议山东省委员会文史资料研究委员会编：《文史资料选辑（第十辑）》，济南：山东人民出版社，1981年，第26页。

日常生活极为艰苦。当时，山东纵队一旅三团在天宝山区区域坚持斗争。11 月 5 日，一一五师师部转移到郑城天宝山区宁家圈一带，这是一块山间盆地。随后，山东分局党校约 400 人，山东纵队一旅三团团部及一营驻扎也来到这里。12 月 7 日，敌人获知我一一五师转到鲁南的情报后，分别从滕县、邹县、平邑、铜石、费县等据点出动 6000 多日伪军，利用夜色隐蔽，向宁家圈进攻。8 日拂晓，敌人占领了晒书台、白彦、山阴、郑城等要点。八路军山东纵队一旅三团和数倍于我的日军在苏家崮血战数日，毙伤敌 400 余人，180 多名三团将士壮烈殉国。1944 年，费南县各界民众在这里建立了苏家崮抗日烈士陵园。

七、蒙阴县

1. 垛庄镇

民主革命时期，这里出现了以刘晓浦、刘一梦为代表的“燕翼堂”刘氏革命大家庭。1923 年，刘晓浦、刘一梦在党的一大代表王尽美影响下加入了中国共产党。受中共中央派遣，刘一梦、刘晓浦分别于 1928 年 5 月、1929 年 4 月回到山东工作。刘晓浦任中共山东省委执行委员兼秘书长，刘一梦先后任共青团山东省委常委兼宣传部长、共青团山东省委书记。1929 年，由于叛徒告密，两人被捕入狱。面对敌人的严刑拷打、威逼利诱，叔侄二人宁死不屈。1931 年 4 月 5 日，邓恩铭、刘谦初、刘晓浦、刘一梦等共产党员，面对敌人的枪口，昂首高呼“打倒国民党反动派！打倒帝国主义！中国共产党万岁！”英勇就义。在烈士精神感召下，燕翼堂刘氏后人们共同践行了他们的遗愿，一心拥护共产党，在民族危亡之际，深明大义，毁家纾难，毫无保留地将土地、财产甚至亲人的生命奉献给党和人民的事业。

革命战争年代，垛庄镇涌现出许多革命楷模，发生过多次重要战斗。如著名的模范"四大娘"：韩大娘（谢德甫）、彭大娘（杨松贵）、段大娘（张新民）、李大娘（吴金凤），她们爱党爱军、无私奉献的事迹，广为流传。

2. 岱崮镇

1933年9月5日，岱崮镇龙须崮农民暴动爆发，沂蒙山区武装夺取政权运动从此拉开序幕。1943年11月，岱崮保卫战在我军战史上写下了光辉的一页。20世纪60年代，为加强国防，为保护刚起步的工业和做好持久战的准备，国家将东北和沿海以及大城市的工厂转移至后方，400万热血青年参与三线建设。按战线划分，在第三战线之内的建设叫大三线，第一战线与第二战线之内的叫小三线。山东是沿海省份，也是国防前沿阵地，所以在山东境内的三线厂都是小三线。岱崮镇笊篱坪村在三线建设时期修建一家兵工厂，军工代号9381，初名叫高射机枪弹厂，出于保密对外声称山东民丰机械厂，主要生产高射机枪子弹。

3. 野店镇

革命战争年代，"沂蒙六姐妹"的英模事迹传遍沂蒙山区。社会主义建设、改革开放时期，毛坪村联户办水利，102户村民自发联合，每人捐资500元，从夏到冬，苦干180个日夜，终于建成一条3200米长的石渠，被誉为"沂蒙红旗渠"。村民纷纷称赞道：

> 自己的事自己干，修水渠围山转。
> 浇果园还不算，浇粮田一大片，
> 每年省下资金好几万。
> 土地延包30年，群众吃了定心丸。

投资投劳是自愿,每人出钱500元。
人叫人干人不干,政策调动一大片。
十五届三中全会是关键。①

4. 坦埠镇

1935年5月,中共蒙阴县委成立。12月,县委迁驻坦埠,并在周围十几个村建立了支部,在坦埠设立总支。之后,各级党组织逐步建立,通过举办训练班发动、组织群众,先后在此举办3期抗日自卫团训练班。学员毕业后分赴各地,组织抗日武装。

1941年11月5日,坦埠对日伏击战打响。八路军山东纵队一旅钱钧副旅长从坦埠北、东、南三面设伏,另有一连队在坦埠西部隐蔽,等敌人进入伏击圈后断其后路。此役历时2小时,大部分日军被歼灭,而我军无一伤亡,沉重打击了"扫荡"日军。②

八、临沭县

1. 曹庄镇

这里不仅是著名的朱村战斗的发生地,也是马邦才、侍振玉等战斗英雄的家乡。2013年11月25日,习近平总书记到朱村视察,详细参观了朱村抗日战斗纪念馆,对朱村战斗中根据地党指挥枪、军民同仇敌忾克敌制胜的英雄气概以及老区党群、军民

---

① 临沂市政协文史和学习委员会编:《光辉的历程——临沂改造山河五十年纪实(1949—1999)》,济南:齐鲁书社,1999年,第700-701页。

② 中共临沂市委党史编委会编:《历史的丰碑:沂蒙百处革命纪念地巡礼》,济南:山东文艺出版社,1999年,第247-248页。

之间的鱼水深情给予了高度赞扬,要求新的历史时期“发扬革命传统,争取更大光荣”。

第二节 红色堡垒村

一、兰山区

1. 义堂镇周井铺村

1932 年夏,中共费县临时党支部在周井铺村(今属兰山区)成立了党小组。1933 年春,依托周井铺、甘露寺两处村小学,建立了两村地下党支部,为费县第一个农村党支部。1934 年,该村地下党支部组织了费县初小教员“学田”罢教斗争,并取得了胜利。1937 年,该铺村成立抗日自卫队、妇救会、儿童团等组织,自卫队有队员 50 余人。1938 年 3 月 26 日、27 日和 4 月 1 日,该铺村民众武装自发组织起来,乡亲们不屈不挠,扛起土枪、土炮,抡起大刀、长矛,誓死迎向穷凶极恶的日寇,打死打伤敌人 30 余人,打响了中国共产党领导下的沂蒙抗战第一枪。其中,有 3 名村民不幸牺牲,全村 700 余间房屋被烧光。

2. 半程镇下艾崮村

下艾崮村是支前模范村,是山东省重点文物保护单位华东革命烈士陵园茶山纪念园所在地。1945 年 8 月 11 日,八路军山东军区决定由鲁中军区第二军分区主力部队夺取临沂城,并歼灭临沂城以北十余个据点的伪军。战争发起之前,鲁中军区与临沂县委商定,将野战医院设在下艾崮。全村男女老少都参与到伤病员的救治中，当时医疗条件非常简陋，为了让伤病员早日养好伤，村民们倾其所有，救治伤员 1200 多人。

二、罗庄区

1. 沂堂镇东为儿桥村

东为儿桥大刀会为早年民间自卫组织。抗战爆发后，在共产党抗日政策的引导下，大刀会逐步接受了团结抗日的思想。1940 年，大刀会带领东为儿桥全体村民，不畏强暴，与前来抢掠的日伪军殊死决战，打死日伪军 13 人，打伤 20 多人。由于寡不敌众，11 名大刀会成员英勇牺牲，36 名村民被残酷杀害，几十人受伤，20 多人被抓。1941 年农历五月初七上午，日军对东为儿桥进行“扫荡”“清乡”。大刀会在打死 2 名日军后，组织村民迅速转移。日军进村扑空，放火把村子烧成一片废墟。8 名未逃出的村民被掳到抚顺煤矿充当劳工，其中 1 人被折磨致死。

2. 褚墩镇兰山村

1938 年初，临(沂)郯(城)一带的抗日救亡运动进入高潮。5 月，临郯青年救国团县团部成立。11 月 23 日，中共临郯县委、临郯青年救国团县团部调集各青救分团骨干 1000 余人，在兰山村举行武装誓师大会，宣布成立八路军山东人民抗日游击第四支队临郯独立团，薛浩任团长，唐涛、韩去非先后任政委。临郯独立团成立不久，即在临枣公路、临郯公路伏击日军，毙伤敌 30 余人。1939 年 3 月，临郯独立团改编为八路军山东纵队陇海南进支队第三大队。

3. 褚墩镇碑住一村

1947 年 1 月 2 日，鲁南战役打响，华东野战军将指挥部设在该村。经过 18 天的艰难战斗，我军取得鲁南战役的最终胜利，歼灭敌军两个整编师、一个快速纵队，共计 5 万余人，并活捉敌军师长马励武。23 日，按照中央和中央军委的命令，山东军区和华中军区在此合并，成立华东军区，山东野战军和华中野战军合并，成立华东野战军。1 月底，华东局、华东前委扩大会议在该村召开。

三、河东区

1. 朝阳街道醋庄

抗战爆发后，日伪曾在醋庄设立据点，抢掳周边的百姓。为了拔除这颗钉子，古贺区民兵大队对据点实行了长达一年的转困战，有效阻止了日伪对周边百姓的骚扰。山东武委会授予醋庄民兵大队“包围据点模范”奖章。

2. 梅家埠街道张贺城村

1940 年 1 月，郯东北解放后，张贺城村积极开展抗日斗争，成立农救会、妇救会、儿童团等组织。抗战初期，全村有 35 人加入青抗团。在反扫荡、巩固和建立抗日根据地过程中，建立了有 48 名队员的民兵组织。1941 年 12 月，临沭县伊斯兰抗日救国大队在店头清真寺成立，该村就有 18 位男女青年参加。回民大队受临沭县大队领导，主要活动在南古庄、夏庄、钟华册、西南马头、庄坞一带。1943 年 10 月，日军扫荡曹庄一带，回民大队配合老四团战斗一天，取得了岌山大捷。在局部反攻阶段，参加沭河两岸拔除敌据点的斗争，参加了解放临沂城的战斗。

在革命战争年代，该村村民坚定跟党走，积极参战，拥军支前，为八路军送弹药、救治伤员，组织了 30 多人的担架队、运输队,妇救会长带领全村妇女做军鞋、军衣支援前线。村民不论贫富一致抗敌,全村无一回奸、无一伪军,是军民团结抗战的坚强堡垒。

3. 八湖镇王疃村

1941 年 3 月,王疃村党团组织成立。后来又建立农救会、妇救会和村自卫队组织,先后有 19 名青壮年参加区中队、游击大队。1941 年 3 月,山纵一、二旅发起反封锁战役,八路军的伤病员被安排在王疃救治。王疃村自卫队把白塔战斗中牺牲的七名烈士抬回村安葬。1942 年 9 月,莒临边工委成立。区县领导干部长期居住在此,莒临县敌工部南站依托王疃附近的村落活动,着重做汤头、圪塔墩的敌伪工作,并向临沂、徐州方向开展工作。王疃村民兵参加了区中队攻打新庄、太平、小梁家、汀水、汤头等敌人据点的行动,并于 1943 年 7 月配合滨海军区部队和沭水独立营拔除小梁家据点。解放战争期间,王疃曾为华东军区机关所在地,张云逸等将领在此指挥撤出临沂及后续的战斗。孟良崮战役,村里组织了 22 副担架上前线。淮海战役期间,本村 36 名村民组成担架队,21 辆独轮车参加运输队。

四、郯城县

1. 港上镇徐圩子村

1945 年 5 月 2 日,日军一个小队途经重坊镇南宋庄时,遭到群众的袭击。驻郯马日军纠集 500 余人,携带钢炮、迫击炮、轻重机枪,前往宋庄救援。当援敌行至徐圩子村东时,遭到该村自卫队的埋伏射击。日军遂将村庄包围,实行狂轰滥炸,郯城县独立团二连和区中队战士连同村自卫队员奋起反击,打退日伪军多次冲锋,二连一个排和区中队配合掩护群众突围失败后,军民遂抱定决心，誓与家乡共存亡。日军集中炮火将围墙炸开，冲进圩内，见人即杀，连婴儿也未能幸免。危急之际，郯城县独立团飞奔营救，迫使日军退回马头。

此战共击毙日军49人，伤数十人，我军民亦伤亡较大，其中郯三分区区委书记兼区长任兆铎不幸中弹牺牲。徐圩子保卫战极大打击了郯马地区日寇侵略者的嚣张气焰，是群众自发抗日的典范。2015年1月，临沂市人民政府将徐圩子抗战广场列为全市青少年爱国主义教育基地。2017年3月，港上镇建设徐圩子保卫战遗址纪念广场。2018年1月10日，该广场被列为“第三批山东省党史教育基地”。

2. 新村银杏产业开发区黄村

黄村是最早建立临郯青年抗日救国团的村庄之一。1939年冬，八路军一一五师东进支队挺进郯马地区开辟抗日根据地。同年，该村王云芝（人称“黄大娘”）发动该村及附近村庄的妇女成立妇女救国联合会。这是郯马地区最早建立的村妇救会之一，中共鲁南四地委妇救会的干部经常到黄村指导工作。

1940年3月8日，中共鲁南三地委妇救会在重坊召开临郯邳地区妇女代表大会，王云芝作为代表参加了此次大会，并受到热情表扬。之后不久，王云芝加入中国共产党，并被调到鲁南三地委在新村举办的干部学校学习，结业后被分配到郯二区妇救会工作，成为脱产的妇女干部，负责组织护送转移干部、传递党的信息等重要工作。1944年秋，王云芝任郯三区妇救会会长，组织参加讨伐反共顽固派梁仲亭、解放马头战斗等，带领妇救会成员为八路军送粮食、抬担架、救护伤员。1945年10月，她担任郯城县妇救会会长、县参议员,组织带领援军支前。[①]

3. 马头镇驻地

此地是我国早期共产党员、沂蒙革命先驱刘之言的家乡。1924 年,刘之言经庄龙甲等人介绍加入了中国共产党。1928 年 3 月,受本镇开明绅士于霭辰聘请,刘之言到私立求是小学(1929 年秋,改为郯城县立第三小学)任教。1929 年 10 月,中共郯城县第三小学党支部(后被称为鲁南第一支部)成立,刘之言任书记,刘谐和任副书记,孙善师为委员,这是我党在临、郯、费、峄地区创建最早的一个支部。1930 年夏,发展了党员刘念喜(刘之言之妹)、宋幼准、马久功、焦矗山、张慧一(女)、柏敬贞(女)等十余人。1931 年春,该支部发展了一批农民入党,并建立了褚墩、芦汪子、北哨党支部。1932 年 5 月,徐海特委指定由刘之言、孙振国、马叙卿等成立中共临郯县委,刘之言任县委书记。

1933 年 7 月 6 日,苍山暴动提前爆发,宣布成立中国工农红军苏鲁豫皖赣五省联防军鲁南游击总队(郯马和苍山各编一个大队),郭云舫任司令,刘之言任政委,田英任苍山方面的大队长兼第一中队长,刘文漪任军事指挥兼第四中队长,并宣布成立苏维埃政府。9 日,刘之言为给其他同志创造脱险机会,不幸牺牲。[②]

4. 胜利镇南刘宅子村

该村有革命烈士徐腾蛟故居。1932 年 10 月,经中共涝沟区

---

① 中共临沂市委编著:《沂蒙红嫂颂》,北京:中央文献出版社,2002 年,第 137–143 页。

② 苍山县政协文史资料研究组编:《苍山文史资料(第一辑)》,1983 年,第 5 页。

委书记张鲁峰介绍，徐腾蛟加入中国共产党，并任该村党支部书记。1933 年春，他积极参加苍山暴动的组织领导工作。7 月，暴动发生后，他担任中国工农红军郯城游击大队副队长。苍山暴动失败后，徐腾蛟一直隐蔽在农村坚持斗争，重新建立革命武装，开展新的斗争。因有人告密，9 月 2 日，徐腾蛟不幸被捕，9 月 7 日英勇就义。苍山暴动在鲁南大地点燃了革命烽火，为鲁南革命根据地的开辟作出了很大贡献。

五、兰陵县

1. 下村乡上大炉村

1938 年春，日军铁蹄踏入鲁南。在强大的敌人和顽固派面前，我党领导的鲁南人民抗日义勇总队等地方武装，仅占据抱犊崮以东的大炉、车辋一带，其余均被地主武装盘踞。1939 年秋，罗荣桓、陈光率领八路军一一五师及部分主力来到抱犊崮山区，司令部设在上大炉万春圃家。万春圃是当地很有影响的大地主、开明士绅，也是这一带地主武装的首领。通过不断了解党的统一战线政策和抗日主张，1940 年 3 月，他把自己领导的边联办事处武装自愿交给我党指挥，被正式编为一一五师边联支队，并被任命为支队长。之后，又被提升为八路军鲁南军区副司令员。

为创建鲁南抗日根据地，罗、陈等人决定以抱犊崮山区为中心，向北打通与中共山东分局和山东纵队所在地鲁中的联系，向西北联结鲁西地区，向南打通与新四军和华中地区的联系。他们首先拔除孔庄据点，其次夜袭石河，接着又拔除盘踞在费南马庄、天宝山、桃峪等多处日伪据点，进一步巩固和发展了鲁南抗日根据地。

2. 车辋镇前银厂村

1940 年 4 月，赵镈受命来到鲁南抗日根据地，担任鲁南区党委书记，兼任鲁南军区政委、鲁南区委党校校长，与罗荣桓同志一起并肩战斗。1941 年 10 月 27 日，驻鲁南的国民党军三三七旅六八三团张本枝部趁鲁南军区主力和地方武装春季反击日军“扫荡”之际，勾结顽匪荣子恒、梁钟亭和李以锦部 2000 余人，大规模进攻以抱犊崮山区为中心的边联县。除了全面袭击驻边联地区的党政机关，张本枝部重点袭击中共鲁南区党委驻地银厂村。鲁南区委书记赵镈已冲出敌人包围，当发现党的绝密文件没有带出时，他毅然只身返回原驻地，在销毁了绝密文件后，不幸被捕，被国民党活埋在车辋镇九女山下。同日，在银厂和在边联县地区被俘、先后遭杀害的干部群众有 20 余人。

为纪念赵镈烈士，1944 年 2 月，中共山东分局批准将临郯费峄边联县改名为赵镈县。1991 年 10 月，兰陵县委（原苍山县委）、兰陵美酒厂党委组织重建该处旧址。2015 年，山东省人民政府将其纳入第五批省级文物保护单位名单。

3. 庄坞镇涌泉村

为建立中共领导下的抗日根据地，山东第一区党委决定撤销中共临郯县委，成立中共临沂县委。1940 年 3 月上旬，中共临沂县委在涌泉村成立，刘子见任县委书记，王洪烈任组织部长，赵庆升任宣传部长，石涛任军事部长，丁梦孙任统战部长，孙哲南任民运部长。14 日，临沂县各界人士在庄坞召开各界民众代表大会，正式建立临沂县行政委员会，丁梦孙任县长。1941 年 10 月 10 日深夜，日军 1 万余人对临郯平原地区进行规模空前的大“扫荡”，将临沂县委、县政府、鲁南三地委、三军分区、鲁南专署第三行署和八路军一一五师教导二旅四团三营等机关部队，重重包围在庄坞、层山、涌泉等方圆十二里的狭小地区内。11日，日军以涌泉为中心的合击圈已经形成。此战沂河支队牺牲的指挥员有：鲁南三军分区副政委赖国清，沂河支队独立团团长颜岳岩（颜景伦），沂河支队一大队教导员崔广润，二连指导员肖奉仙。

4. 新兴镇下湖村

1938年秋初，村民吴振东带领青壮年寻找抗日武装队伍，当时，地下党员王增已经在下湖一带秘密开展党的组织活动，由王增介绍，吴振东正式加入中国共产党。1939年10月，下湖党小组成立，吴振东任组长。1941年12月，下湖村建立中共特别支部，受边联县委直接领导，吴振东任支部书记。下湖秘密党小组以“防土匪，保村庄”的名义组织大刀会，村里成立了农救会、武委会、妇救会、青抗先、儿童团等救亡组织，办起两个班的抗日小学。村支部武装委员黄玉凯的母亲黄大娘家是秘密联络点，经常为党组织传送情报，接待、掩护中共妇女干部和其他抗日干部。“革命的母亲”黄大娘有5个儿子参加革命，3个儿媳是党员，女婿参加区中队。村民们利用大刀、长矛、长枪、三节棍以及老套筒等武器积极抗日，割电线，破坏公路，留下了一段可歌可泣的抗战史话。

1942年11月上旬，顽军保安队到下湖村逼粮要款，威胁不缴者放火烧房子，村自卫队、大刀会及村民200多人奋起反抗，将顽敌逐出村庄。11月中旬，日伪军300余人进攻该村，村民及自卫队紧闭圩门，用土枪土炮阻击敌人。1943年麦收时节，敌据点出动百余人到下湖抢收麦子，吴振东带领村民兵自卫武装两路出击，把敌人逐出家园，共产党员郇殿起在战斗中牺牲。7

月，临沂伪军50余人向兰陵移动，途经下湖一带，民兵队长郇玉德带领基干队13人在丘后村截击，激战半小时，截获小麦900余斤。11月，兰陵日伪军近400人，携大炮2门、机枪2挺进攻下湖，民兵队长黄玉凯、郇玉德率全村村民英勇抗击，敌人未能攻入村内。

下湖村民团结抗敌，不屈不挠，是兰陵地区的抗日堡垒村，曾容纳120多户外村村民迁入避难。该村民兵还在村庄周围要道大摆地雷阵，使敌人不敢轻易进入地界内。下湖村被鲁南军区司令部和兰陵县委、县政府命名为“抗日模范村”，黄玉凯家被命名为“抗日模范家庭”。《鲁南时报》作专门报道，军区文工团将该村抗日英雄事迹编排成话剧《抗争》。

5. 金岭街道东盘石沟村

该村是沂蒙红嫂方兰亭革命活动地。1938年2月，方兰亭加入中国共产党。翌年，其任地下交通员的丈夫周振苍遭日军杀害，她接替丈夫，担起送情报的任务。后任温河县妇救会会长。1940年，她忍痛卖掉亲生女儿为八路军筹军粮，后被战士发觉凑钱将孩子赎回。1948年，方兰亭到费县实业科工作，在参军支前工作中，积极动员青年参军成绩卓著，荣立一等功。在淮海战役中，荣立三等功。

6. 卞庄街道代村

鲁南战役时，陈毅、粟裕的临时指挥所设在代村（原称戴家村），他们还在这里召开了营以上干部会议和鲁南战役祝捷大会。英勇的“戴家村连”曾在这里战斗，阻击进犯临沂之敌，策应宿北战役，以不足百人伤亡，歼敌300余人，首创轻武器战胜敌坦克的先例。代村村民积极参军参战，踊跃支前，代村民兵连在解放战争时期被树为“先进民兵连”。

7. 车辋镇东白山村

1927年,宋宜安在东白山村创办农民协会。1932年3月,他加入中国共产党。翌年,他的两个儿子也加入共产党。1933年7月,苍山暴动失败后被迫转移。1935年,宋宜安恢复白山党支部。1937年9月,成立民族解放促进会。1938年6月,宋宜安建立起一支200余人的抗日队伍,称为边联二大队,后改编为国民党临沂专员公署直辖四团第一营。1940年1月,任讨顽副总指挥,率21个自卫团摧毁制造"管流庄惨案"的顽固派县长李长胜的老窝;7月,任山东省农救会总会副会长。

8. 苍山街道大圩子村

苍山暴动纪念地位于大圩子村西南部。1933年7月6日,中共临郯县委领导和发动了震惊全国的苍山暴动,打响了中国共产党在鲁南地区武装反抗国民党反动统治的第一枪。因力量悬殊,暴动仅持续9天就失败了,28位同志献出了宝贵的生命。但苍山暴动却唤醒了鲁南人民,建立了兰陵县历史上的第一个红色政权,在广大民众中播下了革命的火种,为后来鲁南抗日根据地的建立和发展奠定了基础。

1991年8月1日,该地被苍山县人民政府公布为第二批县级重点文物保护单位。2014年1月,苍山县更名兰陵县后,中共兰陵县委决定以"苍山暴动纪念地"为依托,修建苍山暴动纪念馆,7月6日,纪念馆正式开放。

9. 大仲村镇陡沟庄

1944年1月初,伪国民救国军第十军在荣子恒的带领下进驻大仲镇陡沟庄村,进村后这帮伪军修碉堡加固圩墙,抢粮派款,砍伐树木,逮猪牵羊,当地人民苦不堪言。消息传到鲁南八路军五团，团部当即召开紧急会议，分析认为，荣子恒的部队虽然人数多，但他叛变投敌，士兵不想给日本人卖命，且他孤军深入、地形不熟、立足未稳。

16 日黎明，八路军五团 4 个大队急行军将陡沟庄包围，主动出击战斗打响。敌人凭借坚固的圩墙、碉堡固守还击，战斗处于僵持状态。下午 3 时许，战士们突破泇河，搭起人梯翻入圩墙，与敌人打起巷战。为防止东白山伪军前来增援，边联县武工队在陡沟庄南密切监视。附近村庄的干部群众自动组织起来，抬着担架，带着煎饼、茶水来到前线。姐妹团还把煮好的鸡蛋、炒花生、大红枣送到战士们手中。经过 5 个多小时的激战，战斗胜利结束。此次战斗，共毙伤俘敌 450 多人，我军 18 人英勇牺牲。为让子孙后代永远铭记革命烈士的丰功伟绩，当地军民自发捐资在该村西隅树立纪念碑。其上刻着一副对联，上联为"一代英雄千秋烈士"，下联为"万民崇拜万世光荣"，横批为"名标青史"。碑的正面为"鲁南八路军第五团烈士碑记"，背面为 18 位烈士的姓名。[①]

10. 下村乡云峪村

云峪村，原名云涧峪。1947 年 6 月 6 日，国民党军 10 余万人对抱犊崮山区实行全面包围，将鲁南军民约 5 万人围困在抱犊崮东面以云涧峪村为中心的苇湖、下村山区，形势十分严峻。鲁南区党委和军区首长在云涧峪村筹划下一步的军事行动，军区司令部命令各县武装、武工队和民兵都加入战斗部队行列，服从军区统一指挥，保护聚集在抱犊崮山区的数万人员的撤离和转移。6 月 7 日拂晓，国民党军队发起攻击，并重兵布下口袋，等

① 苍山县政协文史资料委员会编：《苍山文史集粹》，济南：山东省地图出版社，2001 年，第 173－178 页。

着鲁南武装去钻。军区司令部决定,各山头阵地全面阻击国民党军进攻,坚持到晚7时突围。在国民党重兵围攻和密集炮火打击下,我军阵地不断收缩,一些战士壮烈牺牲。战士们冒着枪林弹雨,忍着饥饿与敌人周旋。晚7时,鲁南军民数万人,在鲁南军区的统一指挥下,趁着夜色掩护,避开国民党军主力锋芒,跳出包围圈,从云涧峪一带向东突围转移,于6月9日胜利到达滨海区的泉源、店头一带。此次突围被称为"六九"突围,在鲁南革命史上留下了光辉的一页。

11. 下村乡涧村

涧村,包含今天的东涧村。1940年7月1日,鲁南区党委机关报《鲁南时报》创刊,区党委宣传部长林乎加兼任社长,白刃任总编辑,主要报道鲁南区委的重大活动、鲁南军民进行的重要战役和战斗以及根据地人民的斗争生活。该报采用油印,八开四版。1941年春,该报因日军"扫荡"而停刊,同年11月,在东涧村复刊,赵宏弼任社长,黄华任总编辑。1942年7月改为石印,二至三天一期。1945年8月,又改为铅印,四开四版,三天一期。抗日战争期间,《鲁南时报》在宣传党的各项方针政策、团结教育人民与揭露打击敌人等方面发挥了重要作用。①

六、沂水县

1. 夏蔚镇王庄村

王庄,被许多曾在此工作过的"老抗战"称为"小延安",即

---

① 中共临沂地委党史资料征集委员会、中共枣庄市委党史资料征集委员会、中共济宁市委党史资料征集委员会:《中共鲁南区党史大事记(1919年5月—1949年9月)》,济南:山东人民出版社,1991年,第116页。

此地曾是山东抗战的指挥中心，竖起了山东抗战的大旗。1938年11月，中共苏鲁豫皖边区省委移驻王庄，为创建山东抗日根据地奠定了基础。12月，边区省委改为中共中央山东分局，下辖山东省及周边地区的11个特委和济南工委。不久，八路军山东纵队指挥部也在此成立，统一指挥山东的抗日游击武装，山东纵队下辖10个支队，1个游击总队，共2.45万人。

12月22日，山东分局发出指示，要求全省各级党组织为了加强各县抗战动员，巩固根据地，拟突建自卫团。自卫团是群众性的、半军事性质的组织，是武装群众参加抗战的基本形式，是抗日武装的后备军，是抗日根据地最深厚的基础。同时，分局妇委、青委和工委分别在全省各级成立妇救会、青救会、儿童团和职救会，组织动员全省男女老少抗日救国。

1939年元旦，《大众日报》在此创刊，向3800万山东人民吹响了建立抗日根据地、打击日军侵略者的战斗号角。1月5日，山东分局、八路军山东纵队指挥部召开党的特委负责人和游击支队指导员联席会议。会议之后，山东纵队、一支队、四支队设立后方司令部，各县设县委军事部，并由以上机构负责组建与领导县大队、区中队、乡分队和村基干自卫团、村游击小组，逐步形成主力部队、基干武装、群众武装相互支持、相互结合的抗日武装体系。3月，山东分局召开统一战线工作会议。同月，罗荣桓来此传达中共中央六届六中全会精神。6月初，山东分局、八路军山东纵队主动撤离王庄。①

---

① 魏树海、窦现诺：《从大山中走来》，兰州：甘肃文化出版社，2003年，第45–58页。

2. 夏蔚镇云头峪村

1939年元旦,《大众日报》在王庄村创刊,报社印刷所设在离王庄村4公里的云头峪村。北京大学毕业生刘导生任报社社长,曾担任过《日日新报》主笔的匡亚明任报社总编辑。云头峪村地形隐蔽,印刷厂在峪底几户农家的草屋里。1985年4月20日,沂水县人民政府在云头峪村树立了《大众日报》创刊纪念地碑。1992年6月,被山东省人民政府公布为省级重点文物保护单位,纪念碑分别位于云头峪村和王庄村。2006年7月,被省委宣传部命名为省级爱国主义教育基地。2019年,夏蔚镇对《大众日报》印刷所旧址进行修缮提升,重整院落和屋内布展等。2020年,新扩建云头峪《大众日报》印刷所旧址纪念馆,设置红色展厅、红色讲堂、印刷体验馆、红色阅报室等场所,累计布展面积270平方米,展出珍贵历史资料176件,恢复《大众日报》印刷所旧址原貌。

匡亚明去世后,根据其生前遗愿,将其部分骨灰葬在了位于云头峪村锥子崮下的小山坡上。1997年7月,大众日报社为匡亚明同志重新修墓立碑。2018年5月,沂水县人民政府为其立碑。2012年3月,该墓被列为县级第四批重点保护文物。

3. 泉庄镇尹家峪村

1939年3月,八路军山东纵队卫生部直属后方医院在沂水县泉庄镇尹家峪村诞生,并在艰苦的抗日战争、解放战争及和平年代里不断发展壮大。后方医院成立之初规模较小,只有60多名医护人员,医院设备十分简陋,药品非常缺乏,仅有少量外伤药剂和简易手术刀剪等器具,在民房里搭上柴草地铺作病房。3个多月间,该院共收治300名左右我军伤病员以及少量友军伤员。此外,后方医院积极开展群众工作,广泛宣传群众,帮助建立群众性抗日组织和自卫武装,协助地方党组织发展党员,建立党的基层支部。

2006 年 10 月,该旧址被临沂市人民政府公布为市级重点文物保护单位。2007 年 10 月 9 日,八路军山东纵队卫生部直属后方医院纪念馆举行开馆仪式。

4. 院东头镇桃棵子村

该村是沂蒙红嫂祖秀莲的家乡与《沂蒙颂》的诞生地。1941 年 11 月,日伪军对鲁中抗日根据地实行铁壁合围大“扫荡”。4 日,八路军山东纵队指挥部突出重围,侦察员郭伍士在侦察敌情时身负重伤。在祖秀莲住宅(现为祖秀莲故居)疗伤 1 天后,乡亲们将郭伍士转移到西山的一个山洞里疗伤 28 天,当地群众亲切地称之为“藏兵洞”。郭伍士复员后,立志回沂蒙寻找救命恩人,历经八年,辗转沂蒙,终于在 1956 年找到祖秀莲并认她为母亲。1958 年,他落户桃棵子,为祖秀莲养老送终。

1981 年,沂水县人民政府为祖秀莲墓立碑,称赞她为“战争年代的红嫂,建设时期的英模”。1987 年,该墓被列为县级重点保护文物。1989 年,时任中央政治局委员、国务委员、国家教委主任李铁映曾来此拜谒。

5. 院东头镇西墙峪村

1939 年,山东纵队野战医院救护所在此驻扎。该村村民先后掩护、救治伤员 320 余人,掩藏粮食 1. 5 万多公斤及大宗物资多件,被誉为“山纵的好后勤”。王建安、胡奇才、罗舜初、周赤萍、白备伍、邵德孚等各级领导在此长期战斗过,并在村东先后发生了仙姑顶抗击战、挡阳柱西山战斗。该村有一面革命纪念墙,记录了抗日堡垒村掩护救治伤员、支持抗战的感人事迹,让这片红色热土继续传承着红色基因。

6. 诸葛镇红石崖村

1939年春节前夕，日寇“扫荡”沂蒙山区，国民党五十一军乘机围攻，八路军沂蒙支队的一支小分队撤退到红石崖。红石崖村共产党员武善同，带头把家里的过年衣服都拿出来，又发动乡亲们户户送棉衣，护送他们转移。他带领群众在村四周山沟里挖了几十处秘密山洞，隐藏八路军某部从日军手中缴获的四十箱药品，接收八路军伤病员隐蔽治疗。1940年秋，我党派驻该村的胡学理等5名抗日人员，被驻扎在沙沟的国民党五十一军便衣队抓到卞山上活埋了。当时武善同担任乡委书记，经过调查，发现向敌人告密的是自己的堂叔武继存和堂兄武善义。查明真相后，此二人被政府押赴诸葛乡执行枪决。1941年秋，日寇纠集了五万多人的兵力，对沂水一带的抗日根据地进行了空前规模的大“扫荡”，武善同和两个受伤的八路军战士被敌人发现，日寇把他们和全村二百多名群众围在一条山沟里。关键时刻，武善同用自己的身体挡住了敌人的机枪口，保护了群众生命。

7. 高庄镇桃花坪村

林茂成，沂水县高庄乡桃花坪村人。1938年，八路军来到沂蒙山区，14岁的林茂成报名参加八路军，被分派到独立营当通信员。1940年8月，加入中国共产党。1942年，为保卫抗日根据地，八路军采取“翻边战术”，深入敌后开展游击战。因战斗期间英勇表现，林茂成荣立一等功，被授予“乙等战斗英雄”。1943年，在讨伐惯匪刘桂堂战役中，他被授予“甲级战斗英雄”。1946年1月，津浦前线野战军第八师改称为山东野战军第八师，林茂成先后担任该师第二十三团第一连排长、连长。其后，他还参加了泗县战斗、北罗识庄战斗、尚岩和峄县战斗等，因作战顽强，屡立奇功，被誉为“常胜突击队长”。1947年4月，他参加泰安战役，战后被授予“华东战斗英雄”荣誉称号，他带领的一连被命名为“人民英雄连”。8 月，作为中国人民解放军的唯一代表，他出席了在布拉格召开的第一届世界民主青年代表大会。回国途经苏联，荣幸地受到斯大林的接见。回国后，又受到周恩来副主席、朱德总司令的亲切接见。

1949 年 8 月，在舟山战役中，林茂成不幸中弹牺牲。陈毅评价其一生：“林茂成战斗英勇，机智灵活，艰苦朴素，工作负责，爱护士兵，团结群众，十一年如一日。忘我奋斗，屡建殊功，堪为全军楷模。”①

8. 泉庄镇马头崖村

1939 年，该村建立了镇内第一个抗日武装组织——马头崖自卫团，被沂中县委誉为“特别能战斗的党支部”。1942 年，鲁中区党委交同科和二地委交通科在这里建立了党的秘密交通站，负责鲁中区党委同三地委的文件传递工作，直到抗战胜利。为此，该村被沂中县誉为“红色堡垒村”。另外，马头崖村刘洪秀家保存的一面党旗，是 1939 年妇女干部赵煜琴亲手缝制的党旗，是全国发现最早的五面党旗之一。1939 年冬天，刘洪秀用这面党旗发展了两批新党员，年底时，马头崖一个不足 200 户的小山村，已有党员 54 名。1940 年上半年，该村十几人加入抗日队伍，火红的党旗引导他们成为各村抗战的带头人。

9. 夏蔚镇柳树头村

赵传春是沂水县夏蔚镇柳树头村人。抗日战争爆发后，其夫岳

① 《革命烈士传》编辑委员会：《革命烈士传（第九集）》，北京：中共党史资料出版社，1991 年，第 243-247 页。

洪春全身心投入抗日救亡活动,根据地建立民主政权后,被选为沂水县四区抗日民主政府第一任区长。在丈夫影响下,赵传春积极带领全村妇女全力投入抗日工作。山东分局妇委工作人员曾经常在她家落脚,后经妇委人员推荐,赵传春被选为该村妇救会长。她舍生忘死为八路军传递情报、救护八路军伤病员,为当地抗日斗争作出了重要贡献,成为名扬全国的“红嫂”。

10. 沂城街道朝阳官庄

1932 年,该村就有第一批党员。1933 年,该村成立党组织,是沂水县较早成立党组织的村庄之一。1945 年,该村在大动参高潮中,一次动员 35 人参军,组成了一个子弟兵排,成为沂北县的动参模范村。从抗日战争到解放战争共有一百多人参军参战,共有十人为国牺牲。曾先后荣获上级授予的“勇冠全区”奖旗和“保国争光”光荣匾。

11. 院东头镇南墙峪村

1942 年 10 月下旬,驻山东日军以善于山地作战的第三十二师团为主力,纠集津浦、胶济铁路沿线及台潍公路沿线的日伪军,准备大规模“扫荡”滨海、鲁中区根据地。山东军区命令新一一一师代师长万毅、主任王维平率主力在滨海区坚持,副师长郭维城和参谋长于文清率师机关、干校,由独立团四个连和警卫连掩护,到鲁中区进行战斗。25 日拂晓,鲁中区机关决定向东北方向的南墙峪山区进发,占据有利地形,等待晚间发起突围。① 突围战打得非常激烈,八路军伤亡一百余人,沂蒙军分区一团副团长刘怀文、一一一师团长侯宜禄

---

① 沂水县政协文史研究委员会:《沂水县文史资料(第三辑)》,1987 年,第 21-25 页。

壮烈牺牲。战斗结束后，当地政府组织群众将烈士遗体掩埋，建立仙姑顶烈士公墓，并立碑纪念。

12. 夏蔚镇双山村

孟良崮战役陈毅指挥所旧址位于沂水县夏蔚镇双山村。1947年5月8日，陈毅率华东野战军指挥机关来到该村，指挥所设在村民李洪义的三间草屋里。出屋向东有一深3米、宽10米的水沟，战士们用房东的门板、木棒在水沟北端搭起“临时防空洞”，以防空袭。陈毅、粟裕、谭震林3位首长就在这简陋的草房和“临时防空洞”里指挥了著名的孟良崮战役。5月12日，华野司令部下达了歼灭敌整编七十四师、整编二十五师的命令。13日晚，战斗打响。14日，陈毅来到位于蒙阴县坦埠镇寨后村西北云头崮南坡老君洞（现改名为将军洞）内的孟良崮战役前线指挥部，与粟裕继续指挥战役，战役于16日取得全面胜利。

七、沂南县

1. 马牧池乡常山庄村

1942年，中共山东分局和八路军山东纵队司令部等机关曾驻在该村。2月，山东省青年抗日联合会在常山庄召开山东省第二次青年代表大会。会议总结青年工作经验，研究部署对敌斗争任务，办好泽东青年干校和《山东青年报》，成立“青抗先”等事宜。大会选举黎玉、萧华、钟效培、王照华等20人为省青联委员。此次大会对全省青年工作起了重要推动作用。村内有山东省第二次青年代表大会会议旧址、沂蒙红嫂纪念馆、沂蒙红色影视基地等红色资源，是省级重点文物保护单位。

2. 马牧池乡东辛庄村

1939 年夏,中共山东分局和八路军第一纵队机关、《大众日报》社等先后驻在东辛庄,随同机关一起来的还有一批孩子。为了免除领导干部的后顾之忧,该村第一名党员王换于主动提出建立战地托儿所,把孩子们安排到附近可靠农户家抚养。1941 年,日军大"扫荡"中,中共山东分局书记朱瑞的爱人陈若克已怀有 8 个月的身孕,在跟随部队转移中,被敌人逮捕刺死,她的遗体被秘密运到东辛庄,王换于为她做了寿衣,并变卖部分家产,为陈若克母女购置了棺材,将她们安葬。

在大"扫荡"期间,《大众日报》社发行科的毕铁华(后改名为白铁华)不幸遭日军逮捕,后经群众掩护脱险,被送到王换于家治疗调养。山东党政军主要负责人罗荣桓、徐向前、朱瑞、黎玉等老一辈无产阶级革命家曾在该村居住过。该村现建有"沂蒙母亲"王换于纪念馆,主要有王换于铜像、中央军委原副主席迟浩田的题词及著名军旅作家李存葆所撰写的《百年老屋赋》等展品。

3. 马牧池乡双泉峪子村

1942 年 1 月 18 日,山东省战时工作推行委员会常委会议决定成立省战时民邮局,并在八路军交通站、《大众日报》发行科和党内交通科的基础上,组建山东战时邮务总局,总局设在双泉峪子村,赵志刚任局长。战时邮务总局的成立,统一了山东战时邮务通信组织,承担并完成了全省战时通信任务。战时邮务总局属半营业性质,主要负责承担党内文件的传递、党报党刊的发行与投递以及护送干部、运送重要物资等任务。村内现有山东省战时邮务总局成立旧址,旧址在一四合院内,院落保存完好,并陈列部分展品。

4. 岸堤镇岸堤村

1938 年 5 月，中央派郭洪涛来山东，将山东省委扩大为苏鲁豫皖边区省委。7 月，苏鲁豫皖边区省委决定兵分两路，林浩、周赤萍从北路进入沂蒙山区开辟根据地，与廖容标率领的三支队一团在沂水县岸堤、旧寨、坦埠一带会合，不久，南路部队也到达岸堤。9 月，边区省委在岸堤村召开会议，研究开辟、建立沂蒙山区抗日根据地问题。9 月下旬，边区省委召开了县委书记联席会议，清河、泰西、鲁东南特委书记及鲁中地区各县委书记参加了会议。郭洪涛作了报告《目前战争形势及我们的当前任务》，指出坚持苏鲁豫皖边区游击战争的关键，在创造敌人后方巩固的抗日根据地，提出坚持巩固与扩大抗日民族统一战线，提高军队数量与质量，发展民众运动，改善政治机构等措施。① 11 月 26 日，黎玉根据党中央指示，率 200 余名奔赴山东工作的干部到达岸堤村。山东党政军集结于此，使岸堤村成为当时全省抗战的指挥中心。

1938 年 8 月，沂南县第一个区级抗日民主政权在岸堤建立。9 月，八路军山东战地服务团也在这里成立。1939 年 9 月 11 日至 17 日，中共山东第一区党委在岸堤召开第一次党员代表大会，选举徐向前、朱瑞、郭洪涛、张经武、黎玉、程照轩、王一平、尚明等 20 多人为山东一区出席中共七大的代表。

抗日战争时期，岸堤为沂蒙革命根据地的中心，该村涌现出大批战斗英雄、支前模范和抗日英烈，仅革命烈士就有 20 多名。其中的代表人物有全国著名的抗日游击大队长、战斗英雄徐敏

---

① 中共山东省委党史研究室编著：《中共山东党史大事记》，济南：山东大学出版社，1992 年，第 195 页。

山,“沂蒙红嫂”明德英等。

5. 岸堤镇兴旺庄村

1938年夏,山东党政军领导机关在岸堤一带开辟抗日根据地。该村开明地主马月如原为国民党沂水九区区长,后经争取,被选为沂水九区抗日民主政府区长。1938年12月,其弟马保甫加入中国共产党,任支部书记,并在联村党支部的领导下,组成了抗日自卫团。1940年,抗大一分校政治部临时民运工作队来到这一带开展工作,帮助该村成立了农救会、妇救会、识字班,建立了精干而又富有战斗力的游击小组。游击小组曾单独或配合部队与土顽、日伪军作战上百次。

1941年冬,日军“铁壁合围”大“扫荡”时,全村房屋被焚烧得只剩村头、场边的6间半房屋。在极端困难的情况下,兴旺庄民兵仍与敌人展开殊死的斗争,牢牢守住了沂蒙抗日根据地的“西大门”。为此,被山东军区授予“沂蒙西大门战斗堡垒村”荣誉称号,并被授锦旗1面。1942年,鲁中区党委武委会下令嘉奖,奖给兴旺庄民兵短枪2支,步枪6支,子弹300发,手榴弹两挑子,并奖给“人民靠山”锦旗1面。1948年秋,兴旺庄村业余剧团随第三野战军第二十军后勤部南下。在徐州,18位庄户演员伴着淮海战役的炮声,为部队及当地群众演出了《李闯王送兵》《打渔杀家》等优秀节目。1949年4月,随军渡过长江,在南京为凯旋战士进行了慰问演出,并被授予“渡江支前,无上光荣”锦旗1面,同时还颁发了光荣证和4枚渡江纪念章。6月底,这支经过战火洗礼的业余剧团奉命复员。

新中国成立后,该村荣获的“沂蒙西大门战斗堡垒村”锦旗、“渡江支前无上光荣”锦旗、神枪手马友才使用过的1支三八大盖枪和老民兵模范杜纪存用土布缝制的手榴弹包等8件革命文物，被中国革命历史博物馆征调收藏。1954 年，兴旺庄村的英勇事迹被《大众日报》作了题为《英勇战斗的中共兴旺庄党支部》的整版报道。

6. 孙祖镇东高庄村

1939 年 12 月，八路军第一纵队司令员徐向前、政委朱瑞率部由马牧池、岸堤移驻该村，并设立指挥部。1940 年 3 月中旬，徐向前在该村指挥了著名的孙祖战斗，共毙伤日伪军 190 余人，挫败了日军的抢粮企图，缴获一批军用物资。

1939 年 1 月初，中央军委和八路军总部决定抗大一分校东迁山东抗日根据地办学。校长周纯全、政委兼政治部主任李培南率抗大一分校教职员工及学员 1300 余人，于 11 月 25 日从太南出发，经冀南、鲁西、泰西，行程 3000 余里，于 1940 年 1 月 5 日来到沂南孙祖、东高庄一带，并在东高庄办学。1940 年 6 月，为庆祝中国共产党成立十九周年，抗大一分校准备“七一”在东高庄召开党代会，文工团主任袁成隆、支部书记史屏和副主任王久鸣商议，必须写出一首新歌向建党十九周年和抗大一分校党代会献礼。他们商定由抗大一分校政治部宣传科干事沙洪写歌词、文工团副主任王久鸣谱曲。沙洪仅用 10 多分钟就写好了歌词《跟着共产党走》，王久鸣也只用 10 多分钟，就把流畅激昂的曲谱写出。

这首歌创作出来后，立马在抗大一分校文工团试唱，并在抗大一分校党代会和建党十九周年纪念会上正式演出。这首歌传遍山东各抗日根据地，又传到了苏皖等根据地，并通过党的地下工作者传到了敌占区和敌伪占领的多个大城市，在当时的北平、南京、上海都有人传唱。该村现保存有徐向前故居、抗大一分校旧址、歌曲《跟着共产党走》诞生地等多处革命旧址。

7. 依汶镇朱家里庄村

1928年6月,中共沂水特别支部成立,领导沂水、莒县的5个党小组,共20名党员,朱家里庄党小组是其中之一,朱寿年任组长。1928年12月,中共沂水县委成立时,朱寿年被推选为县委书记。1929年春,朱寿年在朱家里庄、邵家湖村、傅旺庄、宅科等村一带领导农民协会,进行“借粮”斗争。1937年夏季,共产党员汪洋来此宣传共产党的抗日主张。1938年9月,苏鲁豫皖边区省委派李日升来朱家里庄,开展建党和发动群众工作。1941年2月,中共沂蒙地委在该村成立,王涛任书记,潘维周任组织部长,冯乐进任宣传部长,邵德孚任民运部长。2月26日,沂蒙区抗日民众代表大会在此召开,工、农、青、妇、文等各群众团体及党政军、地方士绅名流代表200余人,共商团结抗日救国大计,选举成立沂蒙区参议会、沂蒙区专员公署。山东省战工会首席组长黎玉和秘书长陈明出席会议,并向大会作了形势政策问题报告。

8. 岸堤镇石旺庄

1938年10月,因应党的事业发展和抗日战争形势,中共苏鲁豫皖边区省委决定建立边区省委党校,省委书记郭洪涛兼任校长。因党组织尚处于秘密状态,党校的公开名称是山东抗日军政干部学校分校,校址最初设在沂水县岸堤西北部白佛寺(今沂南县岸堤镇石旺庄)。

9. 砖埠镇尤家埠子村

马星祥,沂南县砖埠镇尤家埠子村人,1943年1月加入中国共产党。抗日战争时期,为支援抗战,他在村里组织了17个变工组,成立了一个土地合作社和一个养猪养羊合作社。1944年,上交公粮两万斤,超额完成上级分配的任务。1944年,响应

“一切为了支援前线”的号召，成立纺织合作社，不到半年的时间里，该纺织合作社由40台织布机逐渐发展到83台，并建有一处染坊和一处弹花洋弓坊。1944年，全村平均每天织布40匹（每匹布老尺40尺长、8寸宽），有力地支持了前线。同年，该村民兵发展到30多人，有枪20多支，成为一支精干的地方武装力量，保证了广大人民群众生命财产安全和农业生产的顺利开展。1945年初，马星祥参加鲁中区召开的劳模大会，被鲁中区党委、鲁中军区评为劳动模范，并奖给一台纺纱机、一头牛、一头驴和其他生产工具及一面锦旗。1946年1月，在鲁中区第二次劳模大会上又当选为劳动英雄，奖励黄牛一头、锦旗一面。

10. 孙祖镇栗林村

1939年4月，为统一指挥山东、皖北、苏北和冀鲁边区的八路军第一一五师与山东纵队各部队，中共中央决定组建八路军第一纵队。1939年6月29日，八路军第一二九师副师长徐向前、中共中央北方局组织部长朱瑞率领新组建的八路军第一纵队司政机关到达栗林村，与中共中央山东分局书记郭洪涛、八路军山东纵队指挥张经武、山东纵队政委黎玉等会合。8月1日，八路军第一纵队在栗林村宣告正式成立，徐向前任司令员，朱瑞任政委。在成立大会上，朱瑞作《目前政治形势与创造苏鲁皖区工作任务的报告》。1941年12月4日凌晨，侵华日军从垛庄、界湖、铜井等地出动数千人合围和尚崮，我军部队到达栗林村，即与日军遭遇，参战的172名指战员除4人突围及4人受伤被群众救出，其余164人壮烈牺牲，同时遇难的还有当地群众100余人。

11. 双堠镇崖子村

沂蒙抗日根据地第一个民主选举的乡政府——岸堤乡政

府,成立于崖子村小学。同时,该村还有抗日爱国将领王德林故居。“九一八”事变发生后,王德林组建起“中国国民救国军”,人数最多时曾达到11.5万。1938年12月20日,王德林不幸病逝,葬于沂水县许家湖镇北社村凤凰岭下。1939年2月4日,中共机关刊物《解放》杂志发表了悼念王德林的文章,指出“在此抗战有利于我,不利于敌的相持阶段,丧失这位民族老英雄,实乃我中华民族的一个损失”。悼文号召学习王德林为国奋斗的精神。新中国成立后,山东省人民政府追认他为革命烈士。①

12. 双堠镇艾于湖村

1940年10月,中共鲁中区党委在临费沂边联县艾于湖村成立,下辖路南区党委的一、二、五等3个地委,其范围是津浦铁路以东,胶济铁路以南,兖(州)石(臼)公路以北,沭河以西,地处山东腹地。鲁中区党委建立后,二地委同时撤销,沂蒙各县工作直接由鲁中区党委直属工作科领导。1941年1月,区党委增补高克亭、刘建中、王涛为委员,组织科、宣传科分别改为组织部、宣传部,刘建中任组织部副部长(无部长),高克亭任宣传部部长,王涛兼任直属工作科长,负责沂水、蒙阴等直属县的工作,并筹备恢复二地委。②

13. 青驼镇芦山西头村

1940年7月26日,在抗战形势极其困难的时期,山东省各界代表参加的联合大会,在沂南县芦山西头村青驼寺院内两棵

① 沂水县政协文史资料委员会编:《沂水人物》,济南:山东省地图出版社,2003年,第124-128页。

② 中共泰安地委党史资料征集研究委员会:《中共鲁中区党史大事记(征求意见稿)(1937—1948)》,1984年,第41页。

大银杏树下隆重召开。霍士廉宣布大会开幕，76 岁抗战老人范明枢致开幕词，八路军山东纵队政委黎玉作重要讲话，中共山东分局书记朱瑞做了题为《从国际到山东》的政治报告。这是抗日战争期间具有人民代表大会性质的一次盛会。会后，毛泽东同志在致山东省临时参议会一届二次大会和复电中说："贵会坚持敌后，艰苦奋斗，不屈不挠，为民族伸正气，为全国作榜样，凡属国人，莫不钦佩。"①

此次大会选举产生了全省民意机关——山东省临时参议会，全省行政机关——山东战时工作推行委员会，还成立了山东省民众总动员委员会，山东省各界救国联合总会，山东省妇女、青年、农民、职工、文化等救国总会，实现了全省抗日群众组织的统一领导。

此次大会的空前场面，在《联合大会会歌》中得到充分体现：

蜿蜒的沂水，巍峨的蒙山，
前进的战士们，盛会空前。
我们在抗战中成长，我们在烽火中锻炼，
三千八百万人民的意志，已铸成钢铁的巨拳。
粉碎投降的危险，挣断奴隶的铁链。
听啊！
全山东人民一齐高呼：
团结到底！抗战到底！

---

① 萧少秋主编：《延安时期毛泽东著述提要（1935—1948）》，西安：陕西人民教育出版社，1993 年，第 472 页。

看啊！
自由的光芒，在晨曦中辉耀。
解放的旗帜，在黎明中招展！
蜿蜒的沂水，巍峨的蒙山，
前进的战士们，盛会空前。

1990年5月，山东省委、省政府建立纪念山东省战工会成立50周年筹备小组，拨专款修缮山东省战工会旧址，并竖碑勒文，徐向前元帅为山东省战工会旧址题写碑名“山东抗日民主政权创建纪念碑”，碑东侧为谷牧题词“为人民政权而献身的先烈们永垂不朽”，碑西侧为杨得志题词“丰功壮齐鲁，伟绩照千秋”，背阴为山东省战时工作推行委员会简介。①

14. 依汶镇薄板台村

1948年1月4日，鲁中区党委土改指挥部、沂蒙地委在薄板台村召开党的活动分子会议。中共华东中央局、鲁中区党委派员主持会议。地、县、分区委委员以上干部800余人参加会议。地委书记王涛传达了全国土地会议总结和《中国土地法大纲》，以及华东局在诸城召开的大鲁南土地会议精神。会议听取和讨论了王涛代表地委所作的一年来土改复查工作总结。会后，鲁中区党委土改指挥部选调80余名干部组成工作队，分别到沂南县鲁家庄、宅科子、薄板台等7个重点村进行土改试点，并制定了八项禁令、十项要求。②

① 李遵刚主编：《阳都风物》，沂南县政协文史资料委员会，2004年，第111-113页。

② 中共临沂地委党史资料征集委员会：《中共沂蒙党史大事记（1923—1949.9）》，济南：山东人民出版社，1992年，第287-288页。

15. 岸堤镇李家庄子

英雄模范王兑一,是李家庄子人。1939 年 10 月,他加入中国共产党。抗日战争时期,他带领全村积极开展大生产运动,率先组织 14 个变工组,在变工生产中形成了制定计划、组织变工、记工算账、培养典型等许多好经验,受到鲁中区党委的表扬。为抗旱他带领群众打井 13 眼,使粮食大面积增产,鲁中军区奖励他一架木制抽水机。王兑一组织成立了村庄联防队,由他担任艾山乡联防队长,组织群众凑粮、捐款,购买枪支弹药。1944 年,李家庄子村组织建立了拥有大刀、枪支、土炮等武器的游击队 34 人。1945 年、1946 年,王兑一连续两次被评为鲁中区劳动英雄。《鲁中大众》曾以《丰衣足食的李家庄子》为题,选登了劳动英雄王兑一在第二次劳动模范大会上的报告纪要。解放战争时期,王兑一任沂南县县大队武工队排长。他在孟良崮战役中身负重伤,被定为“一等伤残”,被华东野战军授予二等功臣、“爆破英雄”称号。①

16. 孙祖镇代庄村

山东军政委员会成立旧址位于孙祖镇代庄村。1939 年 8 月,为统一领导山东党政军民工作,北方局批准成立山东军政委员会,隶属北方局,朱瑞任书记,委员包括朱瑞、徐向前、郭洪涛、罗荣桓、陈光、黎玉。② 1941 年 9 月 13 日,中央书记处、军委发出《中央、军委关于加强山东军政领导和统一作战指挥的指

---

① 中国人民政治协商会议沂南县委员会文史资料委员会:《沂南文史资料(第六辑)》,1991 年,第 128-137 页。

② 中共山东省组织史资料编辑领导小组:《中国共产党山东省组织史资料(1921—1987)(送审稿)》,1990 年,第 206-207 页。

示》，主要内容为：(1)分局、一一五师师部及山纵指挥部靠拢，以便经常开会，以分局会议为统一山东党政军民的领导机关，山东分局暂时由朱瑞、罗荣桓、黎玉、陈光同志组成，朱瑞为书记；(2)山东纵队归一一五师首长指挥，配合作战；(3)将山纵及一一五师两军政委员会合组为山东军政委员会，决定罗荣桓、黎玉、陈光、肖华、陈士榘、罗舜初、江华(即黄春圃)七人为委员，罗荣桓为书记；(4)为团结山东干部，在山东军政委员会领导之下，加强抗大一分校，吸收山纵及一一五师中上级干部(连营团长)，在抗大一分校成立上干队，加强党性教育，提高战术知识，交换经验，融洽感情；(5)山纵及一一五师的后勤机关采取必要步骤，逐渐做到统筹统给，合理分配。① 原北方局批准成立的军政委员会撤销。1942 年 9 月，实行党的一元化领导后，山东军政委员会撤销。

17. 马牧池乡万粮庄

1940 年 10 月，山东省战时工作推行委员会将在胶东创建的北海银行改名为“山东北海银行”，并在渤海、胶东区设立分行。1941 年 1 月 10 日，山东北海银行迁至今万粮庄村，银行机关驻在此地。银行组织机构设主任 1 人，下设会计科、出纳科、鉴定科、材料科、外交科、总务科、警卫班，共有工作人员 50 余人。印钞厂有印钞机 4 台，打码机 3 台。因当时尚处战争状态，印好的北海币多藏在万粮庄北边的汶河滩和周围的山洞或地窖内，地窖上堆有老百姓的柴禾或在上面建有场园屋子。②

---

① 中央档案馆编：《中共中央文件选集(第十三册)》，北京：中共中央党校出版社，1991 年，第 199-200 页。

② 中国人民政治协商会议临沂市委员会编：《临沂文史集粹(第三册)》，济南：山东人民出版社，1997 年，第 414-415 页。

18. 依汶镇松林村

1944 年 2 月 6 日至 17 日，鲁中军区开展以技术练兵为主的整训活动，在该村举行万人检阅大会，军区参谋长胡奇才任指挥，军区司令员王建安、政治委员罗舜初、政治部主任周赤萍出席。鲁中军区直属第一、二、四团和第一、二、三分区的部队及第四军分区的干部 1 万余人参加了检阅，并进行了射击、投弹、爆破等技术操演。同时还展出了军民大生产运动的丰硕成果。①

八、平邑县

1. 仲村镇马家峪村

1939 年 5 月下旬，王秉璋、黄励率(左路军)八路军一一五师师部机关及直属部队和冀鲁边第七团，从鲁西进驻费西北马家峪村(今平邑县马家峪村)，走村串乡宣传抗日主张。6 月 6 日，平邑、泗水据点的日伪军共 500 余人进犯马家峪村，袭击一一五师师部驻地，被七团一举击溃并一直追至平邑镇附近。7 日，敌人又纠集费县、兖州等地的千余兵力再次来犯，我主力部队在地方游击队的配合下，又给以严重打击，死伤日军 50 余人。7 月 7 日，左路军在该村召开大会，纪念全面抗战爆发两周年。费县、泗水、新泰、蒙阴、泰安等县各界代表万余人参加大会。王秉璋、黄励主持大会并讲话，全国著名民主人士梁漱溟出席大会并发表演说，一一五师战士剧社演出了精彩的抗日节目，到会的各界人士及广大人民群众受到了极大的教育和鼓舞。7 月下旬，一一五师民运工作队在马家峪村举办了县乡政干部训练班，参训乡政干部

---

① 沂南县地方史志办公室编：《沂南县大事记(1939. 10—2004. 12 · 选编)》，济南：山东省地图出版社，2006 年，第 15 页。

120人。9月,王秉璋、黄励又率部开进鲁南大炉一带,开辟鲁南抗日根据地。至此,一一五师师部在马家峪村驻扎了两个多月。该村现有一一五师抗战两周年纪念大会旧址,以及当时一一五师和与会人员用的吃水井。

2. 郑城镇桃峪村

该村三面环山,树林茂盛,东面山势尤为陡峭,便于保密警卫。1940年9月,一一五师在桃峪村东山召开了为期3周的高干会议。桃峪高干会议,是在全国抗日战争进入相持阶段召开的一次非常重要的会议,朱瑞、罗荣桓、陈光、萧华等参加了此次会议。

罗荣桓提出了"铁的模范军"应具备五项条件:(1)认真执行党的政策,不折不扣地完成党所给予的任务;(2)普遍深入地建立与群众血肉相连的关系;(3)实现高度的政治团结,建立无产阶级的友谊,自觉地遵守纪律,不断地求进步;(4)灵活、机动、果敢、坚决,发扬部队英勇善战的光荣传统;(5)坚持严肃、紧张、精细的工作作风,坚定不屈不挠的革命立场。

这次会议还确定了"插、争、挤、打、统、反"六字游击战术方针。插,即插入日伪军和国民党军队之间的空隙地带,隐蔽地由边缘深入到腹地。争,即广泛发动群众,争取团结一切抗日力量。挤,即挤掉消极抗战、反共反人民的顽固势力。打,即打击日军和汉奸武装。统,即同国民党军队,特别是驻鲁南的东北军团结起来,保持统一战线。反,即反"扫荡"、反摩擦。① 此外,会议决定将一一五师和部分地方武装,统一编成6个教导队,分布于苏鲁豫皖、鲁南、滨海、鲁西、湖西、冀鲁边区等地区。

---

① 中共平邑县委组织部、平邑县委党性教育工作办公室编:《雄师东进战沂蒙》,济南:济南出版社,2019年,第224-225页。

3. 柏林镇柘沟村

1938年3月3日，中共山东省委和四支队二大队在省委书记黎玉的带领下，来到柘沟、万寿宫一带，组织恢复了当地党组织，领导成立了中共费县工委，安排部署发展党员队伍、建立抗日武装及创建蒙山抗日根据地等工作。省委和四支队在这里驻扎了20多天，与当地群众结下了深厚情谊。战争年代，该村干部群众始终拥护中国共产党的领导，积极参军参战，拥军优属，为蒙山抗日根据地的建立作出了贡献。

4. 下桥镇岐古庄村

抗日战争时期，在中国共产党的领导下，山东各级抗日民主政权广泛建立起来。1940年，山东省各界代表联合大会结束后，新选举产生的山东战时工作推行委员会，在此召开了胶东、清河、鲁南、湖西等各战略区负责人会议。会议分析了山东形势，研究了建立地方武装、建立民主政权和发展巩固革命根据地等问题。①

5. 柏林镇李家石屋村

抗日战争和解放战争时期，该村是当时费北和蒙山县委、县政府所在地，为抗战胜利和新中国诞生作出了卓越贡献。蒙山县委下设秘书处、组织部、宣传部、统战部、武装部、抗联（群委会）、民运部、农委、青委、妇委、国工部等11个机构；蒙山县政府下设民政科、财粮科、实业科、文教科、司法科、公安局、战时邮局等7个部门。现在，该村完好保留了县

① 中共临沂地委党史资料征集委员会、中共枣庄市委党史资料征集委员会、中共济宁市委党史资料征集委员会：《中共鲁南区党史大事记（1919年5月—1949年9月）》，济南：山东人民出版社，1991年，第119页。

政府及公安局办公等革命遗址。

6. 郑城镇油篓村

1940年5月27日,鲁南区党委在油篓村正式成立,随后,鲁南行署、军区机关相继驻于油篓和巩家山一带。区党委成立后,广泛发动群众,发展主力部队和地方武装,建立抗日群众团体,打开了天宝山区抗日斗争局面。1940年7月1日,中共鲁南区党委机关报《鲁南时报》在该村创刊,中途两次因形势环境恶化而不得不停刊。1948年2月15日终刊,前后共出702期。报头为八路军一一五师政委罗荣桓题写,第一任社长由区党委宣传部长林乎加兼任,总编辑是白刃。此后,社长是赵宏弼,总编辑是黄华、靳耀南。该报前身是八路军一一五师专门针对地方而开办的刊物《时事通讯》,其办报宗旨是及时传播中共中央声音,鼓舞和指导鲁南人民的革命斗争。①

7. 郑城镇巩家山村

1940年5月下旬,鲁南抗日根据地军民取得首次反“扫荡”胜利后,为进一步扩大根据地,八路军一一五师政委罗荣桓、代师长陈光率师部及六八六团和随营学校、特务团进驻天宝山区。之后,陈光随师司令部驻桃峪村,罗荣桓及肖华随政治部驻巩家山村。8月12日至16日,一一五师在巩家山召开了党代会。当时,桃峪、巩家山、油篓一带,成为鲁南抗日根据地的中心。

8. 地方镇王崮山村

1948年1月10日,中共鲁南区党委在此召开地、县以上干部扩大会议,主要内容是:检查区党委领导工作,总结经验教训,

---

① 山东省地方史志编纂委员会:《山东省志·报业志》,济南:山东人民出版社,1993年,第37页。

纠正右倾和"左"的偏向，克服主观主义、官僚主义包办代替和富农路线，以便统一思想认识，在新的形势下，坚定不移地贯彻群众路线，完成对敌斗争、生产渡荒、整编和土改等各项任务。[①]这是鲁南区党委最重要的一次会议。

9. 郑城镇苗庄村

1942 年秋天，鲁南军区领导机关长期驻扎在苗庄，鲁南剧社（又称鲁南军区文工团）随军区机关长驻在该村。该剧社常演出抗日救国的文艺节目和中、小型戏剧，引起当地群众极大兴趣。在毛泽东主席《在延安文艺座谈会上的讲话》发表数月后，鲁南军区领导看到群众如此高的积极性，就决定派鲁南剧社负责人之一的王灿章等人，帮助苗庄群众创办剧团。通过召集抗日小学、青救会、儿童团、青年游击队等多个群众组织的骨干成员，王灿章等人不久便确定了 40 人左右的演员，并起名"苗庄庄户剧团"。抗战期间的演出曲目有《儿童团站岗》《地雷战》《抗属光荣》《军民一家》等，解放战争期间的演出曲目有《蒋敌伪合流》《送郎参军》《孟良崮战役》等。新中国成立后，该剧团继续发扬革命战争年代的光荣传统，配合党和国家的各项工作，演出了《刘胡兰》《三世仇》《白毛女》等一些短小文艺节目。1969 年，《人民日报》《光明日报》《大众日报》等先后转载或报道了他们的事迹。

10. 保太镇华家村

1939 年 7 月，八路军一一五师东进支队第七团到达华家村，其任务是建立蒙山前沿东西一百里的抗日根据地。该村

---

① 中共临沂地委枣庄市委济宁市委党史征委会：《中共鲁南地区党史大事记（送审稿）》，1986 年，第 225 页。

群众基础好，村民热爱八路军、拥护八路军。该村村民支援八路军在家门口击退来犯日军，支援八路军平息洼里村反动地主会道门武装暴乱以及围歼刘黑七匪部等战斗。同时，华家村开展反奸诉苦斗争，组建村抗日民主政权，并建立民兵组织、踊跃参军参战，还组织互助合作，进行大生产运动。1945 年 2 月，中共费北县委、县政府授予该村“费北抗日模范村”光荣称号。①

11. 丰阳镇朱家村

支前模范王春英是朱家村人，抗日战争时期曾任本村村长。1942 年，平邑县城西南的丰山西麓，有一个我党领导的小块根据地，以朱家村为中心，连接金雀庄、孙家岭、刘家洼、杜家村、库家村、大凤阳等周边 6 个村。当时八路军战士军服供应紧张，王春英就带领该村妇女边学边种，年底，将 2000 斤籽棉交到区政府。1943 至 1947 年间，鲁南军区医院某分院驻在该村。王春英主动组织妇女护理伤员，再苦再累都心甘情愿。1989 年 1 月 13 日，王春英老人去世。

九、费县

1. 薛庄镇马头崖村

1941 年 11 月，日军调集 5.3 万人对沂蒙抗日根据地进行“铁壁合围”，妄图摧毁山东抗日首脑机关及主力部队。抗大一分校校长周纯全临危不惧，组织政委李培南、训练部部长袁也烈、副部长阎捷三等，立即指挥抗大一分校第二、第五两个大队

① 政协平邑县文史资料委员会：《平邑县文史资料选辑（第二辑）》，1999 年，第 40-48 页。

学员掩护机关突围。不幸的是，陈明、程克等多位革命先烈英勇牺牲。最终，日军的合围圈越来越小，各路部队陆续突出重围，登上西蒙山脱离了险境。村内有大青山突围战旧址、大青山胜利突围纪念碑、大青山胜利突围纪念广场、程克牺牲地等多处永久性革命纪念场所。

2. 薛庄镇聂家庄村

1940 年 11 月 8 日，按照山东分局的意见，一一五师师部由桃峪北上，到达山东分局驻地沂南县青驼寺附近费县北部的聂家庄，进入沂蒙山区。一一五师与山东分局、山东纵队靠拢后，朱瑞主持召开了有罗荣桓、陈光等人参加的分局会议，研究了山东军事斗争中的一系列问题。共同签署了“关于加强山东根据地的联络，编组交通大队，保证交通运输安全的决定”、“关于一一五师和山东纵队反对顽固派进攻的部署”和“关于加强冀鲁边区工作的意见”等文件。[①] 12 月下旬，罗荣桓在该村听取了运河支队支队长邵剑秋的汇报，对运河支队的发展、壮大及在徐州附近坚持斗争等问题作了重要指示。

罗荣桓在费东居住两个多月，直至 1941 年 1 月 7 日因有敌情，才率师部转移到茅沟。这期间，一一五师派出工作组到白埠、永目、刘家庄、聂家沟、安家沟、彩山前等村庄调查社会情况，宣传和发动群众，深入农村调查研究，发展抗日武装，为开辟沂蒙山区的革命根据地奠定了基础。为继承弘扬沂蒙精神，聂家庄村在上级党委的帮扶下，建立“罗荣桓在山

① 中共临沂市委、中共山东省委党史研究室编：《三帅在沂蒙》，北京：中共党史出版社，1996 年，第 582 页。

东”展馆，于 2019 年 7 月建成开馆。

3. 薛庄镇白石屋村

该村是《沂蒙山小调》的诞生地。抗日战争时期，这一带曾是山东党政军领导机关和后勤机关经常活动、驻扎的地方。1940 年，为了揭露国民党顽固派的阴谋和反动道会门组织黄沙会的罪行，当时在该村的抗大一分校文工团成员李林、阮若珊，借助当地花鼓曲调并配以山东人逃荒东北卖唱的调子，创作了《反对黄沙会》(《沂蒙山小调》的前身)。之后随着形势任务的发展变化，在流传中经过多次加工修改，数易歌词，重新记谱，形成现在蜚声海内外的《沂蒙山小调》。

为更好保护和弘扬这一宝贵的文化资源，当地政府以恢复 1940 年抗大一分校文工团在此生活时期的村落场景为核心，将白石屋村打造成一个沂蒙山小调活态博物馆，供人观瞻。博物馆共设有抗大一分校文工团旧址、沂蒙精神馆、沂蒙历史馆、沂蒙物产馆、沂蒙风俗馆、沂蒙味道馆、沂蒙声音馆和沂蒙人家等 8 个沂蒙主题展馆。

4. 马庄镇沾化庄村

该村是支援抗日拥军模范李自兰的家乡。为支援八路军大反攻，李自兰发动全体村民，组织起纺织合作社，用纺车纺线，用土布机织布，半年时间就织布 4000 多丈，做军鞋军袜 2000 余双。她还组织群众救护战场伤员。在她的组织动员下，全村青壮年踊跃参军，出现了许多“父母送子，妻子送郎，兄弟争相上战场”的动人场面，全村符合条件的青壮年全都报名参军。该村被上级授予“拥军模范村”称号，李自兰被授予“拥军模范”称号。淮海战役结束后，沾化庄被淮海战役支前指挥部授予“淮海战役后方支前模范村”。[①]

5. 东流村自卫战

1939 年 1 月 30 日,驻临沂日军分三路向中共鲁南特委驻地进犯,企图“扫荡”特委机关和抗日根据地。其北路日伪军约 200 人,沿临(沂)滕(县)大道西行,将途经东流村。对日本侵略者的暴行早就恨之入骨的东流村民,关闭寨门不让通过,并计划借机痛击日伪军。全体村民在孙义山、沈志安、吴恩庆等人的带领下,一齐上阵,以围墙和炮楼为依托,用土枪土炮与装备精良的敌人进行了激烈的战斗。围墙炮楼被炸塌了,就利用断壁残垣与敌人进行巷战,枪炮打坏了,就利用铡刀镢头和铁锨与敌人搏斗,村民们不怕牺牲,顽强奋战,共打死日军 78 人,伪军 21 人,给敌人以有力的杀伤。[②]

战斗持续到傍晚,日军依赖兵力和武器的绝对优势,最后占领了东流村,打死村民 73 人,有 17 户村民被杀绝,全村的多数房屋都被烧毁或炸毁。东流村民抗战是沂蒙山区人民打响自卫抗战的第一枪,显示了沂蒙人民不怕牺牲、誓死抵御外侮的大无畏精神。

6. 石井镇高桥村

这里曾是中共苏鲁豫皖边区特委驻地,是鲁南革命斗争的支点。1935 年 2 月,中共苏鲁边区临时特委在枣庄成立。4 月,特委在费县高桥建立了广德药店作为秘密机关。1936 年 6 月,

① 山东省《费县志》编纂委员会编:《费县志》,北京:中国广播电视出版社,1992 年,第 213 页。

② 李金陵编著:《铜墙铁壁——山东军民抗日斗争纪实》,北京:中共党史出版社,2005 年,第 52-55 页。

特委机关由枣庄迁至高桥，郭子化任书记，主持建立了特委直接领导下的中共高桥区委员会，并领导边区的工作，在此发展葛成俊、荆守胜等人加入中国共产党，建立了高桥党支部。12月，根据工作需要，中共苏鲁边区临时特委改为中共苏鲁豫皖边区临时特委。1937年2月，经中共中央批准，正式成立中共苏鲁豫皖边区特委。

7. 薛庄镇青山峪村

1941年冬，伴随着外面不时响起的爆炸声和枪鸣声，费县火红峪村村民王瑞兰正在准备晚饭，身为中共地下党员的丈夫聂风立抬进来一个浑身是血的人，这个人就是时任山东姊妹剧团团长的辛锐。在大青山突围战中，辛锐率五大队的一个分队20多位女同志随部队转移，其间，她的丈夫陈明同志不幸壮烈牺牲，她自己也身负重伤。随后，辛锐被抬到山东纵队第二卫生所驻地火红峪村，在聂风立家短暂停留后，便被转移到一处山洞中休养。半个多月间，王瑞兰经常利用夜色作掩护，冒着敌人疯狂扫荡的危险，悉心照顾着辛锐。12月17日，日军发现了她藏身的山洞。为了同志们的安全，辛锐拒绝了同志们的营救，选择与敌人同归于尽，献出了年仅23岁的生命。①

8. 大田庄乡五圣堂村

该村有一棵历经沧桑的千年柏树，其东侧碑文记载：1941年8月，中国人民抗日军政大学第一分校由滨海区转移来此，校直机关及学员分别在附近驻扎。各村常在这里召开大会，进行

① 中共山东省委党史研究室编：《中共山东英烈大典》，2002年，第13页。

军政训练、比武等集体活动。同年 11 月初，为反日寇“扫荡”学校，由此处转移到泰山根据地。

当时学员都说，蓝天是我们的屋顶，高山是我们的围墙，大地是我们的课堂。办学过程中，有条件的话在室内，但大部分都在野外。在露天课堂，他们经常来五圣堂、大松树下面训练出操。抗大一分校总共办学 7 年，有 6 年时间在沂蒙山区进行敌后办学，并长期驻扎在费县，在大田庄、上冶、薛庄、马头崖、方城、汪沟等乡镇的近百个村庄，都留下了他们学习、工作和战斗的光辉足迹。

9. 薛庄镇石岚村

1940 年 11 月，为适应抗战形势，向党政军各部门、各行业输送大量急需人才，山东省战时工作推行委员会在薛庄北部山区石岚、新安庄一带创办山东公学。教学内容除了一般的文化课程，还开设抗战理论、军事训练、民众运动、社会科学概论等课程。第一期学员 40 余人，学习时间一个月，结业后被分配到地方政权机关工作或任小学教师。他们积极开展各种支援战争、服务战争的活动，有力支持了抗日战争的开展，加强了地方政权建设，促进了当地教育事业的发展。

10. 薛庄镇大良村

大良村三面环山，有五彩山、大崮山、华石山、右前崮、苍山头等 10 多座山头，总面积 7200 多亩。大青山林场总部设在该村，村内红色资源主要有右前崮阻击战、《大众日报》临时站点等。目前正在该村筹建一处纪念馆，既可作为大青山突围纪念馆的延伸，又将成为一个新的红色教育传承地点。

十、蒙阴县

1. 岱崮镇岱崮村

1943年秋,日军大举“扫荡”沂蒙北部山区。鲁中二军分区第十一团八连奉命坚守蒙阴东北部的南、北岱崮,牵制敌人,支持主力部队转移外线作战。11月13日,日伪军1000余人在飞机、炮火掩护下,向南、北岱崮发起攻击,八连93名指战员依托山崮天险,沉着应战。经过15天的浴血奋战,胜利完成任务,主力部队安全冲出包围圈。此役,八连以牺牲2人、伤7人的代价,取得了歼敌300余人的重大胜利,创造了八路军战史上以少胜多的一次模范战例。为此,八路军山东军区授予八连“岱崮连”光荣称号。

1947年6月,国民党军队为夺取此战略要地,先后组织了两个师一个旅的兵力进行围攻。在最困难的时候,大崮区茶局峪村党支部书记曹尚法克服困难筹集粮食送到崮上,大崮区武装部干事崔学功在被敌三面包围的情形下拼死护粮,这都极大鼓舞了守崮战士的斗志。一连指战员克服了令人难以置信的困难,坚持战斗42天,顽强击退敌人的数十次进攻,以牺牲4人的代价,毙伤敌副团长吴开先及以下官兵250余人,胜利完成任务。守崮部队被鲁中军区授予“第二岱崮连”的光荣称号,营长胡凤诰被授予“岱崮英雄”称号。[①] 曹尚法、崔学功分别受到县委、县武装部的通报表扬。1977年,山东省革命委员会将该遗址公布为重点革命遗址,并立“岱崮革命遗址”纪念碑。

---

① 中共临沂地委党史资料征集委员会:《中共沂蒙党史大事记(1923—1949.9)》,济南:山东人民出版社,1992年,第274-275页。

2. 野店镇烟庄村

烟庄村,是全国著名支前模范“沂蒙六姐妹”的家乡。孟良崮战役期间,她们勇敢承担起支前重担,走村入户,组织妇女,凑足了谷草和料豆,又组织运输队,翻山越岭把5000斤草料送到指定地点,并完成了5000斤煎饼的加工和运输任务。1947年6月10日,《鲁中大众》以《妇女支前拥军样样好》为题,报道她们在孟良崮战役期间支前的英雄事迹。原文如下:

> 蒙阴县野店区烟庄村,在这次孟良崮战斗前后,村干有的病了,有的出了发。村里的工作就由六个妇女担当起来。张玉梅当村长,伊廷珍当副村长,其余四个当文书、财粮和公安员。她们每天都忙得头上是脚,常常一天只吃一顿饭。有一天,部队要找向导,伊廷珍亲自把同志们领到野店,来回三十多里路。她们还动员组织妇女、儿童抢运粮食和子弹,把五千斤粮食运来以后,烙成煎饼,又运回去一千七百多斤。子弹运了二十四箱,烧柴运了七百多斤,往返都是二十多里路,住下休息时还唱歌,一点不嫌累。她们在半个月里,洗了八百多身衣服,做了三百多双拥军鞋。妇女们还带着针线给同志们缝补衣服,还动员募捐四百五十个鸡蛋,慰问伤员。①

2007年,在建军八十周年之际,她们被评为“全国十大爱国拥军新闻人物”和“十佳兵妈妈”团体荣誉称号。

---

① 中共蒙阴县委党史资料征集委员会:《蒙阴党史资料(第四辑)》,1988年,第188页。

3. 岱崮镇大崮村

大崮村,因坐落于大崮山下而得名,是大崮保卫战的发生地。1940 年 3 月,国民党顽固派集结起 8000 多兵力围困驻在大崮山区的中共蒙阴县委、县大队。在八路军山东纵队一旅的帮助下,蒙阴县委、县大队经过激烈战斗,粉碎了敌人的围困。1941 年 11 月,八路军大崮独立团一营特务连、四旅二团四连连续坚守大崮三个昼夜,击退日军和国民党顽固派的进攻,成功突围。山东分局妇委委员陈若克在突围中被捕,最终在此英勇就义。同时,该村还有鲁中军区机关、兵工厂、被服厂、弹药库等多处革命旧址。

4. 垛庄镇垛庄居委

民主革命时期,这里不仅出现了“燕翼堂”刘氏革命大家庭,如刘晓浦、刘一梦,而且涌现出许多革命楷模,发生过多次重要战斗。1933 年 2 月,中共沂水西南乡区委(又称垛庄区委)成立,因中共山东省委遭敌破坏,7 月停止活动。抗战初期,这里涌现出众多女英雄,其中著名的有模范“四大娘”:韩大娘(谢德甫)、彭大娘(杨松贵)、段大娘(张新民)、李大娘(吴金凤)。1938 年下半年和 1939 年初,她们先后入党,并分别担任过副乡长、副区长和地、县妇救会的领导职务。她们的共同特点是立场坚定,爱党爱军,无私奉献。

这里还曾发生过多次重要战斗。1942 年 11 月 7 日晚至 8 日拂晓,八路军山东纵队教一旅一团攻克垛庄日军据点,红军时期参加革命的团长杨万兴不幸牺牲。1947 年 5 月 14 日深夜,以华野六纵十八师五十三团为主迅速攻占垛庄,成功阻截了国民党“王牌军”整编第七十四师的唯一退路,为孟良崮战役的全胜奠定了基础。

5. 坦埠镇故县村

1905年,抗日英烈公茂音出生在该村。1933年,他结识中共新泰县委委员李阳谷等人,在他们的启发下,公茂音主动加入农民协会,并参与龙须崮暴动。1937年,他被推举为坦埠乡乡长,与其兄公茂宪一起,做了许多有利于群众的事情。1939年11月,他为了抗日救国英勇就义,年仅34岁。①

6. 坦埠镇海龙万村

1938年夏秋之际,赵德修受党组织派遣到达蒙阴,与共产党员李因彬共同组建抗日队伍。由李因彬负责,在坦埠镇海龙万村一带组织起了100多人的抗日队伍,这是在党的领导下,在蒙阴建立较早的一支抗日武装。10月,该部队编入蒙阴县独立营。

7. 坦埠镇东坦埠村

1939年,国民党县长郑小隐的三中队60余人,盘踞坡里以南5公里处的小官庄,经常抢掠群众粮食、逮捕八路军工作人员。1940年1月15日晚,县大队特务中队、六中队由坡里镇急行军至坦埠以北的小金山,出敌不意,夜袭郑小隐部的1个中队。除敌中队长只身逃窜,俘敌中队指导员公方春等70余人。1941年春,为拔除土顽安平崮据点,妇女干部包培菊深入敌穴,与县大队里应外合,消灭地主武装阎兴聚部,俘全部土顽官兵50余人,缴枪40余支。

8. 野店镇梭庄村

1940年6月下旬,蒙阴县抗日民主政府在该村成立,并召开

---

① 中共临沂市委党史研究室、沂蒙革命纪念馆、临沂大学沂蒙文化研究院编:《沂蒙抗日英烈传》,济南:山东人民出版社,2015年,第43-46页。

了县人民代表大会,决定成立县参议会,选举议员 103 人,候补议员 14 人。7 月 11 日,蒙阴县参议会正式成立,选举李成仕、兰日生为正、副议长。国民党蒙阴县县长郑小隐顽固不化,勾结日伪,涂炭生灵,破坏抗日,贪赃枉法,罪大恶极,县参议会全体议员一致公决罢免其县长职务,选举出抗日民主政府县长及行政委员 11 人,杨荆石任县长。《大众日报》以《民主光辉突破阴霾一角》为题报道了这一消息,并刊登《蒙阴县参议会告全县民众书》。

9. 岱崮镇坡里村

1938 年下半年至 1939 年初,在一批有影响的爱国人士和共产党人的共同努力下,国民党山东省政府同意在该村举办山东省第四联合中学,开展战时教育,李澄之任校长。坡里云集了范明枢等一大批抗日爱国知识分子和爱国青年。他们在坡里集市等地挂起宣传画,揭露日军侵华的滔天罪行,阐述抗战道理,鼓舞广大群众同仇敌忾,共赴国难,呼吁人们团结起来,万众一心,为挽救民族危亡而斗争。①

为统一指挥山东和苏北的八路军抗战,中共中央决定组建八路军第一纵队,任命原八路军一二九师副师长徐向前为司令员,原中共中央北方局组织部长朱瑞为政治委员。1939 年 6 月,徐向前、朱瑞率第一纵队指挥机关到达沂蒙山区,与中共山东分局书记郭洪涛、八路军山东纵队总指挥张经武、政委黎玉率领的领导机关在坡里村会师,共商抗日大计。之后在十字涧召开了县团级以上的干部大会,徐向前司令员作了关于抗战形势和任

① 中共临沂市委党史编委会编:《历史的丰碑:沂蒙百处革命纪念地巡礼》,济南:山东文艺出版社,1999 年,第 98-99 页。

务的报告。坡里村民把最好的房子让出来给八路军住，把家里最好的东西拿出来拥军。[①] 1999 年，蒙阴县在遗址处立碑纪念。

10. 垛庄镇东孟良崮村

1940 年，东孟良崮村隶属于沂水县第九区，3 月 22 日，沂水县临时参议会成立大会在高家庄子举行。大会选举邵德孚任参议长，王翰卿、李贯一任副参议长，重新选举新的沂水县县政委员会，组成沂水县抗日民主政府。沂水县人民政权建立后，领导全县人民开展了抗日斗争。[②]

东孟良崮村是孟良崮战役的主战场。1954 年，国务院拨专款修建了孟良崮烈士陵园、孟良崮医院和孟良崮完小等三处纪念性建筑。之后，政府陆续投资在遗址保护区建立孟良崮战役纪念碑、纪念馆、碑廊、烈士英名塔等。

11. 岱崮镇笊篱坪村

1939 年 6 月，日军侵占蒙阴县城，国民党县长郑小隐弃城逃窜，日军在此构筑工事，建立伪政权，开始长期盘踞。中共中央派徐向前率部到达蒙阴县岱崮镇，与山东分局、山东纵队等地方抗日武装力量会合，并在獐子崮下召开抗日救国大会。8 月 1 日，八路军第一纵队正式成立，徐向前任司令员，朱瑞任政委。鉴于笊篱坪的特殊区位，决定南依大崮山建立兵工厂。笊篱坪由此成为沂蒙抗日根据地的核心区，为抗战前线提供了大量武器弹药。1941 年 11 月，日军“铁壁合围”沂蒙抗日根据地，大规模针对兵工

① 中共临沂市委党史编委会编：《历史的丰碑：沂蒙百处革命纪念地巡礼》，济南：山东文艺出版社，1999 年，第 102 页。

② 沂水县地方史志办公室编：《铭记同乡——天南地北沂水人》，济南：山东省地图出版社，2002 年，第 24-25 页。

厂所在的大崮山“扫荡”，徐向前下达了“一定要保卫好兵工厂”的命令。殊死抵抗、英勇奋战后，兵工厂保住了，陈若克等同志却不幸壮烈牺牲，这就是著名的大崮山保卫战。1956年，在“好人好马上三线”的时代号召下，“三线”军工的建设者从全国各地来到这里，鼎盛时这里聚集了1万多名精英建设者，军工医院、子弟学校一应俱全，笊篱坪再次成为全国军工重地。

12. 野店镇板崮崖村

1942年4月，板崮崖村（包括桑子峪、姚峪、南坪等17个自然村）党支部成立。1944年1月，鲁中区二地委在该村召开区级以上干部会议，学习《组织起来》，布置互助合作，开展大生产运动。1947年4月23日，孟良崮战役前夕，陈毅来到这里住了17天。村指导员成了陈毅的常客，一有空两人就谈工作，拉家常，陈毅平易近人，关心了解当地群众的生产生活情况。

13. 垣埠镇诸夏村

1947年5月，陈毅、粟裕将华东野战军前线指挥部转移到该村的云头崮下的老君洞（又称“将军洞”），在此指挥孟良崮战役，直至战役完全胜利。改革开放后，蒙阴县委县政府确立了“以林为主，农林牧结合，多种经营，全面发展”的方针，在扶贫开发过程中，诸夏村摸索出以粮为主、农林牧瓜菜综合开发的模式。目前，该村采取“党支部+合作社+农户”的方式，共建蔬菜标准化生产基地，蔬菜种植面积达到200余亩。

十一、莒南县

1. 板泉镇渊子崖村

1940年1月，八路军山东纵队二旅独立营进驻渊子崖村，同年年底，在中共板泉区区长冯干三的指导帮助下，渊子崖村建立了抗日民主政权，成立了抗日自卫队和游击小组，刚满18岁的林凡义被推举为村长。1941年12月28日，日军调集15000余人包围山东省沭水县抗日模范村渊子崖。中共沭水县委宣传部长徐坦、区长冯干三率领民兵与群众英勇抗敌，全村老幼一齐投入战斗，连续击退敌人6次冲锋。随后，敌人攻入村中，与我方军力发生激烈巷战，20余名民兵沿街攻杀敌人三趟。抗日军民中有150多人壮烈牺牲，包括板泉区委书记刘新一、区长冯干三、区委宣传委员赵同、区中队副队长高秀连等同志。①

渊子崖保卫战，是抗日战争史上中国农民自发组织的一次激烈悲壮的浴血保卫战，在沂蒙党史和山东革命斗争史上谱写了辉煌的一页，在中华民族抵御外侮的历史上写下了厚重的一笔。1942年，滨海专署授予该村“抗日楷模村”的荣誉称号。延安《解放日报》盛赞渊子崖群众武装抗敌为“村自卫战的典范”，渊子崖村被誉为“中华抗日第一村”。1944年5月1日，沭水县抗日民主政府在板泉镇渊子崖村修建抗日烈士纪念塔，塔的正面简述了渊子崖自卫战的经过，背面雕刻着烈士们的英名，两侧则是滨海军区领导陈士榘等人和县参议会的题词：云山苍苍，沭水泱泱；烈士之风，山高水长！1995年，八一电影制片厂拍摄的《血战渊子崖》在中央电视台播放。2015年，湖南电视台拍摄的动画片《五子炮》，被列为全国中小学生20个必看爱国主义教育片之一。2015年8月，渊子崖抗日楷模村村民被民政部授予“抗日英雄群体”荣誉称号。

---

① 沈致金、李占领主编，张毅、陈桂霞副主编：《中华民国实录：抗战烽火(1937.7—1941)》，长春：吉林人民出版社，1997年，第2692页。

2. 洙边镇后净埠村

1944 年 7 月 1 日，在中共山东分局宣传部的领导下，山东新华书店在该村成立。成立会上，中共山东分局宣传部部长陈沂，省文协刘导生、杨希文等先后讲话。陈沂指出：山东新华书店的主要任务是传播马列主义、传播新文化，为抗日战争胜利和中华民族的文化复兴而奋斗。当时，于光首任山东新华书店经理，周保昌任副经理，张凌青任编辑部部长，丁勋南任出版科科长，刘近村任营业科科长，任善才任会计科科长，东平任门市部主任，姜考先负责储运。①

2003 年 12 月 28 日，为迎接山东省新华书店成立六十周年，发挥革命旧址的爱国主义教育作用，由省新华书店投资，莒南县新华书店负责施工，对旧址按原貌进行了修复和维护，于 2004 年 6 月竣工。该旧址占地面积 2500 平方米，包括 3 院 30 间房屋，共分为广场、碑廊、图片展室、实物展室、领导生活办公区、地下印刷所、新华亭等 7 个部分。

其中，广场有纪念碑、建设碑记、绿化带和停车场。图片展室重点展陈建店前、建店后各个时期的重要人物、事件和业绩等纪实性图片资料。实物展室主要展示当时的印刷机器、排版印刷工具、出版和发行的图书，以及交通工具、发行工具等。领导生活办公区，最大限度地原景呈现当年使用的办公生活用具。地下印刷所则展出当年的印刷机器、排版印刷工具等。碑廊主要陈设党政军及出版发行系统老领导为山东新华书店的题词。

---

① 中国人民政治协商会议临沂市委员会编：《临沂文史集粹（第三册）》，济南：山东人民出版社，1997 年，第 37 页。

3. 洙边镇三界首村

1941 年 8 月，滨海区在三界首村召开了第一届参议会会议，会议选出了滨海区参议会驻会主席团，选举产生了滨海区参议会。1942 年 3 月 23 日，原鲁中五地委和鲁南区四地委合并，建立中共滨海地委，直属中共山东分局领导，王众音任书记，同时成立滨海军分区，何以祥任司令员，王叙坤任政委。① 4 月 1 日，滨海地委在三界首村正式成立。

中共中央山东分局、八路军山东军区(八路军一一五师)司令部、山东省战工会、抗大一分校、山东分局党校等山东党政军领导机关，也长期驻在三界首村。罗荣桓、朱瑞、黎玉、萧华、陈士榘、谷牧等老一辈无产阶级革命家都曾长期驻在该村。

4. 洙边镇刘家莲子坡村

1939 年，刘家莲子坡在中共地下党指导下，开展了抗日活动。1940 年，该村建立了党支部，成立了青年民兵队和儿童团，组织妇女加入妇救会和识字班。5 月 6 日，国民党莒县县长兼保安旅旅长许树声带领一营兵力进攻刘家莲子坡村，八路军山东纵队第九支队队长刘海涛和政委刘其人率九支队一部，在莒南县大队的配合下，给敌人以沉重打击。1942 年，滨海报社、滨海银行迁至此。8 月，滨海师范在这成立，周抗任校长，主纪先任教导主任。

刘家莲子坡村，是"庄户学"诞生纪念地。该村党支部根据妇女和儿童团因不识字，情报传递工作遭遇困难的情况，向上级要求办学校。1943 年 9 月，从滨海中学毕业的青年张建华，被分

① 中共山东省委党史资料征集研究委员会编:《山东抗日根据地》，北京:中共党史资料出版社，1989 年，第 505 页。

配到此地当老师，并创办了“庄户学”。从此，“庄户学”由儿童班发展到成人班、妇女班、民兵班和村干部班等，受到了群众的欢迎。刘家莲子坡式“庄户学”遍及全县各村、整个沂蒙山区，直至山东全省，成为山东抗日根据地内教育改革的一面红旗。1944 年 4 月 21 日，《大众日报》发表《莲子坡的“庄户学” 老百姓人人拥护》的文章，介绍莲子坡“庄户学”经验。

5. 洙边镇石门涧村

1937 年 8 月，谢辉和张子亮发动鲁东南抗日武装起义，成立了十字路抗日游击大队。该村的克西明通过谢辉，参加了十字路抗日游击大队，后被编入八路军山东人民抗日游击第四支队。1938 年夏，经谢辉介绍，克西明加入中国共产党。村里相继成立农救会、妇救会、青救会、儿童团等抗日群团组织。1940 年 12 月，莒日临赣四县联合办事处，提出了建立滨海中学的设想，1941 年 3 月，滨海中学在洙边区石门涧村正式成立，1945 年滨海中学改为滨海抗战建国学院，后因战事停办。1948 年 10 月，滨海地委、行署决定恢复滨海中学，改名为滨海乡村师范学校。1950 年 2 月，由莒南迁往临沂，改名为临沂师范学校。

1943 年春，莒南县成为山东分局实验县后，省战工会教育处长杨希文到洙边指导总结战时教育工作，山东省文协、抗大一分校文工团、抗敌自卫军宣教大队等省文艺团体也于春节前转移到石门涧村。石门涧村的抗战文化宣传工作迅速开展起来，村里成立的庄户剧团，成为远近闻名的庄户剧团。1944 年，石门涧村被山东省政委会授予“全省文教实验区”。同年，山东省政委会决定在石门涧村成立山东抗日实验小学。罗荣桓司令员亲自到山东抗日实验小学看望老师和学生，山东抗日实验小学先后培养七八百名学生。

6. 洙边镇环河崖村

1943年9月9日，山东省人民武装首次代表大会在此召开，来自鲁中、滨海、鲁南、胶东等地的44位代表出席。在开幕式上，黎玉作《当前山东人民武装工作的任务》的报告，肖华作《人民武装政治工作》的报告。大会宣布成立山东省人民武装抗日自卫委员会（简称省武委会），朱则民任主任。10月20日，大会胜利闭幕。11月10日，山东省行政委员会公布山东人民武装第一次代表大会通过的《山东人民武装抗日自卫团组织条例》。[①]以后，山东各地斗争形式逐渐由“村自为战”向“联防战”发展，形成了军民联防的抗战机制。

7. 洙边镇洙边村

1944年春，因为战事激烈，八路军驻莒南大店镇的一一五师急需补充兵力。在一次动员参军大会上，该村女青年梁怀玉慷慨激昂地发言：“谁第一个报名参军，俺就嫁给谁！”同村青年刘玉明勇敢地第一个报名参军，梁怀玉履行了诺言。梁怀玉、刘玉明一带头，当年全县就有1488人参军入伍，有力地支援了抗战部队。

1949年，徐州解放之后，刘玉明给家里写信，向家人介绍了这几年自己跟随部队作战的经历，他当时已经是坦克部队的一位连长。1955年，刘玉明转业到临朐县公安部门工作，梁怀玉则在老家照顾家中老人和孩子。直到1980年，刘玉明离休回乡，两人才真正地生活在了一起。

8. 十字路街道石泉湖村

1940年，因工作需要，谢辉派李义丰回村担任农救会会长。

---

① 临沂地区史志办公室编：《临沂百年大事记》，济南：山东人民出版社，1989年，第496页。

黎玉带领山东省委机关连同家属住到石泉湖村,谢辉住在村民李义治家,黎玉住在村民李义凤家。1942 年春,八路军一一五师特务团团长张仁初带领一个骑兵排,护送一门缴获的大炮来到石泉湖。村民李义智、李义信兄弟二人负责隐藏保护,他俩表示人在炮在。甲子山战役中,这门大炮发挥了重大作用,战后又被拉回并埋藏下来,三年后,随罗荣桓率领的部队一起挺进东北。

1942 年秋天,一一五师政治部主任肖华来到石泉湖。1943 年春,罗荣桓、陈士榘及山东军区机关和大众日报社、北海银行、山东军区医院二所、军区疗养院等多个机关也都来到此处。石泉湖村村民们主动把房屋让给机关和伤员,全村人都搬到两个打麦场里和山沟里集体住宿。石泉湖地理位置特别隐蔽,山东军区和一一五师后勤部的仓库就设在这里,以便存储大量军火武器弹药、银钞、医药及医疗用品,还有大量被服、布匹等军需用品。

9. 十字路街道大山前村

1940 年 3 月,山东抗日根据地开展减租减息运动,号召大家大开荒多生产。1940 到 1945 年,在民主政权的支持下,郑信带头开荒生产。第二年,郑信坚持开荒四亩多地,成立了开荒队,在大生产活动中表现突出并积极参加抗日支前。1945 年,郑信被滨海区授予“全县劳动英雄”称号,他所在的大山前村被八路军山东军区和滨海专署授予“抗日模范村”。

10. 坊前镇聚将台村

“一门三英烈之父”刘永良是坊前镇聚将台人。抗日战争时期,刘永良积极送子参军参战,先后于 1940 年、1942 年把大儿子刘福林和二儿子刘孟林送上抗日前线。抗日战争胜利后，他又响应党中央和毛主席“解放全中国”的号召，把年仅18岁的三儿子刘洪林送上解放战争的前线。在残酷的战争岁月里，他的3个儿子先后于1946年、1947年和1950年牺牲于解放战争前线和朝鲜战场。3个儿媳也在他的支持下改嫁，家中只剩下他和1个小孙子。1976年，刘永良在家乡病故。

11. 洙边镇崖子村

1943年春，八路军一一五师在政委罗荣桓的带领下，来到了交通便利、进可攻退可守的崖子村。当时，身患血尿症的罗荣桓躺在担架上，研究分析敌情，指挥战斗，做好群众工作。9月，国际共产主义战士、奥地利友人罗生特来到崖子村，他不顾旅途劳累，立即去看望病重的罗荣桓，当即为罗荣桓作了膀胱镜和输尿管导管检查。在他的精心治疗和护理下，罗荣桓司令员的血尿奇迹般地消失了，从而保证了罗荣桓能够坚持工作，使山东的抗日战争夺取了一个又一个的胜利。罗生特在莒南生活了两年多，与莒南根据地军民同甘共苦，给当地成千上万的人民群众治过病，挽救了无数生命，与莒南人民结下了深厚情谊。①

12. 岭泉镇马棚官庄村

1938年9月，鲁东南特委及其二支队组织民运工作干部到马棚官庄村宣传抗日，10月，便在该村发展了第一名共产党员。1943年1月，山东省文协驻马棚官庄期间，先后出版了《大众歌声》《教师之友》《戏剧杂耍》《山东文化》等刊物，促进了全县农村文化的繁荣和发展。1943年夏，《山东文化》副主编刘知侠随抗大一分校实验剧

---

① 中共临沂地委党史资料征集委员会、中共莒南县委员会编：《罗生特在中国》，济南：山东人民出版社，1992年，第293-299页。

团在此驻扎，并以纪实手法创作了故事《铁道队》，后改写成了风靡一代人的长篇小说《铁道游击队》。

在红色文化的熏陶下，觉醒的马棚官庄人铁心向党，青壮年参军参战，踊跃千里支前，儿童在村头站岗放哨，妇女为战士纺织做饭。1944年4月，为纪念本村和周边村在抗战中牺牲的83名烈士，村民在村东自发捐建了莒南县首座抗日烈士纪念塔。1946年12月，马棚官庄村民踊跃支前，先后出动5批共110余人组成担架队。1947年2月，该村党支部书记郭连余带领27名小伙子出征支前，第一次历时8个月，第二次历时3个月。

13. 板泉镇后西村

该村保存着莒南县第一个党支部旧址。1932年12月17日，刘谐和与学生王任之等人，在板泉完小成立中共板泉完小党支部（也称中共临沂五区板泉崖支部）。这也是该县第一个地下党组织。2006年12月，中共临沂市委党史委、中共莒南县委、莒南县党史委、板泉镇委员会，在该革命遗址树起一块高1.932米，厚12厘米，宽1.7米的纪念碑，象征此地党支部成立的时间。原中组部部长张全景亲笔题写"中共板泉支部旧址纪念馆"匾额。该纪念馆展陈从"鲁南火炬、沭河星火、奔赴延安、反帝反封建"四部分，讲述当地党组织的建立、发展的历史。

14. 坪上镇山底村

1944年8月，日军五十九师团五十四旅团纠集1500多名日伪军，带着三挺重机枪、几十挺轻机枪、几十门手炮，分数路向大山根据地扑来。千余名群众和八路军一一五师直属医院野战医院第二卫生所被敌人围困。闻此危急情况，滨海军区急电命令八路军一一五师第六八六团（"老六团"）前来支援。接到电令后，"何万祥英雄连"日夜兼程赶往山地村，为掩护群众和伤病员安全转移，战士们奋不顾身地投入战斗，击毙敌军 80 余人，成功完成了上级交给的任务。战斗中，在狮子峰上负责阻击的李学彦、王文秀、秦玉法等 3 位战士将最后 3 枚手榴弹投向敌人后，跳崖壮烈牺牲，被称为"狮子山三壮士"。

15. 石莲子镇主家岭村

1932 年夏，该村在山东省立临沂三乡师上学的中共党员主纪先借回家的机会，发展主德甫、主仕庆、主永成、主蕴亭、主仕盛、主高太、主永奎 7 人为中共党员，由中共临沂三乡师支部统一领导。[1] 1933 年 3 月，主纪先与中共沂水县南乡区委负责人王赞堂取得组织联系，建立中共主家岭村党支部。这是莒南县建立的第二个党支部。主纪先任支部书记，主德甫任副书记，主永成、主蕴亭为支部委员。1945 年 1 月，该村支部委员、农救会长主永廷，因带头发展生产，为粮食增产作出贡献，被评为滨海地区劳模。

十二、临沭县

1. 曹庄镇朱村（参照前文"朱村抗日战斗纪念馆"）

2. 店头镇陈巡会村

1940 年 10 月，中共巡会分区委建立。抗战期间，长期驻在陈巡会、措庄、大榆科村。[2] 同时，中共领导的滨海地级机关、临沭县区机关等大多在此建立。解放战争期间，针对国民党军郝

---

① 中共莒南县委组织部、中共莒南县委党史征委会、莒南县档案局：《中国共产党山东省莒南县组织史资料（1932—1987）》，临沂：山东省出版总社临沂分社，1989 年，第 17 页。

② 中共临沭县委组织部、中共临沭县委党史资料征集委员会、临沭县档案局编：《中国共产党山东省临沭县组织史资料（1931—1987）》，临沂：山东省出版总社临沂分社，1989 年，第 21 页。

鹏举部的战役,前线指挥部设在该村陈氏祠堂。中华人民共和国成立前夕,中共领导的第一个特大型水利工程——导沭整沂工程在鲁东南展开,导沭整沂委员会也设在该村。

3. 曹庄镇西山前村

1941 年 9 月 29 日,日伪军数百人向抗日根据地“扫荡”,于当夜占领了岌山,至拂晓即对西山前实行了重兵包围。西山前人民在该乡乡长、自卫团团长张作洪带领下,男女老少齐上阵,用大刀、锄刀、土枪、土炮、长矛,同敌人展开了生死搏斗。战斗从拂晓打到中午,日伪军的多次进攻都被打退了。敌人攻不下西山前,最后竟灭绝人性地放了毒气瓦斯弹。这一仗终因寡不敌众,被敌人攻进了村子。敌人大肆烧杀抢掠,烧毁房屋 500 多间,掳走群众百余人。为了表彰该村人民奋勇抗击日寇的壮举,滨海专署授予西山前“抗日模范村”称号,追认张作洪为“抗日民族英雄”。

4. 曹庄镇黄庄村

该村是靠近大哨敌人据点的一个村庄。一天半夜,伪军突然包围了这个村庄。民兵队长尹开玉带领民兵坚守一个土炮楼英勇反击,他们把火药、手榴弹等弹药集中起来,在弹尽粮绝的紧要关头,尹开玉脱了上衣,光着膀子,操起大刀冲向敌人。最后,在八路军老四团的帮助下,他们成功击退敌人,保住了村庄。①

5. 蛟龙镇利城村

1941 年 6 月,大众日报社将通讯室升为通讯部,将大众通讯

---

① 山东省临沭县史志编纂委员会编:《临沭县志》,济南:齐鲁书社,1993 年,第 670 页。

社更名为“新华通讯社山东分社”。6 月 28 日,新华社山东分社在该村的一个农户家诞生,并以新华社山东分社的呼号,开始向延安新华总社以及胶东、清河、鲁南等地报纸发稿。这是延安新华总社以外的第一家省级分社。

抗日战争和解放战争期间,山东分社持续不断向整个山东地区传递着党中央的声音,见证并宣传着山东根据地尤其是沂蒙革命根据地的辉煌历史。1941 年 7 月 1 日,该社的人物报道讴歌了山东共产党人浴血抗战的壮举。1944 年 10 月 25 日,该社一则战地通讯最早报道了铁道游击队的英勇事迹。1945 年 8 月 14 日,该社一则急电见证了中国共产党领导的第一个省级政府的创建。1947 年 2 月,该社在报道莱芜战役时,特别转发了陈毅司令的一首词《如梦令 · 临沂蒙阴道中》,这是新华社历史上第一次用诗歌形式报道战役。[①] 该词是:

临沂蒙阴新泰,路转峰回石怪。一片好风光,七十二崮堪爱。堪爱,堪爱,蒋贼进攻必败。[②]

6. 蛟龙镇后蛟龙村

抗战期间,前、中、后蛟龙村三个抗日红色堡垒村为我党我军在苏鲁边界的活动提供了坚强的保障,这三个村庄也成为敌人连做梦都想拔掉的钉子。1945 年 6 月 4 日,数千名日伪军在汉奸区长胡伯衡的带领下,趁雨夜包围了该村。当时,滨南干校的指导员张建华和通讯员小王,就住在该村妇救会长李大娘(陈

---

① 郇恒赛:《沂河两岸》,北京:新华出版社,2007 年,第 211 页。

② 陈毅:《陈毅诗稿》,南京图书馆印,1977 年,第 48 页。

元君）家里。天刚拂晓，日军端着刺刀冲进门来，李大娘急忙转身用身体挡住了门板，同时大声地呼喊："同志们，鬼子来了，快跑……"在屋里住的同志们闻声立即越窗转移，而50多岁的李大娘却倒在了血泊之中。

7. 玉山镇东盘村

1939年春，根据东北军一一一师师长常恩多的请求，中共山东分局正式批准他为中国共产党特别党员。1940年4月，中共特别党员万毅就任该师三三三旅旅长，成为常恩多的一位有力助手。1940年9月21日晚，常恩多、万毅突然派兵包围军部驻地苍马区（今临沭县）东盘村，扣押了副军长朴炳珊等人，缪澂流因叛徒告密而逃走。之后，常恩多撰写《"九二二"锄奸的前前后后》一文，有力揭露缪澂流等国民党投降派的汉奸嘴脸，教育广大爱国军民抗战到底。①

8. 郑山街道南古庄村

1940年初，八路军一一五师先头部队与山东纵队陇海南进支队三大队开赴郯东北地区的曹庄、朱村一带，在我地方进步青年钟伯荣、徐相谦等同志的引导下，一举解放了鲁南郯东北重镇南古庄②，成立了临沭地方最早的抗日民主政权组织——郯东北第一办事处（5月改为苍马办事处），直属鲁南专署，王卓人任主任，王次安任副主任，所辖地区包括原郯城县第六区（南古庄、夏庄一带）、第七区（大兴镇、巡会一带）和原临沂县第五区（蛟

---

① 中共山东省委党史研究室编著，常连霆主编：《中共山东编年史（第四卷）》，济南：山东人民出版社，2015年，第247页。

② 临沭县政协文史资料委员会：《临沭文史资料（第二辑）》，1987年，第31页。

龙湾、东盘一带）。这标志着由中国共产党领导的临沭地方政权组织正式诞生。以此为起点，1941 年 8 月，中共苍马县委、苍马办事处分别改名为中共临沭县委、临沭县抗日民主政府。1991 年 7 月，该村南古庄解放纪念碑被中共临沭县委、临沭县人民政府公布为县级爱国主义教育基地。

十三、临港经济开发区

1. 团林镇李家桑园村

1942 年初冬，一一五师师长陈光、政委罗荣桓及朱瑞、肖华等军政领导进驻到李家桑园村，并在此制定了第三次甲子山反顽战役。李家桑园村的 12 名青抗先队员一起参加了战斗。此次战役一举歼灭盘踞在甲子山区的国民党孙焕彩部顽固势力，使莒南成为全省唯一既无日军占领又无顽军占领的敌后抗日根据地。此后，山东党政军领导机关先后五次进驻李家桑园村。该村青壮年成立了青抗先积极配合战斗，妇女成立妇女救国会，在全村开展了增产节约运动，节衣缩食，全力支援前线。1943 年 5 月，山东省战工会在李家桑园村开始筹备省参议会议，8 月 12 日，山东省参议会一届二次会议在李家祠堂开幕。

第五章

实施“一体三化”革命文物保护利用地方立法

2013 年,临沂市政府制定出台了《临沂市文物保护利用规划(2013—2020)》,明确了“一红、一片、二带七区”的总体规划目标任务。“一红”指沂蒙红色文化遗产,是在革命战争年代、社会主义建设时期和改革开放以来,临沂人民以爱党爱军、开拓奋进、艰苦创业、无私奉献铸就的“党群同心、军民情深,水乳交融、生死与共”的沂蒙精神,为新中国革命和建设作出了突出贡献,形成了独具特色的沂蒙红色文化。这是在市级层面上,首次将红色文化遗产保护利用纳入规划。“一红”是对沂蒙老区革命文化的概括,也是境内众多红色革命遗迹所显现的总体特点。

红色文化是临沂的文化特色之一,也是山东省文化遗产片区规划中“沂蒙片区”的重要内涵。在革命战争年代,临沂留下许多革命者足迹、战争遗迹和感人事迹,这些红色文化遗产几乎遍布各县区,成为宝贵的旅游、教育资源和沂蒙人民共同的精神财富。加强对沂蒙红色文化资源的挖掘研究,重视红色文化遗产的保护利用,不断丰富、深化“沂蒙精神”的内涵,有助于为经济和社会发展提供精神和物质支持。

第一节　实施“一体三化”革命文物保护

在革命文物保护特别是不可移动革命文物保护工作中，临沂市创新实施了“一体三化”不可移动革命文物保护工作，走在了全国全省的前列。在2020年、2021年山东省先后召开的文物工作会议和革命文物保护利用工作推进会上，时任临沂市委书记王安德、临沂市人民政府市长任刚，分别以《守护革命文物　讲好沂蒙故事》《推行革命文物保护利用“三个三”模式》作了典型发言。

2020年8月26日至27日，山东省革命文物保护利用规划会议在临沂召开。国家文物局革命文物司副司长彭跃辉，省文化和旅游厅副厅长、省文物局副局长王廷琦出席会议并讲话。省委党史研究院、省政协、省教育厅、省退役军人事务管理厅、省自然资源厅、省文化和旅游厅有关处室负责人，以及全省16市文化和旅游局相关负责人、山东省古建筑保护研究院负责人等参加会议。临沂市对革命遗址保护工作实施的“一体三化”革命遗址创新作法，是以不可移动革命文物为“主体”，实施不可移动革命文物“数字化”定位、“前置化”勘探考古、“片区化”安防的三大工程。

一、实施市级以上不可移动文物保护单位纳入“数字化”平台工程

2018年起，临沂市启动了包含革命文物在内的不可移动文物摸底调查，并根据遗址现存情况进行了全面的勘界，明确文物保护的四至范围、保护等级，并以地图坐标的方式标注。同时，

纳入临沂市建设工程数字化多图联审系统平台，借助互联网和信息技术，使审查质量和效率大幅提升，有效解决了建设工作程序审批中因文物遗址内容不清、文物遗址分布及大小范围不清晰，造成文物遗址被破坏的现象。

二、实施国有城市建设用地考古调查勘探发掘“前置化”工程

为处理好文物保护与经济社会发展的关系，解决长期以来城市建设与考古调查勘探发掘相互矛盾的问题，临沂市探索了一条文物保护与城市建设双赢的路子。2018 年以来，临沂市文化部门先后到济南、淄博、济宁、郑州、洛阳等地学习调研，借鉴先进市地的成功经验。经与市财政、发改、国土资源、住建、交通、农业农村、城管、司法等 17 个部门沟通协调，形成了关于《推进国有建设用地考古调查勘探发掘前置工作的实施意见》，经市政府常务会议研究通过，由市政府以临政字〔2020〕135 号文件下发。在全市实现了包括革命文物在内的国有城市建设用地考古调查勘探发掘“前置化”。

三、实施文物保护“片区化”安防工程

为加强社会治安防控体系建设，2016 年，临沂市政法系统在社会治安“雪亮工程”视频监控基本覆盖的基础上，充分利用互联网技术，以加强社会公共安全管理。为满足城市治安防控和城市管理需要，利用 GIS 地图、图像采集、传输、控制、显示等设备和控制软件组成，对固定区域进行实时监控和信息记录的视频监控系统，建成覆盖全市的政法综合治理多级信息互联系统。

由政法委发起、公安部联合信息产业部（今工信部）等相关部委共同建设的信息化工程，涉及众多领域，包含城市治安防控体系的建设、人口信息化建设等等。由上述信息构成基础数据库数据，根据需要进行编译、整理、加工，供授权单位进行信息查询。全国统称“天网工程”。天网工程通过在交通要道、治安卡口、公共聚集场所、宾馆、学校、医院以及治安复杂场所安装视频监控设备的方式，利用视频专网、互联网、移动等网络通网闸，把一定区域内所有视频监控点图像传播到监控中心（即“天网工程”管理平台），对刑事案件、治安案件、交通违章、城管违章等图像信息分类，为强化城市综合管理、预防打击犯罪和突发性治安灾害事故提供可靠的影像资料。按照“部级—省厅级—市县级”平台架构部署实施，具有良好的拓展性与融合性。

为加强对全市文物（包括革命文物）的保护与管理，2017 年起，临沂市文化部门积极争取各级党委政府的支持，在全省第一个将县级以上重点不可移动文物全部纳入了市政法委“雪亮工程”视频监控网，并与“天网工程”并联。2018 年 3 月 26 日，文化和旅游部原党组成员、国家文物局原局长刘玉珠一行来临沂市调研文物保护利用工作，对临沂市文物保护、利用及管理工作成效给予充分肯定。他指出，临沂历史文化底蕴深厚，文物古迹数量众多，红色文化氛围浓厚，文物保护利用责任重大。要秉承让历史文物“活”起来的理念，持续加强对历史文物特别是革命文物的保护，继续做好收集整理工作，确保历史文物合理适度利用，不断满足人民群众的精神文化需求；深入挖掘历史文化内涵，构建线条完整、脉络突出的文化体系，展示优秀文明成果，不断提升文化自信；勇于担当红色文化和沂蒙精神代表者、传播者和推广者的使命，积极推动传统文化创造性转化、创新性弘扬，为经济社会发展提供厚重的文化土壤。各县区通过公开招标，将文物保护单位纳入天网保护工程,实现了覆盖。

第二节 《临沂市红色文化保护与传承条例》

文物是一个民族精神文化的物质载体,是人类社会历史发展的有力见证。文物,不仅是各个民族国家宝贵的精神财富,也是全人类共同的文化遗产。进入现代社会后,随着工业化、城市化的飞速发展,人为的或自然的破坏和损坏文物的因素不断增加,文物保护利用与文化遗产传承创新已成为各国所面临的共同问题。1964 年 6 月,联合国教科文组织发起了历时 6 个月的保护文物古迹的国际运动,要求各成员国提升完善保护文物的技术手段和法制规范,同时要求各成员国加强文物保护的宣传,使文物的价值观念家喻户晓。1970 年,该组织通过了《关于禁止和防止非法进出口文化财产和非法转让其所有权的方法的公约》。1972 年 11 月,该组织第 17 届会议通过了《保护世界文化和自然遗产公约》。1978 年 11 月,第 20 届会议又通过了《关于保护可移动文化财产的建议》。

为加强对沂蒙地区红色文化资源保护,使临沂这一独特的文化资源得到系统保护传承,从法律上进一步明确红色文化保护的范围、法律责任等,大力弘扬沂蒙精神,培育和践行社会主义核心价值观,本着依法立法的原则,根据《中华人民共和国文物保护法》《中华人民共和国英雄烈士保护法》《山东省文物保护条例》等法律法规,2017 年经全国人大、省人大法工委同意,临沂市启动了《临沂市红色文化保护与传承条例》的立法工作。《条例》按有关法律、法规对由中国共产党领导人民进行新民主主义革命在本市行政区域内留存下来的旧址、遗址、遗迹、实物，以及与新民主主义革命有关的纪念设施及精神文化等进行保护与传承。

一、学习借鉴外地经验、做好立法调研

临沂市文化和旅游局先后配合市人大到县区进行调研，听取各方面的意见建议，并赴福建龙岩、四川广元、广东汕尾等先进地区学习考察。市人大法制委员会、市人大常委会法工委、市人大常委先后组织专题调研，条例条文经历了21次调研修改，4次专家学者讨论论证，多方修改。

1. 福建龙岩经验

龙岩位于福建省西部，是全国革命老区、中央苏区的重要组成部分，七个县（市、区）均为原中央苏区县，国家文物局公布的第一批全国重点革命文物保护片区。全市共有不可移动革命文物657处，可移动革命文物20366件/套，红军标语1600条/则。针对经济社会发展中，城市基础设施建设多次出现与不可移动文物的冲突，破坏红色文化遗存的现象时有发生，亟须加强立法保护的实际。

2017年9月，龙岩市人大常委会通过了《龙岩市红色文化遗存保护条例》，并采用了“概括+列举”的方式，明确规定什么是红色文化遗存，即新民主主义革命时期，中国共产党团结带领各族人民进行革命活动所遗留的，具有纪念、教育意义或者史料价值的遗址、遗迹和实物。同时，还具体列举（1）重要机构、重要会议旧址；（2）著名人物故居、旧居、活动纪念地、纪念设施及遗物；（3）与重要历史事件、革命运动、重要战斗有关的遗址、遗迹和代表性实物；（4）反映革命历史、革命精神的重要文献资料

和代表性实物;(5)其他与红色文化相关的具有代表性的遗址、遗迹和实物等五类。明确了保护的法律责任,明确了市、县两级人民政府应当将红色文化遗存保护工作经费列入本级财政预算,建立与经济发展相适应的经费保障机制,设立红色文化遗存保护专项资金,从而解决了困扰革命文物保护工作的关键问题。

2. 广东汕尾经验

汕尾市海陆丰是全国农民运动的发源地,全国第一个县级苏维埃政权的诞生地,全国十三块红色根据地之一。全市有革命遗址 617 处、红色村 800 多个。2018 年 9 月 10 日,汕尾市第七届人民代表大会常务委员会第十六次会议通过《汕尾市革命老区红色资源保护条例》。随后,广东省第十三届人民代表大会常务委员会第五次会议批准实施,该条例规定,红色资源为"新民主主义革命时期,在海陆丰革命老区传播马克思列宁主义和中国共产党领导人民进行革命斗争留存下来的旧址、遗址、遗迹、文献资料和可移动实物,以及与新民主主义革命有关的纪念设施"。具体包括:(1)重要机构、重要会议、重要事件、重大战斗的旧址、遗址、遗迹;(2)重要人物、具有重要影响烈士的故居、旧居、活动地、墓地;(3)反映海陆丰革命历史活动进程、思想文化的重要文献资料和不可移动实物;(4)与海陆丰革命历史有关的烈士陵园、纪念堂馆、纪念碑亭、纪念塑像、纪念塔祠等纪念设施。

立法前,汕尾市各地的红色资源保护现状同样堪忧,由于历经数十年的风雨,保护管理不到位,许多革命遗址遗迹遭受破坏或年久失修,有些甚至倒塌,急需修缮、重建。为解决资金投入不足问题,多地在制定法规时明确要求设立保护专项资金。为确保汕尾市红色资源的保护利用管理工作落到实处,汕尾市在制定条例时规定，市、县级人民政府设立红色资源保护专项资金，专款专用，分账核算，接受监督。

3. 四川广元经验

广元是川陕革命根据地中的核心区域、西部的主战场，红四方面军长征的出发地，红色资源富集厚重。全市现有不可移动红色革命文物240余处，可移动红色革命文物2200余件，红色旅游资源150余处，均分布在各县区。除了木门寺、红军渡等少部分红色革命遗址遗迹已列入文物保护单位受文物法调整保护，在《广元市红色革命遗址遗迹保护条例》未出台前，未列入文物保护的革命遗址，处于保护无法可依状态。由于受自然损害、历史原因和人为破坏影响，部分遗址遗迹损毁现象比较突出。《广元市红色革命遗址遗迹保护条例》作为广元首部文物保护的地方性法规，对于加强地方红色革命遗址遗迹的保护、管理和合理利用，传承红色基因、弘扬革命精神，开展爱国主义教育与革命传统教育具有十分重要的意义。

二、广泛征求意见建议、严格立法程序

《临沂市红色文化保护与传承条例》在制定的过程中，引起社会各界高度关注，在2018年临沂市人代会上，费县代表团吴召勇等11名代表提出了关于制定《临沂市红色文化遗址保护条例》的议案。临沂市人大常委会在前期准备工作的基础上，正式启动了红色文化保护与传承条例的立法工作。

受市人大常委会指定，临沂市文化和旅游局负责牵头起草《临沂市红色文化保护与传承条例》，为做好条例起草工作，市文旅局抽调专业人员，成立了《条例》起草专班，在市人大常委会、市司法局指导帮助下，通过听取建议、实际调查等形式，积极

开展立法调研，形成立法调研报告；多次召开人大代表、立法专家、相关职能部门、社会各界人士座谈会，听取意见和建议；收集相关法律、法规和政策 30 余部，整理形成资料汇编，为立法提供参考。

临沂市司法局对《临沂市红色文化保护与传承条例》立法过程全程参与，一是发挥网络、新闻媒体的作用，畅通民众参与立法渠道。通过新闻媒体充分征求社会各界对条例办法等草案的意见和建议，累计征集汇总 511 条意见建议。二是确立立法听证论证机制，扩展公众参与立法深度。对涉及民生、涉及企业利益相关的条款制定上，尤其注重听取各方意见建议。召开了由市人大代表、政协委员、市直有关部门业务科室负责同志、临沂大学法学专家、部分市委市政府法律顾问、红色文化纪念场馆和红色旅游景点代表参加的论证会，综合论证各方意见建议、立法思路，对红色物质文化和非物质文化、精神文化的保护及法律责任等条文做出了调整修改，更加彰显了党委政府的监管责任。三是发挥法律顾问等专家群体的智库作用，完善立法专家参与机制。市委市政府法律顾问、立法和行政决策咨询专家库成员积极参加立法草案的调研，累计有 37 位专家出席相关论证会、听证会、座谈会工作，为立法工作建言献策。

为保证立法质量，市人大工作部门先后组织到临沭、费县等 9 县开展多次实地调研，到国内先进地市进行学习考察，邀请全国有关专家齐聚济南召开立法论证会，通过市民热线、网络平台、召开专题会议等形式，向社会公众广泛征求意见。市委常委会会议邀请 9 位工农商学民主党派的群众代表，听取他们对临沂红色文化保护传承条例制定的意见建议。市政府常务会、市委常委会，市人大法务委员会、专题会、专门委员会、常委会、全委会通过先后组织研究，市政协组织委员进行调研视察指导，立法过程得到省文化和旅游厅的大力支持和具体指导。

2019 年 12 月 29 日，临沂市委书记王玉君主持召开市委常委会，专题研究讨论《临沂市红色文化保护与传承条例》立法工作，会议通过了临沂市文化和旅游局负责起草的《临沂市红色文化保护与传承条例（送审稿）》，要求下一步要组织做好市红色文化保护与传承条例的实施工作，对照条例规定，进一步明确各自工作职责，抓好条例的贯彻实施等工作。要加大对条例的宣传力度，不断提高公众的知晓率和关注度，在全社会形成参与红色文化保护与传承的浓厚氛围。要做好条例实施情况的监督检查，确保法规落实到位、执行到位。2020 年 4 月 28 日上午，临沂市十九届人大常委会第二十七次会议召开，市人大常委会主任杜德昌出席。表决通过了临沂市文化和旅游局负责起草的《临沂市红色文化保护与传承条例（草案表决稿）》，将在报请省人大常委会审查批准后公布实施。2020 年 6 月 12 日，经山东省第十三届人民代表大会常务委员会第二十次会议批准，《临沂市红色文化保护与传承条例》自 2020 年 7 月 1 日起施行。

2020 年 6 月 22 日上午，临沂市人大常委会召开《临沂市红色文化保护与传承条例》新闻发布会。市人大常委会法工委、市司法局、市文化和旅游局分别介绍了条例的立法背景、审议修改过程、主要内容特点和贯彻实施措施。条例共五章五十六条，分别为总则、保存与保护、传承与弘扬、法律责任和附则。第一章“总则”，主要规定了立法目的、调整对象、工作原则、经费保障、部门职责、社会监督和鼓励措施。第二章“保存与保护”，主要规定了红色文化物质资源的保存和保护两项制度。关于保护制度，是对具有纪念、教育意义、史料价值的红色文化物质资源，以红色文化物质资源保护名录制度和红色文化物质资源保护责任人制度为主线分别作出规定。第三章“传承与弘扬”，主要对沂蒙精神的定位、传承与弘扬要求、维护革命前辈事迹和精神、纳入文明创建考评体系、史料搜集、理论研究、宣传推广、主题创作生产、教育传承、融合发展等作出规定。第四章“法律责任”，针对一些禁止性规定相应设置了法律责任。第五章“附则”，规定了法规的施行时间，自 2020 年 7 月 1 日起施行。

该条例是国内首部以红色精神资源保护与传承为主题的地方性法规，力求用法规制度的形式推动沂蒙精神在新时代发扬光大，实现红色基因代代传承。条例的实施，对加强临沂红色文化的保护与传承，弘扬沂蒙精神，加强爱国主义和革命传统教育，培育和践行社会主义核心价值观，具有重要意义。

《临沂市红色文化保护与传承条例》全文

第一章　总则

第一条　为了加强红色文化的保护与传承，弘扬沂蒙精神，加强爱国主义和革命传统教育，培育和践行社会主义核心价值观，根据有关法律、法规，结合本市实际，制定本条例。

第二条　红色文化按照资源表现形式分为红色文化物质资源和红色文化精神资源。本条例所称红色文化物质资源，是指新民主主义革命以来，中国共产党领导人民进行革命、建设、改革进程中，在本市行政区域内留存下来的旧址、遗址、遗迹、实物、纪念设施等。

本条例所称红色文化精神资源，是指以水乳交融、生死与共为核心特质的沂蒙精神。

第三条　本市行政区域内红色文化物质资源的保存与保

护、沂蒙精神的传承与弘扬，适用本条例。法律、法规对红色文化物质资源中涉及的文物和英雄烈士纪念设施已有规定的，从其规定。

第四条　红色文化保护与传承工作应当遵循党委领导、政府负责、公众参与、科学规划、保护为主、传承发展的原则。

第五条　市、县(区)人民政府应当将红色文化保护与传承工作纳入国民经济和社会发展规划，将红色文化保护与传承工作经费列入财政预算，建立工作协调机制，研究解决红色文化保护与传承工作中的重大问题。

第六条　市、县(区)人民政府文化和旅游主管部门负责本行政区域内红色文化物质资源的监督管理和红色文化保护与传承的其他有关工作。

发展改革、教育、公安、民政、财政、自然资源和规划、生态环境、住房城乡建设、城市管理、交通运输、农业农村、退役军人事务、应急管理、行政审批服务、市场监督管理等部门和党史史志研究、档案等机构，按照各自职责做好红色文化保护与传承有关工作。

乡镇人民政府、街道办事处应当按照职责做好本辖区内红色文化保护与传承有关工作。

村民委员会、居民委员会协助做好红色文化保护与传承有关工作。

第七条　任何单位和个人都有依法保护与传承红色文化的义务，并有权对破坏、损毁红色文化物质资源和歪曲、丑化、亵渎、否定沂蒙精神的行为进行劝阻、举报。

第八条　鼓励单位和个人以投资、捐助、捐赠、志愿服务、技术支持等方式参与红色文化保护与传承工作。

第九条　对在红色文化保护与传承工作中作出突出贡献的单位和个人,按照有关规定给予表彰和奖励。

第二章　保存与保护

第十条　市人民政府应当依据国土空间规划,组织有关部门编制红色文化物质资源保护专项规划,明确规划主题、保护措施、风貌控制、展示利用方式、资金预算等内容。

红色文化物质资源保护专项规划应当自本条例施行之日起二年内编制完成。

第十一条　市人民政府应当设立红色文化物质资源保护专家咨询委员会,为红色文化物质资源保护工作提供咨询、论证、评审服务和专业指导。

专家咨询委员会的组成办法和议事规则,由市人民政府制定。

第十二条　市、县(区)人民政府应当组织红色文化物质资源普查,对红色文化物质资源予以保存。

市、县(区)人民政府文化和旅游主管部门负责红色文化物质资源普查的具体工作,收集代表性实物,整理普查资料,对红色文化物质资源予以认定、记录、建档。其他有关部门、单位应当对其管理范围内的红色文化物质资源进行普查,并将普查结果连同取得的实物图片、资料复制件,汇交同级文化和旅游主管部门。

第十三条　市、县(区)人民政府文化和旅游主管部门应当建立红色文化物质资源保存数据库。其他有关部门、单位应当将红色文化物质资源保存目录定期通报给同级文化和旅游主管部门。

除依法应当保密的外，红色文化物质资源档案和相关数据信息应当公开，便于公众查阅。

第十四条　市人民政府应当建立红色文化物质资源保护名录管理制度，将具有纪念、教育意义或者史料价值的红色文化物质资源纳入保护名录并及时向社会公布。

对符合前款规定的红色文化物质资源，由县（区）人民政府申报，经市人民政府文化和旅游主管部门组织红色文化物质资源保护专家咨询委员会进行论证，提出审查意见，报市人民政府批准，纳入红色文化物质资源保护名录。

第十五条　对列入保护名录内尚未认定为文物的红色文化物质资源，符合文物认定标准的，市、县（区）人民政府应当根据其历史、艺术、科学价值，依法认定为文物。

第十六条　市、县（区）人民政府应当在红色文化物质资源保护名录公布之日起九十日内，对列入保护名录的不可移动红色文化物质资源，设置红色文化物质资源保护单位标志。

保护单位标志的样式由市人民政府文化和旅游主管部门统一制定。

任何单位和个人不得擅自设置、移动、涂改、损毁保护单位标志。

第十七条　市、县（区）人民政府应当根据红色文化物质资源保护单位的历史和现状，合理划定保护范围和建设控制地带，确定保护内容和保护措施。

第十八条　在红色文化物质资源保护单位保护范围内，禁止下列行为：

（一）擅自设置户外广告设施；

（二）张贴商业广告；

(三)刻划、涂污;

(四)存放易燃、易爆、有毒、有腐蚀性等危害红色文化物质资源保护单位安全的物品;

(五)擅自进行爆破、钻探、挖掘等作业或者栽植、移植大型乔木;

(六)取土、采石、开矿、毁林、排污;

(七)其他破坏红色文化物质资源保护单位环境和危害红色文化物质资源保护单位安全的行为。

第十九条　建设工程选址,应当尽可能避开红色文化物质资源保护单位;因特殊情况不能避开的,对红色文化物质资源保护单位应当尽可能实施原址保护。

严格控制在红色文化物质资源保护单位保护范围和建设控制地带内的项目建设和工程施工;因特殊需要进行项目建设和工程施工的,建设、施工单位应当保证红色文化物质资源保护单位的安全和完整,不得破坏其历史风貌。

第二十条　本市对列入保护名录的红色文化物质资源实行保护责任人制度。

保护责任人按照红色文化物质资源的产权归属确定:

(一)国家所有的,其使用人为保护责任人;

(二)集体所有的,本集体经济组织为保护责任人;

(三)个人所有的,其所有人或者使用人为保护责任人;

(四)所有人或者使用人不明确的,由县(区)人民政府文化和旅游主管部门指定保护责任人。

第二十一条　市、县(区)人民政府文化和旅游主管部门应当与红色文化物质资源保护责任人签订保护责任书,并根据红色文化物质资源保护需要为保护责任人提供指导、帮助和资助,组织专业培训，提高保护责任人的保护管理水平。

第二十二条　保护责任人应当履行下列责任：

（一）进行日常保养、修缮；

（二）落实安全防护措施，及时消除自然、人为因素引起的安全隐患；

（三）发生突发事件造成或者可能造成红色文化物质资源重大损失时，立即采取相应的保护措施并向市、县（区）人民政府文化和旅游主管部门报告；

（四）发现破坏红色文化物质资源行为的，及时制止并向有关部门报告；

（五）配合有关部门进行日常检查和宣传教育；

（六）法律、法规规定的其他保护责任。

第二十三条　保护责任人修缮红色文化物质资源保护单位，应当遵循不改变原状、最小干预的原则，不得损毁、改变主体结构及其附属设施。

市、县（区）人民政府文化和旅游主管部门应当对红色文化物质资源保护单位的修缮活动进行指导和监督。

第二十四条　红色文化物质资源保护单位的修缮费用由保护责任人承担。保护责任人不具备修缮能力的，可以向市、县（区）人民政府申请修缮支持。

市、县（区）人民政府应当根据红色文化物质资源保护单位的类别、内容、规模和保护需要等情况给予修缮支持，或者在自愿、平等协商的基础上通过购买、产权置换等方式予以保护。

第二十五条　市、县（区）人民政府设立的收藏研究机构，可以对列入保护名录的可移动红色文化物质资源进行征集、收购。

鼓励单位和个人将收藏的列入保护名录的可移动红色文化物质资源捐赠或者出借给政府设立的收藏研究机构,收藏研究机构可以给予捐赠人或者出借人一定的补偿。收藏研究机构应当尊重捐赠人或者出借人的意愿,对捐赠物或者出借物妥善收藏、保管和展示。

第二十六条　鼓励对红色文化物质资源进行合理利用。

红色文化物质资源的利用应当符合红色文化物质资源保护专项规划,与其历史价值、结构特点相适应,防止危及红色文化物质资源安全和破坏红色文化物质资源历史风貌。

第二十七条　鼓励红色文化物质资源保护单位向社会公众开放。不具备开放条件的,应当在重点区域开辟宣传展示空间,或者在合适位置设置铭牌说明。

具备条件的国有红色文化物质资源保护单位应当免费向社会公众开放。

第二十八条　在红色文化物质资源保护单位内举办陈列展览、进行影视拍摄活动的,应当事先征求文化和旅游主管部门的意见。

利用红色文化物质资源保护单位开展各类革命传统教育、爱国主义教育和党史教育的,其展览展示的内容、史料以及讲解词,应当征求党史研究机构和宣传部门的意见。

展览展示和影视拍摄应当防止过度商业化、娱乐化,杜绝低俗化。

第三章　传承与弘扬

第二十九条　沂蒙精神是本市红色文化的核心与灵魂,应当不断结合新的时代条件发扬光大。

第三十条　传承与弘扬沂蒙精神应当以习近平新时代中国特色社会主义思想为指导，围绕水乳交融、生死与共的核心特质，深化研究阐发，创新宣传普及，加强教育传承，促进融合转化，凝聚加快发展的强大精神力量。

第三十一条　传承与弘扬沂蒙精神应当尊重历史史实，崇尚、学习、捍卫英雄烈士和新民主主义革命时期的革命前辈、模范人物，禁止歪曲、丑化、亵渎、否定英雄烈士和新民主主义革命时期的革命前辈、模范人物的事迹和精神。

英雄烈士和新民主主义革命时期的革命前辈、模范人物的姓名、肖像、名誉、荣誉受法律保护。对侵害英雄烈士的姓名、肖像、名誉、荣誉的行为，英雄烈士没有近亲属或者近亲属不提起诉讼的，检察机关依法对侵害英雄烈士的姓名、肖像、名誉、荣誉，损害社会公共利益的行为向人民法院提起诉讼。

第三十二条　市、县(区)精神文明建设工作机构应当将传承与弘扬沂蒙精神纳入精神文明创建考核评价体系，作为社会主义精神文明建设的重要内容。

第三十三条　市有关部门应当编制沂蒙精神弘扬工程规划，统筹沂蒙精神研究、宣传、教育和践行等方面内容，引领和规范沂蒙精神的传承与弘扬工作。

第三十四条　市、县(区)有关部门、单位应当及时搜集老党员、老干部、老支前、老战士、老模范等革命前辈和模范人物的口述历史、回忆录，整理提炼相关的历史故事、革命事迹和崇高精神。

第三十五条　市、县(区)有关部门、单位应当加强与沂蒙精神有关的理论和应用研究，挖掘和展示沂蒙精神的历史渊源、发展脉络、思想内涵和当代价值，推出优秀研究成果，加快成果转化，为传承与弘扬沂蒙精神提供理论支撑。

鼓励和支持社会各界开展沂蒙精神的学术研究、交流等活动。

第三十六条　市、县（区）有关部门、单位应当加强沂蒙精神的宣传工作，拓展宣传渠道，丰富宣传形式，广泛开展基层宣传，积极开展市外宣传与交流活动，提高沂蒙精神的知晓度和影响力。

广播、电视、报刊、网络等媒体应当通过播放或者刊登沂蒙精神题材作品、开设专栏、专家访谈等方式，广泛宣传沂蒙精神。

第三十七条　市、县（区）有关部门、单位应当在交通要道和大型公共场所设置沂蒙精神宣传标识。

第三十八条　鼓励和支持以沂蒙精神为主题的文学、影视、戏剧、音乐等文艺作品的创作生产，努力推出更多思想精深、艺术精湛、制作精良的精品力作。

第三十九条　市、县（区）有关部门、单位应当根据需要建设提升沂蒙精神教育培训基地、纪念设施，加强师资队伍建设，扩大教育覆盖面，充分发挥其在传承与弘扬沂蒙精神中的主阵地作用。

第四十条　市、县（区）有关部门、单位应当组织编辑出版沂蒙精神系列读物，将沂蒙精神教育纳入党员干部教育培训课程和青少年思想政治理论课程教学内容。

各级各类学校应当用沂蒙精神涵养校园文化，有计划地将传承与弘扬沂蒙精神融入教育教学过程。

第四十一条　市、县（区）有关部门、单位应当组织开展多种形式的双拥共建活动，尊重和关怀军人军属，培育拥军优属的社会风尚。

第四十二条　市、县(区)部门、单位应当弘扬和践行沂蒙精神,加强服务型机关建设,多为群众办实事、办好事,密切新时代党与人民群众的血肉联系。

第四十三条　市、县(区)部门、单位应当将弘扬沂蒙精神与生态环境保护、乡村振兴、优化营商环境、新旧动能转换等工作相结合,推进全市经济社会高质量发展。

第四十四条　市、县(区)有关部门、单位应当以红色教育培训、红色文化旅游、红色文化创意为重点,搭建红色文化产业发展平台,建立红色文化产业发展标准体系,打造具有地方特色的文化产业品牌。

第四十五条　市、县(区)人民政府应当将红色文化利用纳入本区域旅游发展规划,完善基础设施,发展红色旅游。

市、县(区)人民政府文化和旅游主管部门应当结合红色文化特点,指导和支持旅游企业开发、推广具有红色文化特色的旅游线路、旅游服务、旅游产品。

鼓励将红色文化物质资源与当地其他文物史迹、自然景观和非物质文化遗产等文化和自然资源相整合,拓展展示路线、内容和形式,形成联合展示体系,促进红色旅游与民俗旅游、乡村旅游等融合发展。

第四十六条　国家工作人员应当在传承与弘扬沂蒙精神工作中发挥表率作用,转变工作作风,加强调查研究,密切联系群众,自觉做到信念坚定、为民服务、勤政务实、敢于担当、清正廉洁,增进水乳交融、生死与共的干群关系。

第四十七条　市、县(区)有关部门、单位应当加强对青少年的沂蒙精神宣传教育,引导青少年参加传承与弘扬沂蒙精神的活动,激发青少年铭记革命历史、尊崇英雄烈士、继承优良传统的热情，促进青少年树立正确的世界观、人生观、价值观，实现红色基因代代传承。

第四十八条　鼓励社会公众积极参与沂蒙精神的学习、研究、宣传活动，自觉践行沂蒙精神，培育爱国情怀、敬业精神、诚信意识、友善品格，逐步形成全民传承与弘扬沂蒙精神的良好社会风尚。

第四章　法律责任

第四十九条　违反本条例规定的行为，法律、法规已规定法律责任的，从其规定；法律、法规未规定法律责任的，依照本条例规定执行。

第五十条　违反本条例规定，擅自设置、移动、涂改、损毁红色文化物质资源保护单位标志的，由文化和旅游主管部门给予警告，责令限期改正；逾期不改正的，对单位处一千元以上五千元以下的罚款，对个人处二百元以上一千元以下的罚款。

第五十一条　违反本条例规定，在红色文化物质资源保护单位保护范围内张贴商业广告或者刻划、涂污的，由文化和旅游主管部门给予警告，可以并处二百元以上一千元以下的罚款。

第五十二条　违反本条例规定，进行项目建设和工程施工，造成红色文化物质资源保护单位毁坏的，由文化和旅游主管部门责令限期改正，造成严重后果的，处五万元以上五十万元以下的罚款。

第五十三条　违反本条例规定，修缮红色文化物质资源保护单位过程中，明显改变红色文化物质资源保护单位原状，损毁、改变主体结构及其附属设施的，由文化和旅游主管部门责令限期改正、恢复原状，造成严重后果的，处一万元以上十万元以下的罚款。

第五十四条　违反本条例规定，歪曲、丑化、亵渎、否定英雄烈士和新民主主义革命时期的革命前辈、模范人物的事迹和精神，寻衅滋事，扰乱公共秩序，构成违反治安管理行为的，由公安机关依法给予治安管理处罚；构成犯罪的，依法追究刑事责任。

第五十五条　国家机关及其工作人员在红色文化保护与传承工作中滥用职权、玩忽职守、徇私舞弊的，依法给予处分；构成犯罪的，依法追究刑事责任。

第五章　附则

第五十六条　本条例自2020年7月1日起施行。

附　录

关于实施革命文物保护利用工程(2018—2022年)的意见

为切实加强新时代革命文物工作,充分发挥革命文物在开展爱国主义教育、培育社会主义核心价值观、实现中华民族伟大复兴中国梦中的重要作用,现就实施革命文物保护利用工程(2018—2022年)提出如下意见。

一、重要意义

革命文物凝结着中国共产党的光荣历史,展现了近代以来中国人民英勇奋斗的壮丽篇章,是革命文化的物质载体,是激发爱国热情、振奋民族精神的深厚滋养,是中国共产党团结带领中国人民不忘初心、继续前进的力量源泉。党的十八大以来,在以习近平同志为核心的党中央坚强领导下,各地区各部门扎实推进革命文物工作,革命文物家底基本摸清,革命文物保护状况持续改善,革命文物教育功能不断强化。与此同时,新时代党和国家事业的发展,迫切需要加强革命文物资源整合、统筹规划和整体保护,迫切需要深化革命文物价值挖掘阐释传播,迫切需要发挥革命文物服务大局、资政育人和推动发展的独特作用。要从巩固党的执政地位、筑牢意识形态阵地的战略高度,从坚定“四个自信”的战略高度,充分认识加强新时代革命文物工作的重大意义。

二、总体要求

(一)指导思想。高举中国特色社会主义伟大旗帜,全面贯彻党的十九大和十九届二中、三中全会精神,以习近平新时代中国特色社会主义思想为指导,围绕改革开放40周年、中华人民共和国成立70周年、全面建成小康社会、中国共产党成立100周年、迎接中国共产党第二十次全国代表大会召开等重要时间节点和重大事件,以开展爱国主义教育、培育社会主义核心价值观为根本,以弘扬革命精神、继承革命文化为核心,统筹推进革命文物保护利用传承,着力加强革命文物保护修复和展示传播,着力深化革命文物价值挖掘和利用创新,着力提升革命文物公共服务水平和社会教育效果,为实现“两个一百年”奋斗目标和中华民族伟大复兴中国梦作出重要贡献。

(二)基本原则。坚持全面保护、整体保护,统筹推进抢救性与预防性保护、文物本体与周边环境保护,确保革命文物的历史真实性、风貌完整性和文化延续性。坚持突出社会效益、重在传承,强化教育功能,提升传播能力,让革命文物活起来,把革命文物利用好、革命传统弘扬好、革命文化传承好。坚持创造性转化、创新性发展,大力推进体制机制、方法手段改革创新,推动革命文物保护利用与中小学教育、干部教育相结合,与脱贫攻坚、乡村振兴相结合,与文化建设、旅游发展相结合,与经济社会发展、民生福祉改善相结合,不断增强革命文化的生命力和影响力。

(三)发展目标。革命文物保护利用状况显著改善,革命文物保护利用传承体系基本健全,革命文化传承发展平台基本形成,中国共产党革命精神谱系和中华民族精神追求更好展现,革命文物资源在促进经济社会发展、实现中华民族伟大复兴中国梦中的独特作用更好发挥,革命文物保护利用成果更多惠及人民群众。

三、主要任务

(一)夯实革命文物基础工作。加强对革命文物保护利用的总体规划、宏观指导和制度建设。实行革命文物定期排查制度,各省(自治区、直辖市)宣传、文物部门要对本地区革命文物进行全面排查,并把排查结果报中央宣传部、国家文物局。加强对革命文物和革命文献档案史料、口述资料的调查征集工作,做好馆藏革命文物的认定、定级、建账和建档工作。分批公布全国革命文物名录,建立革命文物大数据库,推进革命文物资源信息开放共享。鼓励文物博物馆机构、高等学校、科研机构开展革命文物保护利用研究。

(二)加大革命文物保护力度。坚持抢救性和预防性保护并重,实施革命旧址维修保护行动计划和馆藏革命文物保护修复计划,加强革命文物安全防范设施建设。加强革命文物保养维护,开展革命文物研究性保护项目。各级政府应及时把新发现的革命文物依法纳入保护范畴,把具有重要价值的革命旧址核定公布为各级文物保护单位。县级政府应落实尚未核定公布为文物保护单位的革命文物保护措施,不得擅自迁移、拆除。新建改扩建革命纪念设施应严格履行报批手续,不得未批先建、边报边建。

（三）拓展革命文物利用途径。宣传、文化、文物部门管理使用的革命文物类文物保护单位应全部对外开放，其他部门管理使用的应尽可能对外开放。结合重大历史事件、重要历史人物和中华民族传统节庆，依托革命文物资源组织开展重大纪念活动，精心设计活动内容和载体，整体纳入中央统一规划。深入挖掘革命文物的价值内涵和文化元素，运用市场机制开发更多文化创意产品，促进文化消费。打造红色旅游品牌，推出一批研学旅行和体验旅游精品线路，促进革命老区振兴发展。加大军队系统革命文物展示利用力度，在做好安全保密工作的前提下，适时对外组织开展参观、瞻仰、纪念等活动。

（四）提升革命文物展示水平。坚持有址可寻、有物可看、有史可讲、有事可说，着力策划打造主题突出、导向鲜明、内涵丰富的革命文物陈列展览精品，做到见人见物见精神。完善革命文物改陈布展管理机制和支持政策，深化研究、及时补充体现时代精神的展陈内容，革命博物馆纪念馆基本陈列超过 5 年的可进行局部改陈布展，基本陈列超过 10 年的可进行全面改陈布展。建立展陈内容和解说词研究审查制度，宣传、文物、党史文献部门要按照意识形态工作责任制切实把好政治关和史实关，增强展陈说明和讲解内容的准确性、完整性、权威性，反对历史虚无主义和文化虚无主义。坚持展示方式与展陈内容相得益彰，适度运用现代科技手段，增强革命文物陈列展览的互动性体验性。坚持节俭办展、绿色办展，做到因地制宜、够用适用，力戒贪大求洋、富丽堂皇。

（五）创新革命文物传播方式。推动革命传统教育进学校进教材进课堂，编纂出版系列革命文物知识读本，鼓励学校、党校（行政学院）到革命旧址、革命博物馆纪念馆开展现场教学。

建立革命旧址、革命博物馆纪念馆与周边学校、党政机关、企事业单位、驻地部队、城乡社区的共建共享机制，组织开展具有庄严感和教育意义的系列主题活动。融通多媒体资源，推进“互联网+”革命文物，对革命文物进行全景式、立体式、延伸式展示宣传，传承革命传统，弘扬革命精神。

四、重点项目

（一）百年党史文物保护展示工程。以中国共产党的发展历程为主线，以中国共产党成立100周年为时间节点，系统开展百年党史文物、文献、档案、史料调查征集，全面提升反映百年党史的重大事件遗迹、重要会议遗址、重要机构旧址、重要人物旧居保护展示水平，创新阐释和广泛宣传中国共产党的历史贡献。

（二）革命文物集中连片保护利用工程。按照集中连片、突出重点、国家统筹、区划完整的原则，建设革命文物保护利用片区，创新革命文物保护利用体制机制，推进革命文物的整体规划、连片保护、统筹展示、示范引领，助力革命老区脱贫攻坚。革命文物保护利用片区分县名单由中央宣传部、财政部、国家文物局另行确定公布。

（三）长征文化线路整体保护工程。以中央红军长征路线为基础，统一规划、统一标识、统一保护标准、统一配套设施建设，显著改善长征文物的保存状况和环境风貌，丰富长征精神的展示主题和展示手段，打造全程贯通的“重走长征路”红色旅游精品线路。实施长征文化线路保护总体规划，建设长征文化线路保护利用示范段。

（四）革命文物主题保护展示工程。对见证近代以来中国人民抵御外来侵略、维护国家主权、捍卫民族独立、争取人民自由和中国共产党领导中国人民进行社会主义革命、建设、改革的遗址遗迹、纪念设施、文物藏品进行排查梳理，提升革命文物保护利用水平。重点推进辛亥革命、五四运动、中国人民抗日战争等重大历史事件的遗址遗迹、纪念设施、文物藏品保护展示项目，遴选展现社会主义革命、建设、改革的代表性遗址遗迹、纪念设施、文物藏品进行保护展示试点。

（五）革命文物陈列展览精品工程。推介一批庆祝改革开放40周年、庆祝中华人民共和国成立70周年、纪念中国人民抗日战争暨世界反法西斯战争胜利75周年、庆祝中国共产党成立100周年、迎接中国共产党第二十次全国代表大会召开的革命文物系列陈列展览精品，策划举办中国共产党百年党史文物大展。支持国家一级博物馆定期策划推出一批革命文物主题展览和流动展览，提升市县革命博物馆纪念馆陈列展览质量，组织联展巡展，拓展社会教育覆盖面。

（六）革命文物宣传传播工程。拍摄百集革命文物故事微视频、百集革命旧址短片、百集革命人物纪录片。支持地方制作传播当地革命文物故事短片。建设一批革命文物类全国爱国主义教育示范基地和中共党史教育基地，建成一批革命文物保护利用示范基地，推介一批红色旅游精品线路，开发一批革命文物宣传产品和文化产品。鼓励同一类型革命文物保护管理机构加强协作，成立革命文物保护展示联盟，举办革命文物保护利用论坛。推介一批革命文物保护利用优秀案例，发布革命文物保护利用白皮书。

五、实施保障

（一）加强组织领导。各级党委和政府应牢固树立保护文物也是政绩的理念，高度重视革命文物工作，以强烈的政治责任感和历史使命感，落实保护责任，加大工作力度。革命历史类纪念设施、遗址和全国爱国主义教育示范基地工作联席会议应将革命文物保护利用工程实施情况纳入工作重点，各地区应建立革命文物工作协调机制，加强统筹规划、协调指导和督促检查。统筹保护利用好军地革命文物资源，中央和地方组织实施的革命文物保护利用工程项目应将军队系统革命文物工作整体纳入和推进。

（二）加大财政投入。县级以上政府应将革命文物保护作为支持重点，进一步完善革命文物保护财政保障机制，强化革命文物保护利用政策支持。加强革命文物相关财政资金的绩效管理和监督审计，提升资金使用效益。健全革命文物保护利用多元投入体系，积极引导社会资金参与革命文物工作。

（三）完善法规政策。鼓励各省（自治区、直辖市）和设区的市制定革命文物保护地方性法规。加强全国红色旅游经典景区和红色旅游精品线路建设，统筹加大对革命文物保护利用的支持力度。加强革命文物保护利用科技创新和装备建设。加强革命文物保护、管理、利用和研究人才队伍建设。县级以上地方政府应强化革命文物保护利用职责，明确负责革命文物工作的机构和力量。

（四）加强督促检查。建立革命文物保护利用工程实施情况的督查评估机制和“双随机”抽查机制，加强对各地区革命文物工作的督促检查，实行革命文物保护利用情况通报制度。各省（自治区、直辖市）要按照本意见要求，结合本地区实际制定具体落实办法。中央和国家机关有关部门要对各地区贯彻落实情况进行督促检查，并将有关情况报党中央、国务院。

山东省红色文化保护传承条例

（2020 年 11 月 27 日山东省第十三届人民代表大会常务委员会第二十四次会议通过）

第一章　总则

第一条　为了加强红色文化的保护和传承，充分运用红色资源，发扬红色传统，传承红色基因，弘扬革命精神，培育和践行社会主义核心价值观，激发实现中华民族伟大复兴中国梦的强大精神力量，根据《中华人民共和国英雄烈士保护法》《中华人民共和国文物保护法》等有关法律、行政法规，结合本省实际，制定本条例。

第二条　本省行政区域内红色文化的保护管理和传承弘扬，适用本条例。

本条例所称红色文化，是指五四运动以来，中国共产党把马克思主义基本原理同中国具体实际相结合，领导团结中国各族人民在革命、建设、改革过程中形成的具有历史价值、教育意义、纪念意义的物质财富和精神财富的总和。

第三条　红色文化的保护传承，必须坚持中国共产党的领导，坚持科学保护、规范管理、合理利用、强化教育、永续传承的原则，确保红色文化的历史真实性、风貌完整性和文化延续性。

第四条　各级人民政府负责本行政区域内红色文化的保护传承工作。

县级以上人民政府应当将红色文化保护传承纳入国民经济和社会发展规划、国土空间规划，并将红色文化保护传承所需经费纳入本级财政预算。

第五条　县级以上人民政府文化和旅游主管部门、退役军人工作主管部门按照各自职责，负责红色文化保护传承的具体工作。

党史史志、档案、发展改革、教育、公安、民政、财政、人力资源社会保障、自然资源、住房城乡建设、交通运输、农业农村、应急管理、广播电视、新闻出版等部门，在各自职责范围内做好红色文化保护传承的相关工作。

第六条　县级以上人民政府应当建立红色文化保护传承工作协调机制和人才培养、专家咨询机制，加强统筹规划、协调指导和督促检查，研究解决保护传承工作中的重大问题。

第七条　各级人民政府应当加强对红色文化的宣传，提高全社会红色文化保护传承意识。

每年七月为本省的红色文化主题月。各级人民政府应当集中组织开展红色文化宣传、教育等活动。

第八条　任何组织和个人都有依法保护传承红色文化的义务，并有权对损毁、侵占、破坏、污损和歪曲、丑化、亵渎、否定红色文化的行为进行劝阻、举报。

第九条　县级以上人民政府对在保护传承红色文化工作中作出突出贡献的组织和个人，按照有关规定给予表彰、奖励。

第二章　保护和管理

第十条　县级以上人民政府应当加强对红色文化的调查、认定、公布，组织编制、实施红色文化保护专项规划。

第十一条　县级以上人民政府应当采取措施，加强对下列红色文化遗存的保护：

（一）重要机构、重要会议、重要事件、重大战役、重要战斗的遗址、遗迹、旧址和代表性实物；

（二）已故重要人物的故居、旧居、活动地、墓地、殉难地和遗物；

（三）烈士陵园、纪念堂馆、纪念碑亭、纪念塔祠、纪念塑像、烈士骨灰堂、烈士墓等纪念设施；

（四）重要的著作、手稿、文电、报刊、影像等文献资料；

（五）其他重要的史迹、实物和纪念设施。

第十二条　县级以上人民政府文化和旅游主管部门以及其他有关部门根据各自职责负责调查红色文化遗存，收集代表性实物，征集文献档案史料、口述资料，做好抢救性保护和建档工作。

第十三条　县级以上人民政府文化和旅游主管部门会同同级退役军人工作、党史史志等部门，负责本行政区域内红色文化遗存认定工作。

红色文化遗存认定办法由省人民政府文化和旅游主管部门会同退役军人工作、党史史志等部门制定，报省人民政府批准。

第十四条　县级以上人民政府应当建立红色文化遗存数据库，实行动态管理，推动信息共享。

第十五条　建立红色文化遗存保护名录制度。保护名录由县级以上人民政府分级分类公布。

设区的市和县（市、区）红色文化遗存保护名录，分别由本级人民政府文化和旅游主管部门会同同级退役军人工作、党史史志等部门从认定的红色文化遗存中提出建议名单，报本级人民政府核定公布，并由本级人民政府报上一级人民政府备案。

省红色文化遗存保护名录由省人民政府文化和旅游主管部

门,会同退役军人工作、党史史志等部门提出建议名单,报省人民政府核定公布。

对已经确定为文物、烈士纪念设施的红色文化遗存,直接纳入红色文化遗存保护名录建议名单,报本级人民政府核定公布。

第十六条　县级以上人民政府应当在本级红色文化遗存保护名录公布之日起三个月内,为列入保护名录的不可移动红色文化遗存设立红色文化保护单位标志。

红色文化保护单位标志制作标准由省人民政府文化和旅游主管部门会同退役军人工作主管部门制定。

第十七条　禁止刻划、涂抹、损坏红色文化遗存。

禁止擅自新建、改建、扩建、迁移、拆除红色文化保护单位。

禁止污损、破坏或者擅自移动、拆除红色文化保护单位标志。

第十八条　县级以上人民政府应当根据红色文化保护单位的规模、内容以及周围环境的历史和现实情况,合理划定保护范围,并予以公布。

第十九条　在红色文化保护单位的保护范围内不得从事下列行为:

(一)擅自进行建设工程或者爆破、钻探、挖掘等作业;

(二)采石、采矿、挖沙、开荒、砍伐、取土;

(三)倾倒、焚烧垃圾和其他废弃物;

(四)生产、储存或者使用易燃、易爆、腐蚀性等物品;

(五)其他影响、危害、破坏红色文化保护单位安全和环境的行为。

第二十条　根据保护的实际需要,经省人民政府批准,可以在红色文化保护单位的周围划出一定的建设控制地带,并予以公布。

在红色文化保护单位的建设控制地带内进行工程建设，应当确保建设规模、体量、风格、色调与红色文化保护单位历史风貌相协调，不得破坏红色文化保护单位历史风貌。

对红色文化保护单位建设控制地带内已经存在的与其历史风貌不相协调的建筑物、构筑物，应当依法逐步改造。

第二十一条　建设工程选址，应当避开红色文化保护单位；因特殊情况不能避开的，应当尽可能实施原址保护。

因重大公共利益必须对红色文化保护单位进行异地保护的，应当依照有关法律、法规执行。

第二十二条　列入保护名录的红色文化遗存实行保护责任人制度。

红色文化遗存的所有权人、使用权人为保护责任人；所有权人、使用权人不明确的，由县（市、区）人民政府指定保护责任人。

第二十三条　红色文化遗存保护责任人应当履行下列职责：

（一）制定工作方案，进行日常巡查、保养、维护；

（二）制定安全预案，采取防火、防盗、防损毁等安全措施；

（三）发现重大险情或者隐患，立即向有关部门报告并采取相应抢救保护措施；

（四）配合有关部门进行监督检查、维修保养、宣传教育等工作；

（五）法律、法规规定的其他保护责任。

第二十四条　红色文化遗存的修缮、修复，应当遵循尊重原貌、最小干预的原则。

列入保护名录的红色文化遗存，在修缮、修复前应当按照管理权限报县级以上人民政府文化和旅游主管部门、退役军人工作主管部门批准，并在其指导下进行设计、修缮和修复。

第二十五条　红色文化遗存的修缮、修复费用由保护责任人承担。

列入保护名录的红色文化遗存保护责任人不具备修缮、修复能力的，可以向县级以上人民政府申请支持。

第二十六条　县级以上人民政府文化和旅游主管部门应当会同有关部门按照规定，定期组织对红色文化遗存进行全面排查，建立保护状况排查档案，对于存在的安全隐患及时予以排除。

各级人民政府应当将新发现的红色文化遗存及时纳入保护范畴。

第三章　传承和弘扬

第二十七条　各级人民政府应当加强对红色文化的研究阐发、展示利用、教育普及、传播交流，发挥红色文化固本培元、凝心铸魂、教化育人、推动发展的功能。

第二十八条　有关部门和单位应当整合研究力量，以辩证唯物主义和历史唯物主义为指导，加强对沂蒙精神等红色文化的研究，挖掘其历史意义、精神内涵和当代价值，推出优秀研究成果，为传承弘扬红色文化提供理论支撑。

第二十九条　有关部门和单位应当依托红色文化遗存，打造主题突出、导向鲜明、内涵丰富的红色文化陈列展览精品。

对具备条件的红色文化遗存应当做好原址陈列展示。暂时不具备条件的，应当在适当位置设立纪念标志或者铭牌说明。

各级综合性博物馆应当结合实际，常态化开展红色文化主题展览和流动展览。红色文化主题博物馆、纪念馆应当及时补充体现时代精神的展陈内容，基本陈列超过五年的可以进行局部改陈布展，超过十年的可以进行全面改陈布展。

展陈内容和解说词应当征求党史史志部门的意见，保证准确性、完整性、权威性。

第三十条　各类红色文化遗存应当逐步实现向社会公众开放。

具备条件的国有红色文化遗存应当免费向社会公众开放。鼓励非国有红色文化遗存免费向社会公众开放。

第三十一条　有关部门和单位应当鼓励和支持沂蒙精神等红色文化题材优秀文学艺术作品、广播电视节目、电影以及出版物等的创作生产，坚持正确导向，突出社会效益。

第三十二条　有关部门和单位应当加强红色文化网络内容建设，运用网站、社交媒体、手机客户端等网络传播平台，开展网上红色文化宣传教育，引导公众自觉抵制损害、否定红色文化的错误言行，汇聚强化网上正能量。

第三十三条　广播电台、电视台、报刊出版单位、互联网信息服务提供者，应当通过播放或者刊登红色文化题材作品、制作发布公益广告、开设专栏等方式，广泛宣传红色文化。

鼓励有关部门和单位运用现代技术手段，发挥新兴媒体优势，创新传播方式，提升传播效果。

第三十四条　国家机关、企业事业单位、人民团体、基层群众性自治组织和社会组织应当利用红色文化遗存，发挥英雄烈士纪念场所作用，定期组织开展红色文化主题教育活动。

干部教育培训机构应当将红色文化教育纳入教学必修课程，充分利用爱国主义教育基地、干部党性教育基地、党史教育基地、廉洁文化教育基地等现场教学点开展红色文化教育。

教育行政部门应当加强对青少年学生的红色文化教育，将红色文化教育纳入高等学校、中等职业学校、普通中小学校思想政治理论课教学内容，鼓励学校到红色文化保护单位、红色文化主题博物馆、纪念馆开展现场教学。

基层群众性自治组织应当依托本地红色文化遗存、新时代文明实践中心等，发挥老党员、老战士、老模范的作用，面向群众开展红色文化宣传教育，推进社区文化建设，推动乡村文化振兴。

第三十五条　县级以上人民政府应当在红色文化主题月、清明节和重要纪念日，组织开展纪念活动，引导公众通过多种形式接受红色文化教育。

有关部门和单位应当组织新入职的国家工作人员到英雄烈士纪念场所举行祭扫纪念活动。

高等学校、中等职业学校、普通中小学校应当每年在清明节、重要纪念日前后，组织学生到英雄烈士纪念场所举行祭扫纪念活动。

现场组织举办各类红色文化主题教育、纪念和宣传活动，应当充分考虑红色文化遗存和纪念场所的承载能力，合理控制人数，保证安全有序。

第三十六条　县级以上人民政府应当因地制宜发展红色旅游，完善道路交通、信息通讯等基础设施和公共服务设施，促进文化消费，助力乡村产业振兴，打造具有地方特色的红色旅游品牌。

鼓励和支持社会力量参与红色旅游开发，整合红色旅游资源，创新红色旅游发展模式，培育红色旅游景区，打造红色旅游线路，研发红色文化创意产品，完善红色旅游产品体系。

第三十七条　鼓励和支持公民、法人和其他组织按照有关规定，通过下列方式参与红色文化保护传承活动：

（一）通过捐赠、开展志愿服务和提供技术支持等方式参与红色文化保护传承；

（二）开展红色文化收集整理、调查研究和学术研讨；

（三）创作红色文化题材文学艺术作品；

（四）建设红色文化主题博物馆、纪念馆等。

第三十八条　传承和弘扬红色文化应当尊重历史史实，反对历史虚无主义和文化虚无主义，禁止以歪曲、贬损、丑化等方式利用红色文化遗存，禁止歪曲、丑化、亵渎、否定英雄烈士事迹和精神。

第三十九条　负责精神文明建设工作的机构应当将红色文化保护传承工作纳入精神文明创建考核评价体系，作为社会主义精神文明建设的重要内容。

第四章　法律责任

第四十条　对违反本条例规定的行为，法律、行政法规已经规定法律责任的，适用其规定。

第四十一条　违反本条例规定，有下列行为之一的，由文化和旅游主管部门、退役军人工作主管部门按照各自职责责令限期改正，造成严重后果的，处五万元以上五十万元以下的罚款：

（一）擅自新建、改建、扩建、迁移、拆除红色文化保护单位的；

（二）修缮、修复红色文化遗存过程中明显改变原状的；

（三）损坏红色文化遗存的。

违反本条例规定,刻划、涂抹红色文化遗存,或者损坏红色文化遗存未造成严重后果的,由文化和旅游主管部门、退役军人工作主管部门按照各自职责给予警告,责令限期改正;逾期不改正的,处五百元以上五千元以下的罚款。

第四十二条　违反本条例规定,有下列行为之一的,由文化和旅游主管部门、退役军人工作主管部门按照各自职责责令限期改正,造成严重后果的,处一万元以上十万元以下的罚款:

(一)擅自在红色文化保护单位的保护范围内进行建设工程或者爆破、钻探、挖掘等作业的;

(二)在红色文化保护单位的建设控制地带内进行工程建设,破坏红色文化遗存历史风貌的。

第四十三条　违反本条例规定,污损、破坏或者擅自移动、拆除红色文化保护单位标志的,由文化和旅游主管部门、退役军人工作主管部门按照各自职责给予警告,责令限期改正;逾期不改正的,处二百元以上二千元以下的罚款。

第四十四条　违反本条例规定,以歪曲、贬损、丑化等方式利用红色文化遗存或者歪曲、丑化、亵渎、否定英雄烈士事迹和精神,损害社会公共利益的,依法承担民事责任;构成违反治安管理行为的,由公安机关依法给予治安管理处罚;构成犯罪的,依法追究刑事责任。

第四十五条　国家机关及其工作人员在红色文化保护传承工作中滥用职权、玩忽职守、徇私舞弊的,对其直接负责的主管人员和其他直接责任人员,由主管机关依法给予处理;构成犯罪的,依法追究刑事责任。

第五章　附则

第四十六条　其他与红色文化相关的,具有历史价值、教育意义、纪念意义的实物和纪念设施的保护和管理,参照本条例执行。

第四十七条　本条例自 2021 年 1 月 1 日起施行。

临沂市革命文物保护利用工程实施方案

临沂是沂蒙精神发源地，革命遗址众多，革命文物富集。为贯彻落实中央、省关于实施革命文物保护利用工程的意见，结合我市实际，制定如下实施方案。

一、目标要求

以习近平新时代中国特色社会主义思想为指导，以弘扬沂蒙精神、传承革命文化为核心，以开展爱国主义教育、培育社会主义核心价值观为根本，坚持全面保护、整体保护，坚持突出社会效益、重在传承，坚持创造性转化、创新性发展，统筹推进革命文物保护利用传承，打造一批革命主题陈列展览精品，建设提升一批革命主题博物馆纪念馆，保护提升一批爱国主义教育基地、青少年教育基地，挖掘公布一批抗战纪念地、纪念设施，策划、打造、提升一批红色旅游景点景区。到 2022 年，临沂革命文物保护利用传承体系基本健全，革命文物保护单位“四有”工作全面完成，重大文物险情全面排除，可移动革命文物建档工作全面完成，各类革命博物馆纪念馆全部免费开放。

二、重点工程

（一）百年临沂党史文物保护展示工程。以中国共产党成立 100 周年为时间节点，开展百年党史文物、文献、档案、史料调查征集活动，加强沂蒙红色文化研究，丰富反映临沂百年党史的重大事件遗迹、重要会议遗址、重要机构旧址、重要人物旧居展示内容。鼓励党史及社会科学研究等机构、文物主管部门、高等学校加强合作,深化沂蒙精神与中国共产党精神谱系研究,编辑出版《沂蒙红嫂志》《八路军第一一五师在沂蒙》《沂蒙精神研究文库》《纪念馆里的沂蒙精神》《沂蒙革命根据地全史》《沂蒙精神启蒙读本》《初心·使命——沂蒙精神践行特刊》《100首沂蒙红色歌曲》《100个沂蒙红色故事》等沂蒙红色文化系列丛书和史志,研究一批沂蒙精神和革命文物保护利用重大课题成果。(市委宣传部、市委党史研究院、市文化和旅游局、市发展改革委、市财政局、市退役军人事务局、市社科联、临沂大学、临沂日报报业集团负责)

(二)临沂革命文物集中连片保护利用工程。编制全市革命文物保护利用总体规划,打造沂蒙革命文物保护利用片区,构建全市革命文物集中连片保护利用工作格局。根据临沂市革命文物资源分布的特点,结合对革命文物保护利用和传承发展的前瞻,确定"一个中心、六个片区"的革命文物保护利用总体规划,即以华东革命烈士陵园、山东军区交际处旧址等市区革命文物资源为中心的核心片区,以莒南县大店八路军115师革命旧址保护利用片区、沂南县常山庄革命旧址保护利用片区、河东区新四军军部旧址保护利用片区、蒙阴县孟良崮革命旧址保护片区、沂南县大青山革命遗址保护利用片区、临沭县朱村革命遗址保护利用片区为主的六个片区。着重突出政权、战争、拥军三个主题,依托山东省政府旧址、朱村纪念馆、鲁南第一党支部旧址等,打造体现八路军进驻沂蒙山区党政军民融合的政权主题线路;依托孟良崮战役遗址、大青山突围战遗址、柱子山革命战斗遗址、八路军115师司令部旧址、鲁南革命烈士陵园、白彦战斗遗址、苏家崮战斗烈士陵园、仙姑顶战役遗址,打造体现抗击日寇、粉碎国民党全面和重点进攻的战争主题线路;依托沂蒙六姐妹纪念馆、大众日报诞生地、沂蒙红嫂祖秀莲纪念馆，打造体现群众支前做好后勤保障的拥军主题线路。（市委宣传部、市文化和旅游局、市委党史研究院、市发改委、市财政局、市退役军人事务局负责）

（三）革命旧址保护展示示范工程。实施党的早期革命旧址保护提升项目，重点推进中共中央山东分局旧址、中共山东省委机关驻地旧址、山东省委会议旧址、中共沂蒙地委等党组织早期纪念设施。实施抗战和解放战争重点文物保护示范项目，实施山东省政府旧址、山东省战工会旧址、八路军和新四军指挥机关旧址、孟良崮战役遗址、鲁南战役指挥部旧址、大青山突围战遗址、渊子崖保卫战旧址、《大众日报》创刊旧址、北海银行旧址、山东新华书店旧址、新华社山东分社诞生地、沂蒙山小调诞生地、山东战时邮局成立旧址、甲子山医院旧址、临郯青年救国团旧址、苏家崮战斗遗址、仙姑顶战役遗址等重点保护展示示范项目。实施沂蒙根据地村镇遗址保护项目，继续公布“沂蒙红色堡垒村（镇、乡）”，将部分符合条件的重点红色文化遗址核定公布为文物保护单位，分批公布不可移动革命文物名录，依法依规规范管理。实施社会主义革命文物保护试点项目，保护提升蒙阴“小三线”工程旧址，九间棚、厉家寨等艰苦奋斗纪念旧址展陈水平。（市委宣传部、市文化和旅游局、市委党史研究院、市发展改革委、市财政局、市退役军人事务局，项目所在地县区政府负责）

（四）沂蒙革命主题文物展览精品工程。围绕重要时间节点、重大历史事件和传统节庆，实施革命文物展陈项目，推动市县综合性博物馆全部建成革命文物展示厅、展示室，推出“沂蒙精神”系列主题精品展览、联展、巡展，讲好革命文物背后的红色故事。建设“抗大一分校在沂蒙”“跟着共产党走”等主题纪念馆,对孟良崮战役纪念馆、沂蒙革命纪念馆、苍山暴动纪念馆、沂蒙红嫂纪念馆等革命博物馆纪念馆进行局部改陈布展或全面改陈布展。依托沂蒙精神纪念馆打造临沂党史文物保护展示基地,推进网上展馆建设,打造红色数字家园。探索在北京、深圳建设沂蒙精神纪念馆,依托北京、上海等沂蒙精神展馆,开展交流互鉴。(市委宣传部、市文化和旅游局、市委党史研究院、市发展改革委、市财政局、市退役军人事务局、沂南县负责)

(五)沂蒙革命文物宣传传播工程。建立革命旧址、革命博物馆纪念馆与党政机关、企事业单位、驻地部队、城乡社区的共建共享机制。广泛开展革命文物送展宣传活动,组织“流动博物馆”进学校、进工厂、进军营、进社区、进农村、进机关六进活动。加强对青少年的革命传统教育,推动革命传统教育进学校进教材进课堂,鼓励学校、党校(行政学院)到革命旧址、革命博物馆纪念馆开展现场教学,传承弘扬革命文化。组织拍摄《红色沂蒙》《沂蒙山告诉你》《红色沂蒙 365》等革命文物系列微视频、短片和纪录片。实施革命口述历史抢救整理工程,对红军老战士、抗战老兵、南下干部、抗美援朝、支前模范等重要历史事件当事人进行口述资料记录整理。(市委宣传部、市文化和旅游局、市委网信办、市委党史研究院、团市委、市教育局、市退役军人事务局、临沂日报报业集团、市广播电视台负责)

(六)沂蒙红色旅游品牌打造工程。加快推进红色文旅融合发展,宣传、文物主管部门管理使用的革命文物类文物保护单位应全部对外开放,其他部门管理使用的应尽可能对外开放。建设一批革命文物类市级以上爱国主义教育基地,评选一批沂蒙精神教育实践基地,公布一批红色研学基地,推出一批红色研学精品线路。编制红色沂蒙旅游区创建国家5A级景区提升规划,全面提升设施、管理、服务,打造沂蒙红色文化传承区、示范区,争取成功创建国家5A级旅游景区。打造红色文化景观大道,沿高速公路出口、主干道路路口、火车站、汽车站、高铁站、机场连接线合理布局、规范设置沂蒙红色旅游交通标识设施,在重要交通出入口、城市公园、广场等公共场所建设一批沂蒙精神主题雕塑、景观小品或形象标志建筑,沿红色旅游大道、红色旅游专线和重点红色旅游聚集区道路,建设一批观景台、停车场、旅游厕所、旅游驿站等设施。持续举办沂蒙红嫂文化旅游节、蒙阴红色军工文化旅游节、沂蒙山小调音乐节等红色旅游活动,打造国家级沂蒙红色文旅节会品牌。(市委宣传部、市文化和旅游局、项目所在地县区政府负责,市发展改革委、市财政局、市自然资源和规划局、市住房城乡建设局、市退役军人事务局、市教育局、市城市管理局参与)

三、实施保障

(一)加强组织领导。各级党委和政府应牢固树立保护文物也是政绩的理念,高度重视革命文物工作,切实履行文物保护领导责任,建立革命文物工作协调机制,加强统筹规划、协调指导和督促检查,推动革命文物保护利用工程顺利实施。(市委宣传部、市文化和旅游局、各县区党委政府负责)

(二)落实法规政策。按照《临沂市红色文化保护与传承条例》等法律法规要求,严格控制在红色文化物质资源保护单位保护范围和建设控制地带内的项目建设和工程施工。鼓励和支持社会资本参与红色文化遗存的保护与利用,在确保革命文物安全的前提下,打造红色文化多元传播平台。(市文化和旅游局、

市发展改革委、市自然资源和规划局、市住房城乡建设局、各县区政府负责)

(三)加强经费保障。县级以上政府应当统筹整合财政专项资金,将革命文物保护作为支持重点,将各级革命文物保护单位的保护展示工程、宣传教育和文化产品开发等纳入支持范围,保障经费投入。鼓励有条件的县区将革命博物馆纪念馆纳入免费开放支持范围或给予奖励性补助。支持通过政府购买服务方式加强革命文物保护巡查。支持社会力量参与革命文物保护。(市委宣传部、市文化和旅游局、各县区政府、市财政局负责)

临沂市革命文物保护利用三年行动方案

为深入贯彻习近平新时代中国特色社会主义思想，全面落实中央、省、市关于实施革命文物保护利用工程的部署要求，加快推进全市革命文物保护利用工作，充分发挥红色资源优势，弘扬沂蒙精神，传承红色基因，结合我市实际，制定本方案。

一、基本情况

党的十八大以来，习近平总书记高度重视革命文物工作，对革命文物保护利用做出重要批示20多次，考察革命旧址、革命博物馆纪念馆30多次，提出了系列新思想新观点新要求。习近平总书记指出，革命文物承载党和人民英勇奋斗的光荣历史，记载中国革命的伟大历程和感人事迹，是党和国家的宝贵财富，是弘扬革命传统和革命文化、加强社会主义精神文明建设、激发爱国热情、振奋民族精神的生动教材。习近平强调，加强革命文物保护利用，弘扬革命文化，传承红色基因，是全党全社会的共同责任。各级党委和政府要把革命文物保护利用工作列入重要议事日程，加大工作力度，切实把革命文物保护好、管理好、运用好，发挥好革命文物在党史学习教育、革命传统教育、爱国主义教育等方面的重要作用，激发广大干部群众的精神力量，信心百倍为全面建设社会主义现代化国家、实现中华民族伟大复兴中国梦而奋斗。

临沂是著名的革命老区，是沂蒙精神的主要发源地，革命遗址众多，革命文物资源丰富。近年来，我市深入贯彻习近平总书记重要指示精神，认真落实国家和全省关于革命文物工作的部署要求，坚持保护第一、传承优先，守正创新、合理利用，推动革命文物焕发出时代光彩。实施修缮保护工程，累计投入20亿元，规范提升八路军115师司令部旧址等20余处。实施抢救挖掘工程，从“人、迹、址”角度对革命遗存进行保护，公布市级抗战遗址201处、红色堡垒村（镇）85处。开展“片区化”安防工程，全市9个县全部列入国家第二批革命文物保护利用片区。2020年7月1日，正式颁布实施《临沂市红色文化保护与传承条例》，“沂蒙红色基因传承‘1+1+N’项目创新实践”荣获山东省文化创新奖。2021年，我市公布了临沂市第一批革命文物名录，其中不可移动革命文物164处、可移动革命文物421件/套。沂南县创建山东省革命文物保护利用示范区，沂南县马牧池乡常山庄村等10个村入选第一批山东省红色文化特色村名单，数量居全省第一位。

二、总体要求

（一）指导思想

以习近平新时代中国特色社会主义思想为指导，以开展爱国主义教育、培育社会主义核心价值观为根本，以弘扬沂蒙精神、传承革命文化为核心，围绕打造沂蒙红色文化传承示范区，认真落实《山东省红色文化保护传承条例》《临沂市红色文化保护与传承条例》，统筹推进全市革命文物保护利用传承，着力加强革命文物保护修复和展示传播，着力深化革命文物价值挖掘和利用创新，着力提升革命文物公共服务水平和社会教育效果，为推动临沂市高质量发展提供精神动力和文化支撑。

（二）基本原则

把铭记革命历史、弘扬革命精神作为根本要求，把系统梳理、科学规划作为基本环节，把加强科学保护作为首要任务，把强化教育功能作为重大责任，把打造精品展览作为工作突破，把加强组织领导作为有力保障。坚持全面保护、整体保护，统筹推进抢救性与预防性保护、文物本体与周边环境保护，确保革命文物的历史真实性、风貌完整性和文化延续性。坚持健康利用、安全利用、可持续利用，把社会效益放在首位，把红色资源利用好、红色传统弘扬好、红色基因传承好。坚持创造性转化、创新性发展，大力推进体制机制、方法手段改革创新，推动革命文物保护利用与中小学教育、干部教育相结合，与红色旅游、乡村旅游发展相结合，与脱贫攻坚、乡村振兴相结合，不断增强革命文物的生命力和影响力。

（三）发展目标

到 2025 年，全面摸清革命文物资源状况，充实完善革命文物名录，打造一批革命主题精品陈列展览，提升一批革命主题博物馆、纪念馆，提升一批红色旅游景点景区，推出一批红色研学精品线路。全市革命文物保护利用状况显著改善，革命文物保护利用传承体系基本健全，革命文物保护单位“四有”工作全面完成，重大文物险情全面排除，各类革命博物馆、纪念馆全部免费开放。革命文物保护体系更加完善，价值内涵解读更加深刻，展示利用手段更加多样，传播弘扬渠道更加立体，社会效果进一步彰显。更好发挥革命文物在弘扬沂蒙精神、推动文化旅游融合、打造长三角“后花园”等方面的独特作用，助力开创富民兴临新局面。

三、主要任务

（一）夯实革命文物基础

1. 全面梳理革命文物资源。组织开展革命文物资源排查，摸清底数和保存现状。进一步甄别和评估全市革命文物资源，以第三次全国文物普查和第一次全国可移动文物普查的统计数据为基础，对全市革命文物进行全面排查核实，审核筛选，向社会公布临沂市革命文物名录。同时，建立完善的革命文物定期排查制度，及时掌握革命文物的保存状况、保护需求、项目组织、基础设施和管理使用情况，切实加强革命文物资源保护。针对革命战争年代重点历史事件，加强有关文物、史料的征集搜集工作，注重以口述史、纪录片的形式进行抢救保护。

2. 加强革命文物认定和管护。加强各级革命类文物保护单位基础工作，严格落实“四有”要求，做到有保护范围，有保护标志，有记录档案，有管护机构和专人管理。尚未核定公布为文物保护单位的革命文物，明确保护要求，落实管护责任，及时把价值突出的革命文物登记、认定为不可移动文物或核定公布为相应级别文物保护单位。做好馆藏革命文物的认定、定级、建档建账工作，加强革命文献档案史料、口述资料的调查征集工作，不断丰富革命文物馆藏内容。

（二）加大革命文物保护力度

3. 严守革命文物安全底线。严格执行文物安全管理法律法规。加强革命文物消防、安防、防雷设施建设。做好革命文物防灾减灾工作，提升革命文物突发性事件应急处置能力。加大革命文物违法案件打击惩处力度。严格落实定期风险排查和日常养护管理制度，及时公布文物安全直接责任人，坚决守住文物安全底线。深入实施文物平安工程，做好文博单位火灾隐患排查和消防安全风险评估相关工作，做好“文物消防安全三年行动计划”收尾工作。加强文物领域执法，对重大文物安全隐患、文物安全事故和违法犯罪案件，做到原因不查清不放过、责任者不处理不放过、整改措施不落实不放过、教训不吸取不放过。认真落实"谁执法谁普法",指导各级博物馆、文物保护单位加大文物保护法律法规的宣传,在显要位置摆放宣传栏,做好文物保护法律法规宣传普及工作。

4. 改善不可移动革命文物保存状况。深入开展全市片区革命文物集中连片保护利用,有序推进革命文物的统筹规划、连片保护、整体展示、梯次利用。开展重点革命文物保护状况监测工作,加强革命文物日常管护和保养维护,注重环境风貌保护。组织实施一批影响重大、体现临沂特色的文物本体保护项目。县级政府应落实尚未核定公布为文物保护单位的革命文物保护措施,不得擅自迁移、拆除。在做好旧址保护的基础上,加强基础设施和公共服务设施配套,形成连点成线扩面的发展格局。各县区尽快实施革命旧址抢险加固工程,加速资金执行进度,提高资金使用效率,确保工程实施效果,消除文物安全隐患。

5. 加大馆藏革命文物保护力度。加强馆藏革命文物日常管理和保养,实施馆藏革命文物预防性保护和修复计划,及时修复珍贵革命文物,着力改善馆藏革命文物保存环境。以馆藏革命文物丰富的纪念馆、博物馆为重点,组织实施一批馆藏革命文物本体保护、预防性保护、数字化保护项目,积累可复制、可推广的好案例、好做法、好经验。

(三)拓展革命文物利用途径

6. 加大革命文物开放力度。部门管理使用的革命文物类文物保护单位应尽可能对外开放。暂不具备开放条件的,应选择周边区域或其他重点场所开辟宣传展示空间。各有关部门要对革命文物的基础设施和服务设施改造提升以及所在地区道路建设、通信保障等予以支持。

7. 依托革命文物开展重大活动。在纪念重大历史事件、重要历史人物、举行中华民族传统节庆和其他庆祝活动时，充分利用革命文物开展有助于培育和践行社会主义核心价值观的系列活动。依托革命纪念设施，精心组织具有庄重感、仪式感、参与感的主题活动，展示爱国主义内涵，培育爱党爱国精神。

8. 促进革命文物文创产品开发。坚持正确的价值导向，积极开发革命文物文化创意产品，打造一批具有较高知名度和美誉度的革命文物文化创意产品，努力实现社会效益带动经济效益同向提升。依托我市革命文物，推进红色文旅商品研发，举办红色文旅商品设计大赛、青少年文创大赛等活动，筛选推出临沂革命文物特色文创产品。

（四）提升革命文物展示水平

9. 丰富革命文物展示形式。严格按照相关工作要求做好革命文物展示工作。通过提升博物馆展陈形式，利用多媒体技术等高科技手段，增加革命文物的互动式体验。开展革命文物讲座等社教活动，吸引群众走近革命文物，同时推动革命文物走出纪念馆，提升革命文物展示的多样性。各级各类革命旧址和博物馆、纪念馆要积极探索举办联展、互换展览等形式，加强革命文物展示利用工作的交流合作。探索革命文物网络化展示传播路径，推进“互联网+革命文物”模式，发挥县级融媒体中心和抖音、快手等平台作用，通过“慢直播”、“云展览”、短视频等形式，让人们足不出户了解革命文物、感受革命精神。

10. 规范革命文物展示内容。对所辖范围内所有涉党史类展览馆、博物馆、旧址、场所等进行全面自查。从维护政治安全、维护意识形态安全的高度，强化属地管理和主管主办责任，切实抓紧抓实、确保不出问题。各级宣传、文物、党史文献部门要落实好展陈内容和解说词研究审核制度,对展览大纲及讲解词严格审查,严把政治关和史实关。对待重大历史事件、历史人物、敏感问题,应严格遵照中央有关规定和精神。对标先进地区,精心设计策划讲解内容,定期开展业务培训、讲解员大赛等活动,全面提高讲解人员业务能力和知识水平。

(五)创新革命文物传播方式

11. 利用革命文物做好青少年教育。积极推进各级学校与革命文物管理单位建立长效合作机制,培育和打造与学校教育相结合的青少年活动品牌。推动在学校举办革命主题活动和主题展览,选取有代表性的革命故事列入中小学地方课程和校本课程。把青少年作为重要对象,把革命文物场所作为第二课堂,策划开展符合青少年特点、贴近青少年需求的学习教育活动,让红色基因代代相传。加强对青少年的革命传统教育,推动革命传统教育进学校进教材进课堂,鼓励学校、党校(行政学院)到革命旧址、革命博物馆纪念馆开展现场教学,传承弘扬革命文化。

12. 建立革命文物资源共享机制。搭建多方参与平台,加强革命旧址、博物馆纪念馆与机关、企事业单位、城乡社区的协作联动,依托革命文物开展参观学习、廉政教育等有助于筑牢信仰之基的主题活动。建立健全共建共享机制,推动革命旧址、革命博物馆纪念馆与周边学校、党政机关、企事业单位、社区、驻地部队结对,扩大革命文物教育覆盖面。

13. 强化革命文物宣传力度。融通多种媒体资源,大力宣传革命文物及其蕴含的价值内涵,形成更加丰富、更加立体的革命文物宣传形态,进一步巩固革命文物宣传阵地。广泛开展革命文物送展宣传活动,组织“流动博物馆”进学校、进工厂、进军营、进社区、进农村、进机关六进活动,对革命文物进行全景式、立体式、延伸式展示宣传。

四、重点工程

（一）红色文化宣讲工程。组织《中华人民共和国简史》《改革开放简史》《社会主义发展简史》与《中国共产党简史》的学习和宣传宣讲。宣传讲好伟大建党精神,加大沂蒙精神宣传宣讲,深入阐述沂蒙精神与伟大建党精神的内在逻辑,让沂蒙精神常讲常新。结合革命文物资源,讲好具有沂蒙特色的红色经典故事。挖掘革命旧址内涵,请老党员讲革命文物背后的故事。利用革命历史类纪念设施、遗址和爱国主义教育基地等,开展现场教学和宣讲活动,将英雄烈士纪念设施打造成基础完善、教育功能突出的红色文化传承基地。从党员干部、先模人物、各界代表中,培养一批讲政治、懂历史、善表达的革命故事志愿宣讲员,推动革命故事走进千家万户。

（二）革命文物研究工程。围绕党史学习教育,不断加强对沂蒙精神、沂蒙革命历史的研究工作。集中优势力量,借助高校学术力量,积极创建高校思想政治理论实践教学基地,联合开展国家革命文物协调创新研究中心创建工作,积极参与推进山东革命场馆与高校融合发展联盟建设。加强对党的伟大历程和宝贵经验的研究,用好文物、党史、党校、社科、档案、地方志等部门单位和高校的研究力量,结合临沂革命历史、地方党史,推出一批有深度、有分量的研究成果。加强沂蒙精神的研究阐释,深入挖掘沂蒙精神的时代价值,引导干部群众加深认识沂蒙精神深刻内涵。加强沂蒙红色文化研究,丰富反映临沂百年党史的重大事件遗迹、重要会议遗址、重要机构旧址、重要人物旧居展示内容。党史及社会科学研究等机构、文物主管部门、高等学校加强合作,深化沂蒙精神与中国共产党精神谱系研究,开展革命文物相关革命历史研究,研究一批沂蒙精神和革命文物保护利用课题成果,推出一批有深度、有分量、有沂蒙特色的研究成果。

(三)革命文物片区提升工程。深入开展全市片区革命文物集中连片保护利用,有序推进革命文物的统筹规划、连片保护、整体展示、梯次利用。根据2020年6月30日,中央宣传部、财政部、文化和旅游部、国家文物局联合公布《革命文物保护利用片区分县名单(第二批)》的通知(文物革发[2020]18号),沂南县、郯城县、沂水县、兰陵县、费县、平邑县、莒南县、蒙阴县、临沭县被确定为第二批革命文物保护利用片区。各县区要梳理重点革命文物资源,加强对革命旧址和革命文物的保护利用,特别是对党史、革命史的研究开发,统一讲好片区的革命故事。根据各自革命文物资源特色编制革命文物保护利用规划,制定革命文物保护利用方案,持续加大红色历史文化资源挖掘和保护力度,切实做好革命文物保护、利用和传承相关工作。积极创建山东省革命文物保护利用示范区,努力扩展革命文物利用途径,深化文旅融合,采取串珠成线、连线成片方式,确保革命文物保护利用取得实效。

(四)革命旧址展示工程。结合我市革命历程特点及革命文物资源类别和分布情况,突出革命文物主题,开展保护展示项目。党的早期革命旧址,重点推进中共中央山东分局旧址等党组织早期纪念设施的保护展示项目。抗战和解放战争重点文物,实施山东省政府旧址、八路军一一五师司令部旧址、河东区新四军军部暨华东军区、华东野战军诞生地旧址等重点保护展示项目。社会主义革命文物,重点保护提升蒙阴县和沂水县“小三线”工程旧址、九间棚、厉家寨等艰苦奋斗纪念旧址展陈水平。

（五）革命文物利用示范工程。以市级以上革命文物保护单位为重点，做好革命文物保护与传承，深入挖掘革命文物背后的故事，进一步弘扬沂蒙精神。积极创建沂南县“沂蒙精神”省级革命文物保护利用示范区，深入开发利用红色资源，发展红色旅游产业。各县区应积极开展乡村革命旧址展示利用工程，讲好红色故事，传承沂蒙精神，助力乡村振兴。

（六）红色演艺精品工程。进一步加强红色史料搜集整理，充分挖掘其中的生动故事、感人事迹、崇高精神，创作一批红色文艺精品，让沂蒙精神活化为可看、可听、可读的文化产品，不断提高沂蒙精神在全国范围内的认知度和影响力。深入挖掘沂蒙文化，精心策划选题，启动 1 部大型舞台艺术作品创作，争取用 2 年时间打造成为在全省乃至全国具有影响力的优秀剧目。组织开展大型民族歌剧《沂蒙山》（临沂版）、首部沂蒙精神题材儿童剧《沂蒙妈妈》和组合式剧目《沂蒙情深》等优秀剧目的打磨提升和展示展演。各县区广泛发动基层文艺表演团体，开展红色题材文艺作品创作，利用文艺展演、评比汇演、公益演出等时机进行表演。积极推荐优秀红色题材文艺作品参加上级组织的各项专业艺术评比展演活动，不断扩大我市红色题材文艺作品的宣传度和知晓面。大力推广革命题材沉浸式情景小剧创作演出，各县区结合各自革命文物资源特色，与红色景区景点相结合，开展红色故事沉浸式、互动式、体验式小剧场演出。组织开展红色题材剧目进农村、进社区、进学校，发挥“沂蒙红色文艺轻骑兵”作用，深入推进“一村一年一场戏”免费送戏工程，推进实施“戏曲进校园”，形成良好氛围。

（七）红色研学精品工程。按照市委“以红带绿、以绿映红、红绿接蓝、古今辉映”旅游发展思路，立足临沂优势、顺应发展趋势，着力构建“红绿蓝古”旅游产品体系，优化红色研学“红线”。高起点规划策划，实施全方位提升改造，串点连线、以线带面，打造“东西南北中”红色旅游精品线路。稳步推进沂蒙精神纪念地旅游区创建国家5A级旅游景区工作，促进红色旅游与红色教育、干部培训、乡村振兴、小城镇建设等融合发展，总结提炼我市经验模式，积极争创国家级红色旅游融合发展示范区。加快推进红色文旅融合发展，文物主管部门管理使用的革命文物类文物保护单位应全部对外开放，其他部门管理使用的应尽可能对外开放。针对不同群体设计不同研学教育线路、教材、培训方式、接待服务等标准化体系。推出青少年研学游、重走沂蒙山红色游、沂蒙红色经典游、军事游等青少年研学精品线路。

（八）红色展陈提升工程。聚焦重大主题，策划、打造、推介一批主题突出、内涵丰富、形式新颖的革命文化陈列展览精品。创新展陈方式，适度恰当运用现代科技手段，全景式、立体式、延伸式全方位讲好革命文物故事，做到展示方式和展示内容相得益彰。围绕重要时间节点、重大历史事件和传统节庆，实施革命文物展陈项目，推动有条件的市县综合性博物馆打造革命文物展厅，推出沂蒙精神主题精品展览，对革命文物价值与内涵进行进一步研究、挖掘、提炼，讲好革命文物背后的红色故事。积极组织评选精品展陈等项目，对革命文物陈列展览精品项目进行重点推荐。对孟良崮战役纪念馆、沂蒙革命纪念馆、沂蒙红嫂纪念馆等重点纪念馆进行提升，打造主题突出、内涵丰富的精品陈列。组织红色讲解员技能培训和指导，提升红色讲解员综合能力和整体素质，打造一支思想过硬、德才兼备的红色讲解员队伍，通过革命文物讲述红色沂蒙故事。

（九）红色乡村提升工程。梳理乡村革命文物资源，推动革命文物资源与乡村振兴融合发展，积极创建山东省红色文化特色村。实施沂蒙根据地村镇遗址保护项目，继续公布“沂蒙红色堡垒村（镇、乡）”，依法依规规范管理。支持革命文物保护区域因地制宜适度发展服务业和休闲农业，将革命文物保护利用和红色旅游、乡村旅游、研学教育相结合，完善乡村基础设施配套，推出革命文物领域研学旅行、休闲旅游项目和精品旅游线路，努力培育一批红色文化主题突出、业态功能齐全的乡村旅游重点村。壮大生态旅游“绿线”，推动“革命文物+乡村旅游”，实施乡村旅游精品工程，以规模化、集聚化、精品化为方向，着力推动乡村旅游提质升级，打造一批特色鲜明、宜居宜业宜游、富有创新活力的特色村镇，形成“一村一品、一乡一韵”的格局。

（十）红色标识提升工程。为进一步弘扬沂蒙精神、展现临沂革命文物特色，突出沂蒙红色标识，塑造城市精神特质。沿高速公路出口、主干道路路口、火车站、汽车站、高铁站、机场连接线合理布局、规范设置沂蒙红色旅游交通标识设施，在重要交通出入口、城市公园、广场等公共场所建设一批沂蒙精神主题雕塑、景观小品或形象标志建筑，沿红色旅游大道、红色旅游专线和重点红色旅游聚集区道路，建设一批观景台、停车场、旅游厕所、旅游驿站等设施，进一步提升临沂革命文物保护利用氛围。

四、实施保障

（一）加强组织领导。各级党委、政府要从全局和战略高度充分认识革命文物保护利用工作的重大意义，把开展革命文物保护利用工程摆在重要位置，建立革命文物工作协调机制，加强统筹规划、协调指导和督促检查，全面推进本行政区域革命文物保护利用工作。

（二）加大财政投入。根据革命文物保护利用的需要，统筹整合财政专项资金，加大资金投入力度，积极鼓励引导社会资本参与革命文物保护利用，形成革命文物保护利用多元投入体系。

（三）完善法规政策。按照《临沂市红色文化保护与传承条例》等法律法规要求，各县区根据资源特点，制定革命文物保护利用专项政策，建立有利于革命文物保护利用的长效机制。各县区强化革命文物保护利用职责，明确负责革命文物工作的机构和力量。革命文物旧址、建筑、遗迹主要有专人管护并定期巡查，馆藏革命文物要专库保管、专柜展览并定期养护。

（四）增强队伍力量。加强革命文物保护、管理、利用和研究人才队伍建设，健全革命文物人才培养激励机制，制订人才培养计划，大力培养研究型、管理型和技能型人才，为革命文物保护利用工作提供人才支撑。

（五）强化监督检查。建立革命文物保护利用工程实施情况的督查评估机制和“双随机”抽查机制，加强对各县区革命文物工作的督促检查，实行革命文物保护利用情况通报制度，对保护不力、管理不善、作用没有充分发挥的管理单位，进行通报批评，并限期整改，问题严重的将追究相关人员的责任。

临沂市文物保护委员会

2022 年 7 月 1 日